歷史與現場51　台灣民衆史⑩　蘇新全集③

永遠的望鄉

——蘇新文集補遺

蘇新／著

ISBN 957-13-1343-2

目錄

輯一／鄉土文學

輯二／民主運動

輯三／晚年書信

輯四／文集補遺

輯五／悼念蘇新

輯一／鄉土文學

三十年來在台灣的中國文學

——介紹「台灣鄉土文學」

人大常委會〈告台灣同胞書〉發表（編按：一九七九年元旦）以後，文藝界的一些單位到台盟來了解台灣情況，想出版一些台灣的文藝作品，或者搞一些台灣題材的文藝節目。但因爲我們掌握的材料不多。對文藝又是外行，所以沒有能滿足他們的要求。很抱歉。

今天在這裡介紹的，都是在台灣的報刊發表過的東西，只是把這些綜合起來。分爲幾個問題，作些說明，作爲素材，供同志們參考。

重點放在「台灣鄉土文學」的介紹。但也談到其他文學，也可以說是「三十年來的台灣文學」的簡要介紹。可能有些說得不對，有些說得不準確，請同志們糾正。

一、台灣鄉土文學

——台灣的新的文學運動

「台灣鄉土文學」是「台灣的新的文學運動」。我們應該從這個角度來看「台灣鄉土文學」。

最近幾年，台灣文藝界圍繞著「鄉土文學」一直進行著劇烈的爭論。大報、小報、文藝雜誌都一再刊登長篇的論戰文章。參加論戰的有：作家、評論家、大學教授、三民主義理論家、立法委員、省議員、青年學生、以及廣大讀者，範圍非常廣泛。

不僅有「筆戰」，有些文藝團體、學生組織、文藝雜誌的編輯部也多次舉辦報告會、座談會，請一些作家、評論家、大學教授作報告，進行辯論。

本來是從幾個青年作家寫的小說引起的爭論，終於發展成爲「鄉土文學」的文學運動。在二十世紀七十年代，在台灣這樣的地方，興起這樣的文學運動，有一點像一九一九年的「五四」運動和三十年代的文藝運動的勢頭，甚至有一點像大陸上的以天安門事件（編按：指一九七六年的「四・五」運動）爲中心的新的「詩歌運動」的勢頭，帶有深刻的政治意義。

因此，引起了國民黨當局的嚴重注意和極大的恐慌。前年（一九七七年）八月。國民黨中央召開了一個所謂「第二次全國文藝會談」，說是爲了制定國民黨的文藝路線和文藝政策。其實是國民黨對「台灣鄉土文學」進行猖狂的圍剿。這次圍剿，比對「三十年代文藝」的圍剿還凶。有圍剿，就有反圍剿，鬥爭是很劇烈的。國民黨對「三十年代文藝」的圍剿是徹底失敗了的，毫無疑問，這回對「台灣鄉土文學」的圍剿，也必定失敗。

今天，經過幾年的鬥爭，「台灣鄉土文學」已經成爲在台灣的文學運動的主流。「台灣鄉土文學」是二十世紀七十年代，在台灣這塊荒蕪的土地上開放出來的中國文學的一朵香花。

那麼，什麼叫「鄉土文學」？什麼叫「台灣鄉土文學」？爲什麼在二十世紀七十年代，在台灣這樣的地方產生「鄉土文學」？爲什麼蔣幫對「台灣鄉土文學」這樣害怕？非圍剿不可？鄉土文學的論戰，已經有好幾年，他們到底論戰了什麼問題？論戰的結果又是怎麼樣？

鄉土文學，顧名思義，本來是指帶有「地方色彩」的文學作品。但是，並不是說，凡是帶有「地方色彩」的文學作品就是鄉土文學。

例如，魯迅先生的小說，如《阿Q正傳》、《祝福》、《故鄉》等，都有濃厚的紹興的地方色彩，但並沒有人把魯迅先生的這些小說稱爲「鄉土文學」。那麼，爲什麼帶有台灣地方色彩的小說，就被稱爲「台灣鄉土文學」？這裡，就不是單純有沒有「地方色彩」的問題。

此外，從對「鄉土文學」的態度來看，不論中外，從來沒有一個文藝評論家，因爲某些作品有地方色彩就攻擊這個作品，也沒有任何一個統治階級，由於某些作品有地方色彩，就禁止這部作品，或者迫害這個作家。但是，今天在台灣，「鄉土文學」卻成了大問題。台灣鄉土文學受到圍剿。鄉土文學作家受到迫害。這又是爲什麼？這就不能單純地用「有沒有地方色彩」來解釋了。

二、三十年來的台灣社會經濟

在台灣，「鄉土文學」是在七十年代初開始流行起來的。爲什麼在七十年代產生這種文學，這裡有它的特殊的歷史背景（或者時代背景）。

文學是來自社會現實，反映社會現實的。爲了了解「台灣鄉土文學」，我們必須了解三十年來的台灣社會經濟和整個文化界的變化情況。

蔣幫逃到台灣後到一九六五年，大約十五六年，蔣幫的財政主要依靠「美援」。大家都知道，「美援」對於當時的台灣經濟的維持和發展起了很大的作用。

在這個期間，蔣幫財經主權幾乎操在美國手裡，要搞一個什麼工程，建設一個什麼工廠，都要美國同意，才能動他的錢。在這期間，可以說「美援」支配著台灣的一切。不僅物質上接受了美援，精神上也接受了美援。從生產到生活，到文化、教育，都受到了美國文化的影響。

一九六五年，美援停止。從此以後，美國資本就湧上了台灣。美國銀行和美國公司一家一家建立起來，美國資本建立的工廠，像雨後春筍到處出現。

接著，日本資本家也擠進台灣來了。日本利用它過去統治台灣五十年的有利條件，和美國競爭。日本過去是作爲統治者，依靠軍事和政治手段直接壓迫和剝削台灣人民的，現在卻裝成另外一個面孔，換了個手法，腰纏萬貫，又回到台灣，重新騎在台灣人民頭上，作威作福。

目前，台灣的經濟建設，主要還是依靠美日兩國的資本和技術。台灣的所謂「加工區」的工廠，多數是美日資本家經營的。

在這種美日資本統治下的一個社會，它的精神生活的各個方面——文化、教育、文學、藝術都必然受到美國文化和日本文化的影響。

三、三十年來台灣文化的「全盤西化」

三十多年來，台灣社會的各個方面，可以見到一個非常明顯的特點，就是「全盤西化」。「西化」這個詞，在台灣有人說「不夠全面」，應該說「洋化」。因爲台灣各方面不僅受到美國的影響，也受到日本的影響，即「西洋化」和「東洋化」。有人說：台灣的文化是「美日混合型」的文化。

首先，日常用語就有一點「洋化」，在知識分子中間，漢語夾英語、漢語夾日語的現象相當普遍。這是工作上、生活上、交際上的需要。台灣的學校，英語和中文一樣是必修課。據說，每年到台灣的美國人和日本人，大約有一百多萬人。跟這麼多外國人接觸，在語言方面受到外國語的影響是很自然的。

據台灣報刊說，台灣大學醫學院每周要開一次臨床病理討論會，使用的語言是一種「中文語法夾英文詞彙」的特殊語言。大家都習以爲常。有一次，從美國回來的一個醫學博士在台大作報告，他因爲長期在美國，說中國話的機會少了，中國話說不好。但他爲了讓大家能聽懂他的話，作了很大的努力，用不大流利的中國話作了報告，結果引起了哄堂大笑。

中國的醫生，在中國的地方，看中國的病人，但卻用外國文字寫病歷。

中國人在中國的地方，使用中國的資料，研究一個中國問題，卻要用外國文字來寫論文。

在台灣，有些學人，有時也能搞到一個什麼博士，但這樣的博士，比不上留美回來的博士吃香。

目前，台灣的大學的教科書，除中文系以外，幾乎都是用外文寫的，而且幾乎都是外國人寫的，甚至有些學校的系主任也是外國人。據陳鼓應教授說，他曾經在台大教中國哲學，但學校當局規定要用英文課本。用英文課本教中國哲學，這就是台大哲學系。

台灣的音樂學校，三十多年來，也沒有培養出一個眞正具有中國民族風格的音樂家。學生整天和外國音樂打交道，充其量，只能成爲一個唱外國歌的歌唱家，或者演奏外國曲子的演奏家。中國人不唱中國的歌曲，這種現象是不正常的。爲什麼最近台灣又流行起台灣民歌，這就是台灣人民對這種現象的不滿。

至於美術、繪畫，也都是「西化」。美術學校的學生學的是什麼畫？從「學生的畫展」，可以看出東京、紐約、巴黎的影子，畢卡索的影子。傳統的國畫看不見了，現在台灣找不到國畫家。

總起來說，台灣三十年來精神生活各方面的最大的、最突出的特點，就是文化上對西方的附庸化——殖民地化。

有一個叫陳序經的人寫了一本書，叫作《中國文化之出路》，說什麼「賭麻將不如賭橋牌，信佛教不如信基督教，吃中國菜不如吃牛排」。反正中國什麼都不好，外國的什麼都好。中國的自尊心降到這種程度，人格墮落到這種地步。這些人由「全盤西化」到「一邊倒」，倒向美國，美國好的，固然是好，壞的也是好。

在教育方面，買辦教育家控制了台灣的教育界，教育台灣學生。小學考中學，中學考大學，大學要考台大，台大畢業去美國。去美國，不是爲了學一點東西，回來建設自己的國家，爲自己的同胞服務，而是去美國以後，就變爲美國人，叫作「留美」，留在美國。這種殖民地文化，買辦文化就是殖民地經濟、買辦經濟的反映。

四、七十年代以前的台灣文學

七十年代以前的台灣文學，從它的主要傾向，從「主流」來說，有兩種，一種是「回憶的文學」，另一種是「西化的文學」。產生這兩種文學，都有它的特殊的時代背景。

㈠回憶的文學

什麼叫「回憶的文學」？一九四九年，跟國民黨退到台灣去的軍、政、文、教、工、商等各界的人大約有二百多萬人。從那以後，台灣同大陸，交通、通訊完全斷絕。台灣、大陸兩地的同胞，完全失去了來往的自由。這二百多萬人的家都在大陸，長期不能回家，又不能通訊，親人不能團聚，他們想念親人，懷念家鄉，這是很自然的。當時從大陸到台灣的作家，由於政治上、生活上都很不安定，在台灣社會還沒有紮根，對台灣的現實情況也很不熟悉。而且這些作家，多數是反共文人，他們對台灣當地的勞苦大衆的生活也不感興趣。他們只能寫一些回憶大陸上的生活，或者寫一些被趕到台灣來的所謂遺老遺少的無聊的生活。對他們來說，不是「憶苦思甜」，而是「憶甜思苦」。台灣著名鄉土文學作家陳映眞給這種文學起了個名字，叫做「回憶的文學」，以後大家就這麼叫了。對這種文學，在台灣本地的台灣人，不感興趣，但在台灣的大陸籍同胞，很感興趣，所以這種文學，也能夠在台灣流行一個時期。時間很短，僅僅幾年，後來受到了文藝界的批判。

陳映眞就說：「那些寫我們不熟悉的大陸的茫茫叢野中的傳奇故事，雖然很『動人』，可是不能一而再，再而三，因爲那些都是過去的東西，都是懷舊的東西」。陳映眞說：「這些回憶文學的作家，對那些在台灣過著吸血蟲、寄生蟲式生活的、被時代淘汰了的遺老遺少，表示惋惜和同情。這種文學對於社會有什麼意義？」（「回憶文學」作家中，比較著名的有白先勇和陳若曦）。

(二)西化的文學

什麼叫「西化的文學」？在整個社會經濟和文化「全盤西化」的情況下，文學藝術不西化是不可能的。台灣的「西化的文學」是從一九五六年開始的。我們可以從在台灣出版的文學雜誌來了解台灣「西化文學」的情況。

大約在一九五六年，台灣大學外文系教授夏濟安創辦並主編《文學雜誌》，主要介紹西方的文學作品和作家。後來，形成一派，被稱爲「學院派」，提倡「爲藝術而藝術」。可以說，夏濟安是台灣「西化文學」的祖師爺。

差不多同一個時候，另外出現一本雜誌，叫《筆匯》，誰創辦的，還沒有查淸，但從「革新號」起，是由台灣政治大學（在台北）教授尉天驄主編的。指導思想，和夏濟安的《文學雜誌》一樣，仍然是西方的。

夏濟安去美國以後，他的學生（台大外文系學生）在《文學雜誌》的基礎上創辦了《現代文學》雜誌。他們認爲：「舊的藝術形式和風格，已經不足以表現現代人的藝術情感，所以決定試辦、摸索和創造新的藝術形式和風格」。

那麼，他們所追求的新的藝術形式和風格是什麼呢？中國的古典文學，尤其是「五四」以來的新的中國文學的傳統沒有了。他們只模仿西方文學的內容和形式，從事創作。就是說，他們沒有歷史的縱的繼承，只有橫的移植，不管好的壞的，把西方的東西，特別是美國的東西，原封不動地搬來台灣。可以說是徹底的西化，「全盤西化」。這就是所謂台灣的「現代主義文學」。當時，「台大」是西方思想、「現代主義文學」的大本營。

《現代文學》雜誌培養了一批「現代主義文學」的作家，如白先勇、陳若曦（女）、歐陽子（女）、王文興等人。這些作家，大部分成了買辦文人。（註）

台灣文學的「全盤西化」，表現得最突出的是所謂「現代詩」。所以在這裡說明一點「現代

註：陳若曦是反共小說《尹縣長》的作者；白先勇，前國民黨國防部長白崇禧的兒子，小說《台北人》的作者；歐陽子，小說《秋葉》的作者；王文興，台大外文系教授，小說《家變》的作者。他們寫的東西都是個人主義的、頹廢的、逃避的、傷感的、消極的東西，墮落的、腐敗的、糜爛的東西。

詩」的情況。代表人物有：余光中，台大外文系教授，頑固的反共買辦文人；紀弦，《現代詩》詩刊的主編。

台灣的所謂「現代詩」，所謂「新詩」，在內容上，意識混亂，思想不淸，意思不明，一般人很難理解。但是，這些新詩人說，這就是新詩的「不可解性」，意思是說，詩不能解釋，也不要解釋、不必解釋。

在語言上，造句用詞，都極端西化，怪詞、怪句連篇。一般人很難懂。但他們卻說，這就是新詩的「不可讀性」。意思是說，詩不能讀，只能領會、意會或者神會。

魯迅先生說：詩「要易記、易懂、易唱、動聽、要順口」。但台灣的所謂「新詩」、「現代詩」，卻強調詩的「不可解性」和「不可讀性」，越是難懂、難讀的詩，越好。惡性西化到這個程度。

以上列舉了《文學雜誌》、《筆匯》、《現代文學》、《現代詩》等文學刊物來說明了台灣的「西化的文學」的情況。

總的說來，當時這些文學刊物的基調是：介紹西方十九世紀以來的抽象的、頹廢的、逃避的、所謂「爲藝術而藝術」的文藝思潮。這種文學重視技巧，講究語言的性能，至於這些技巧和語言表現什麼，就不太重要了。什麼「傳統」，什麼「現實」，通通不要。他們說是「中國的現代文學」，但是實際上，既不是「中國的」，又不是「現代的」。

㈢開始尋找新的文學道路

一九六六年創刊的《文學季刊》，開始的時候，也是刊登一些西方的文學評論，介紹西方的作家和作品。後來，對西方文學開始採取批判態度，努力尋找自己的新的文學道路。這項工作到了七十年代，有了很大的進步。今天著名的幾個台灣籍的年輕的鄉土文學作家：黃春明、王禎和、王拓、陳映眞，都是《文學季刊》培養出來的。《文學季刊》停刊了一個時期，復刊後改名爲《文季》，是目前台灣鄉土文學的一個陣地，主編人是政治大學中國文學系主任尉天驄。他主要寫文藝評論，已經出版四本評論集，是當前台灣傑出的文藝評論家之一。

《文季》雜誌，在批判西化文學，發展台灣鄉土文學方面，起了積極的作用，它很可能成爲七十年代在台灣的中國文學的一個很重要的文學雜誌。

五、從「西化文學」到「鄉土文學」

㈠從「西化文學」到「鄉土文學」的時代背景

文學來自社會現實，反映社會現實。七十年代開始，台灣內外形勢有了很大的變化。

1. 一九七〇年十一月，發生釣魚台事件；
2. 一九七一年十月廿五日，蔣幫被趕出聯合國；
3. 一九七二年二月廿一日，尼克森訪問中國；
4. 一九七二年九月，中日建交（日本與蔣幫斷交）。

接著，許多國家與蔣幫斷交，蔣幫越來越孤立。蔣幫受到一連串的衝擊。

釣魚台事件發生後，立即引起了台灣全省各階層人民（尤其是青年學生）和旅日、旅美華僑（特別是留學生）的強烈抗議。這就是轟動一時的所謂「保衛釣魚台運動」（簡稱「保釣運動」）。「保釣運動」，表面上看，是反對美國，反對日本，但對蔣幫的壓力很大。

由於國際上的一連串衝擊和台灣內部的動盪，使得蔣幫統治階層惶惶不可終日，不少官僚、資本家、國大代表、立法委員、省議員、高級官員，紛紛逃跑，或準備逃跑。有的把錢匯去外國，把子女送去美國（名義上是留學）；有的取得美國國籍或綠卡（永久居留權）。

美國和日本的衝擊，以及蔣幫統治階層人物的買辦、漢奸式的可恥行爲，引起了全省人民，特別是年輕一代的無比憤慨。

這一切變化使得台灣的年輕一代，從「向西方一邊倒」開始看自己本身，看自己的社會，看自己的同胞，看自己的祖國，看自己的民族……，認識到「靠別人不行，只有靠自己實在」，才回過頭來關心自己的民族。他們開始批判日本和美國對台灣的經濟侵略和文化侵略……。

接著，各個大學、院校的學生，很快就掀起了浩浩蕩蕩的所謂「社會調查」運動和「社會服務」運動。這就是七十年代初的，以「台大」學生爲主的台灣的新的學生運動，領導人是當時「台大」的年輕的講師、教授，如陳鼓應等人（大陸籍）。

他們發現，在所謂「經濟起飛」的繁榮的假相後面，存在著勞苦大衆的悲慘生活的各種嚴重社會問題。例如：財富的分配問題（富的更富，窮的更窮），工人的工作條件問題（工作時間很長，工資很低，例如同工種的工資的比例爲：台灣一，香港二，日本三，美國六，福利也很差）；工人的職業病問題（特別是加工區工廠的女工和童工）；加工區工廠的廢水和廢氣所引起的公害；特別嚴重的是蔣幫的骯髒的「觀光事業」，這是世界上任何地方都找不到的最不道德的東西，在台灣被稱爲「無煙囪工業」，賺外匯最多的行業，實際上就是「國際賣淫」。光台北一地，就有一萬多家妓院（明的、暗的）、酒樓、酒吧間、咖啡館，共有三十多萬妓女、接待女郎。其他，農村、漁村、礦區、山地等，都有一大堆嚴重的社會問題。

這些問題引起了社會各方面的嚴重關切。而這些問題都是由於美國和日本的經濟侵略和文化侵略所引起的，因此就普遍產生了反抗帝國主義，反抗殖民經濟和買辦經濟的民族意識。同時產生了愛國家、愛同胞、關心勞苦大眾生活的社會意識。以上就是開始批判「西化文學」，「台灣鄉土文學」興起的社會背景。

(二)對「西化文學」的批判

對「西化文學」的批判，最初是從對「現代詩」的批判開始的，然後波及到「現代小說」和所有「西化文學」的各個領域。

如前面已經提過的，「現代詩」，內容上是：逃避現實，意識混亂，思想不清；形式上是：語言難懂，因爲這種內容和語言的雙重難懂。受到廣大文藝工作者和讀者的非難。

在七二年初，有一個叫關傑明的，在《中國時報》的副刊上，接連發表兩篇批判「現代詩」的文章，題目：「中國現代詩的困境」和「中國現代詩的幻境」，提出：**「現代詩西化過深，失去傳統，既不是現代又不是中國的文學。」**但當時還沒有引起足夠的重視。

當時剛從美國回台灣的一位華僑教授（據說是台灣大學的客座教授）唐文標積極響應這個批

判運動，先後在《中外文學》、《文學季刊》等文學雜誌發表評論，題目：「先檢討我們自己吧！」，「什麼時代，什麼地方，什麼人」，「詩的沒落」。唐文標的文章出現後，一時台灣文壇爲之震動，不僅把批判「現代詩」的運動引上高潮，而且把批判運動擴展到其他文藝領域。當時，台灣文藝界把這個事件稱爲「唐文標事件」。

在台灣泛濫一時的所謂「現代小說」，也受到了批判。所謂「現代小說」，不是描寫女人的眼淚、留學生的思想和異國情調，就是描寫知識分子的苦悶、徬徨、失望、墮落。什麼社會道德、民族尊嚴、國家觀念……都沒有了。有的只是商業社會的金錢關係，極端的個人主義，腐敗墮落的倫理道德，人們越來越自私，生活越來越糜爛。

這種現代主義文學作品最典型的是「大學才子派」（即「學院派」）的歐陽子的《秋葉》和王文興的《家變》。

歐陽子的作品所描寫的，據說是追求「理想性的愛情」，但《秋葉》卻描寫「母子亂倫」。王文興強調「文學的目的是使人快樂」，但他的《家變》卻描寫「兒子虐待父親，最後把父親趕出門」。

「母子亂倫」，怎麼能夠說是「理想性的愛情」呢？「兒子虐待父親」，怎麼能夠「使人快樂」呢？

新生的一代，年輕的文藝工作者對西化的個人主義、現代主義文學提出兩個問題進行了深入的批判。

一個是，在台灣的中國文學應該走什麼道路，是走中國的道路呢？還是走西方的道路？他們提出文學的愛國主義，文學的民族主義，就是說，在台灣的中國文學要走中國的道路，要有民族性和民族風格。

另一個問題是：文學的社會性，或文學的社會功能，或者文學的作用，就是我們常說的「文學為誰服務」的問題。他們提出：「文學要為多數人服務」，「要為國家、為社會服務」的口號，但「西化文學」是主張「愛情至上」、「藝術至上」。

他們主張，「文學不僅要寫一個人的內心衝突，更加要寫一個時代，一個社會」。但是「西化文學」卻主張「文學無國界」、「文學超越時空」。

在這兩個問題上的批判，可以說是在台灣的中國文學的兩條道路和兩條路線的鬥爭。

(三)「鄉土文學」的興起

一種文學的興起，光有文藝批評，而沒有文藝作品的創作，是不可能的。從七十年代初以來，台灣土生土長的幾個年輕作家，如黃春明、王拓、陳映眞、王禎和、楊青矗等人。在新的文藝思想的影響下，在不太長的時間內，用現實主義的形式，以台灣社會的具體生活為內容，寫了不少很受歡迎的小說。

這些作家，從農村、漁村、礦區、工廠等勞動人民的現實生活找題材，找典型人物。

什麼是「台灣鄉土文學」？我們引用陳映眞的幾段話，來看看台灣鄉土文學的具體內容。

陳映眞說：

「在這些作品中，他們用自己民族的語言，**眞正具有中國風格的、美好的中國語言，描寫了世世代代居住在台灣的中國同胞的生活**。

「這些作家描寫了在外來經濟和文化影響下的農村的貧困和農民的苦難，也描寫了被外來經濟和文化所『國際化了』的城市裡的各種人的形象。

「正是這些作家的作品，使三十年來的台灣的中國文學，頭一次有了生動的、具體的社會生活；頭一次有了親切的、感人的、樸素的、正直的、勤勞的、勇敢的同胞的面貌。

「這些作家的作品，對那些生活在水深火熱中的最底層的人們，對被欺負的、被侮辱的、被殘踏的、被輕視的人們，給予溫暖的安慰，給予奮鬥的勇氣，給予希望的勇氣，給予再起的信心。

「這些作品，鼓舞一切的中國人，眞誠的團結起來，爲我們自己的國家的獨立、民族的尊嚴和自由，起來努力奮鬥。」（以上引自《中華雜誌》，陳映眞：《建立民族文學的風格》）

什麼叫「台灣鄉土文學」？關心台灣的現實，寫台灣的現實，這種文學就是「台灣鄉土文學」，就是在台灣的中國文學。

台灣鄉土文學最主要的一點就是：反對買辦、反對媚外、反對崇洋，反對逃避，反對分裂，這是愛國的、民族主義的文學；是描寫勞動人民，同情勞動人民，鼓舞勞動人民，教育勞動人民的文學；是描寫光明面、歌頌光明面，也描寫黑暗面，揭露黑暗面的文學；是諷刺、戰鬥的文學。

總之，「台灣鄉土文學」有濃厚的台灣地方色彩，有強烈的政治性和尖銳的戰鬥性，有強烈的民族感情和愛國主義精神，有鮮明的民族風格。

六、對日據時期的抗日文學的再評價

在批判「西化文學」的過程中，台灣的文藝界對過去日本統治時期的抗日文學給予很高的評價，作了大量的宣傳，對鄉土文學的興起，起了很大的作用。

七十年代的台灣鄉土文學和日據時期的抗日文學有淵源關係。從歷史上看，「鄉土文學」是抗日文化運動中提出來的一個口號。這個口號是一九三四年，以王白淵爲首的幾個留日的台灣搞文學的青年最初提出來的，他們在東京創辦一本叫作《福爾摩薩》的文藝雜誌（日文）。這本雜誌只出了三期就停刊了。他們提出「要積極整理和研究鄉土文藝，創作眞正的台灣文學」，「要描寫關心自己的鄉土和同胞的作品」。（引自：《出版〈福爾摩薩〉的宗旨》）

三十年代，台灣曾經有過幾個優秀的作家，他們寫了許多很好的小說。這些作家大部分都是開始用日文寫作，以後才轉用中文寫作的，但是不論是日文的，還是中文的，他們的作品都有強烈的反抗日本帝國主義的政治內容和鮮明的漢民族的「民族風格」。三十年代，在大陸有「三十年代文藝」，在台灣有「抗日文藝」。「抗日文藝」是受「三十年代文藝」的影響的。

他們的作品描寫了在日本的殘酷的政治壓迫和經濟剝削下的台灣人民的苦難和反抗，是抗日的民族主義的文學。

三十多年來，由於台灣文藝界「以洋爲師」，「西洋掛帥」，日據時期的那些優秀的抗日的民族主義文學作品和這些作品的作家，竟然被埋沒了這麼多年。但是，更重要的原因是，蔣幫對台灣的政策考慮，千方百計不讓台灣人民回憶台灣人民反抗日本統治的歷史，盡量歪曲台灣人民的革命鬥爭史。

但是，與此相反，隨著新的「鄉土文學」的興起，新一代的作家對抗日時期的作家和作品，給予新的評價。

幾年來，台灣的幾本文學雜誌——《文季》、《中外文學》、《大學雜誌》、《夏潮》等，都刊登介紹三十年代的文學家和作品的文章。有的雜誌還把過去用日文寫的作品翻譯成中文，重新發表。

也許有人懷疑：在七十年代，在蔣幫統治下的台灣，介紹三十多年前的台灣的抗日文學的作品和作家，到底有什麼意義？是不是「厚古薄今」？不是。我認爲，這是「古爲今用」。這對於教育台灣的年輕一代不要忘記自己是中國人，很有用處；叫在台灣的所有中國人想一想台灣的現在，想一想台灣的將來，也很有用處；也是批判「西化文學」的很好的材料。

三十年代的「台灣鄉土文學」即抗日文學寫的是，日本統治下的台灣人民的苦難；七十年代的「台灣鄉土文學」寫的是，美國和日本資本支配下的、在蔣幫的法西斯統治下的台灣人民的苦難。時代不同，社會不同，題材不同，內容不同。但是，反對政治壓迫和經濟剝削，反對外來的經濟、文化侵略；熱愛自己的鄉土，熱愛自己的同胞，反對人吃人的社會制度，要求做人的權利，要求能夠過更好的、更合理的、更理想的生活，這些是共同的。

七、蔣幫對「台灣鄉土文學」的圍剿

七十年代「台灣鄉土文學」的興起，實質上是台灣文藝界對現代主義文學——全盤西化了的殖民地文學、買辦文學的鬥爭。

在這場鬥爭中，鄉土文學的作品越來越多，越來越受歡迎，聲勢越來越大。一篇篇作品，包括文藝評論，像尖刀一樣刺到蔣幫統治集團的要害，像探照燈一樣，把隱蔽在台灣各個陰暗角落的髒東西照出來。也像一面鏡子，把台灣社會的奇形怪狀都照出來。這種情況，不能不引起蔣幫的嚴重注意和恐慌。於是，一場對「台灣鄉土文學」的圍剿開始了。

一九七七年八月底，國民黨中央在劍潭召開了一個所謂「第二次全國文藝會談」。「會談」召開之前，蔣幫《中央日報》總主筆彭歌在《聯合報》發表一篇文章，題目：「不談人性，何有文學？」，接著台大教授、反動詩人余光中也在《聯合報》發表一篇文章，題目：「狼來了！」，對鄉土文學進行猖狂的攻擊。

先談「文藝會談」——

「會談」的目的，據台灣報紙說，是爲了制定蔣幫的文藝路線和文藝政策。會談作出了兩條決議：

第一條是「對自然生長及別有用意的消極悲觀……及發展離心力傾向，嚴正批判……。」

第二條是「對報紙副刊、雜誌及出版社加強輔導……。」

第一條，按照我們這裡的語彙，意思就很難懂，可作如下解釋：「自然生長」是指「寫現實」；「別有用意的消極悲觀」是指「描寫黑暗面」；「發展離心力傾向」是指「描寫貧窮、剝削、矛盾、本省人和外省人的隔閡、地域觀念或地方主義」等，「妨礙團結的東西」。

總之，第一條是下令對「鄉土文學」進行批判，第二條是要加強控制言論和出版。

會談期間，台灣報紙除了刊登各種報導以外，紛紛發表社論，對「鄉土文學」進行圍攻。

八月二十九日的《聯合報》社論，題目：「當前的文藝路線」。社論主張加強「戰鬥文藝」，「在戰鬥文藝的涵蓋與要求下，無所謂鄉土文學和『寫實主義文學』，更無所謂『工農兵文藝』。」

八月二十九日《新生報》社論，題目：「第二次全國文藝會談的期望」。社論要求文藝工作者「做一個反共的鬥士」，「嚴防三十年代文藝的幽靈重現」。

八月三十一日《青年戰士報》社論，題目：《鼓舞民族團結精神，擊破共匪分化戰術》。社論認爲：「居今而強調鄉土文學，時非其時，地非其地」。

在「文藝會談」前一個星期，蔣幫調查局長沈之岳在國民黨中央委員會提出「保密防諜」的報告。緊接著台灣又加緊「檢舉匪諜」的宣傳，每天電視節目都有「懸賞檢舉」的節目。（檢舉一個匪諜可得到四十萬台幣）

《中央日報》在八月三十一日文藝會談期間，就沈之岳的報告發表社論，就提到：

「更值得注意的是有極少數別有用心的人，利用出版自由與言論自由，以合法掩護非法，以公開掩護秘密，散播階級邪說，以『工農兵文藝』爲口號來製造矛盾分裂，混淆敵我界限，這種喪心病狂的行爲，實爲民心所不容，亦國法所應嚴禁」。

蔣幫對「鄉土文學」的圍剿和對鄉土作家的攻擊是很不得人心的，已經引起了台灣所有有良心的文藝工作者以及海外的多數中國知識分子的不滿。

連國民黨的三民主義理論家任卓宣也認爲：「三民主義的文學，站在民族立場，維護民族利益，宣揚民族思想，表現民族精神和民族風格，並反對帝國主義的侵略和壓迫。鄉土文學的精神並不違背三民主義的大方向」。任卓宣對那些買辦文人爲了反對鄉土文學，竟然把三民主義也否定了，表示憤慨。（《夏潮》第十七期〈當前文學問題專訪〉）

還有更可笑的是，有些反共文人，不學無術到這種程度，竟然把孫中山先生的話也當做鄉土作家的話，加以批判。（《夏潮》第二十四期）

立法委員胡秋原批評彭歌的文章說：「談人性的人實際上是抹煞了人性」。（意思是說，彭歌說別人不談人性，但談人性的彭歌卻給人戴紅帽子，羅織罪名，誣陷對方，這算什麼人性？）言外之意，品質惡劣，沒有道德，「缺德」。

香港中文大學徐復觀教授（以前台灣台中東海大學中國文學教授）批評余光中說：「余光中所

說的『狼』是指年輕人所寫的工農兵文學，而這種文學就是『狼』，就是『共匪』。寫這篇文章的先生自己也感到，這是給這些年輕人戴帽子。他認爲，自己已經被戴上不少帽子，現在還給你一頂，也無傷大雅……。但給年輕人戴的帽子，不是普通的帽子，這頂帽子拋到頭上，會人頭落地的。」

徐復觀批評蔣幫的反共方法，他說：共產黨說「一切爲人民」，你們就要「一切反人民」，這樣才算反共嗎？這種作法，不僅是愚蠢，而且是膽怯。

以上，從這三個人的批評，就可以知道，蔣幫對「鄉土文學」的圍剿是很不得人心的。

八、反圍剿的鬥爭——鄉土文學論戰

前面已經提過，台灣的新的文學運動對「西化文學」的批判，主要是圍繞兩個大問題：一個是台灣的中國文學應走什麼道路？是走西方的道路，還是走中國的道路？第二個是文學的社會性、社會功能是什麼？文學對社會應該起什麼作用？文學是爲誰服務？

新的文學運動——鄉土文學主張：在台灣的中國文學應該走中國自己的道路，要有傳統，要有愛國主義，要有民族主義，要有民族風格，反對毫無批判地照搬西方；文學要爲多數人、爲國家、爲社會服務，而不是所謂「爲藝術而藝術」，「爲文學而文學」。

對這些主張，國民黨當局也叫一些不學無術的、低能的御用文人，作爲文藝思想挑起無休止的爭論。但不敢作爲政治迫害的藉口，所以就必須找其他的問題來加以攻擊。

從上面已經提過的「第二次文藝會談」的兩條決議和台灣各報的社論、幾個反共文人的文章，我們已經可以看出一個大概。在這裡，我們可以挑出幾個比較大的問題，來看看雙方的觀點。這樣做，對於了解當前台灣的總的思想動態（正面的、反面的），可能有些幫助。

㈠關於「工農兵文藝」的問題

黃春明、王拓、陳映真、王禎和、楊青矗的小說所描寫的是台灣的工人、農民、漁民以及其他勞動人民的現實生活。

這些小說描寫這些小人物、台灣社會最底層的人怎樣過著貧窮、落後的生活。這種生活和在所謂「經濟起飛」、「全盤西化」了的社會的整個氣氛，是如何地不協調。如黃春明的〈蘋果的滋味〉和〈淹死了一隻老貓〉。

這些小說描寫了這些小人物怎樣受欺負、受壓迫、受剝削、受欺騙、受歧視、受嘲笑……。如黃春明的〈鑼〉和〈小寡婦〉。

這些小說描寫了這些小人物是如何正直、勤勞、堅強、勇敢、厚道……。

這些小說描寫這些小人物是怎樣同情別人、憐憫別人、幫助別人、愛自己的同胞、愛自己的鄉土、愛自己的民族……。

也描寫他們的希望、意願，他們的歡樂和他們的愛情……。

像這樣的內容的小說，在台灣受到廣大讀者尤其是年輕人的歡迎。小說裡面的這些可憐的小人物的悲慘遭遇受到了同情。但蔣幫卻怕得要命，怕得要死，動員它能夠動員的輿論工具，搜羅一批反共文人和民族敗類的文痞，給「鄉土文學」戴上「工農兵文藝」的帽子，加以攻擊。

余光中在〈狼來了！〉一文中，引用了一大段毛主席〈在延安文藝座談會上的講話〉，來說明「工農兵文藝的歷史背景和政治用心」。

余光中攻擊「鄉土文學」是專寫工人、農民的生活。這種小說就是工農兵文藝，而工農兵文藝是中共的階級鬥爭的文藝。

這顯然是有意的誣陷，和調查局長沈之岳的「保密防諜」的報告，時間、內容都配合得很緊；與蔣幫各報的社論，都是同一個觀點、同一個調子。

對蔣幫的這種攻擊，台灣少有的工人作家楊青矗說：「中共提倡工農兵文藝，我們的作家就過敏而忌諱寫工人的作品，好像一沾上寫工人的東西，就是共產黨似的那樣令人恐怖。好多朋友警告我，你專寫工人的東西，你要小心。甚至在某些文藝座談會上有人公開叫囂：某某人專寫工人的東西，我們要注意他居心何在？有何企圖？講這種話的人，實際上是為了給人戴帽子來保住自己的既得利益，或者是藉給人戴帽子以表功……。」（楊青矗：〈寫作人權——兼談知識分子的過敏症〉）

台灣政治大學中國文學教授尉天驄說：「既然中國是一個自由社會，知識分子可以寫他們的文學，工農兵為什麼不可以寫他們的文學？」

「有人硬要把工農兵文學專指大陸上的那一種文學，這就更加不可能。兩個不同的意識型態，不同生活方式的世界，能產生相同的文學嗎？」

「我們批評一個人或一部作品，應該看這個人或這部作品所堅持的理想對不對？合不合乎多數人的利益？如果一部作品所讚揚的，是合乎多數人的利益，就應該讚揚。如果所批判的是違反多數人利益的，就應該批判。」

「如果我們不這樣看，僅僅因爲一部作品沒有寫出他限定的東西，就一筆抹煞，這不但是對文學、藝術作品的傷害，也是對**寫作人權**的侵犯。假如說，大陸提倡工農兵，我們就放棄工農兵，這不僅是愚蠢，而且是膽怯。如果用這個理由來反對鄉土文學，實在是說不過去的。」（《夏潮》第十七期，〈文學爲人生服務〉）

(二)關於「狹隘的地方主義」問題

蔣幫和他的御用文人攻擊「鄉土文學」有「狹隘的地方主義」說：「你們爲什麼只寫台灣的現實，不寫大陸的現實？爲什麼只寫台灣同胞的苦難，不寫大陸同胞的苦難？」他們甚至誣蔑「鄉土文學」有意製造本省人和外省人的矛盾，是爲了搞「台獨」。

對這種攻擊，陳映眞反駁說：

「有些人，不論他在台灣生活了多久，在他們靈魂深處，從來就沒有把台灣眞正看做是自己國家的一塊寶貴的土地，也沒有把廣大的台灣民衆看成自己的骨肉同胞。一個對自己國家的土地不抱一絲感情，對於給你吃、給你穿、給你住的、天天見面的同胞不懷一點愛情的人，怎麼能夠從心靈深處眞正關切整個苦難的中國，又怎麼能夠去愛七、八億偉大的中華同胞？

但是，一個中國人要當中國人，是他神聖不可侵犯的權利，是不需要別人的認可和批准的。同樣，在台灣的新一代的中國作家，要以自己民族的語言和形式，在台灣這塊中國的土地上，描寫他們每日所見所感的現實生活中的中國同胞、中國風土，並且批判外國的經濟和文化的支配性影響，喚起中國的、民族主義的、自立自強的精神，是斷然不需要別人的批准和認可的！」

（陳映眞：〈建立民族風格的文學〉，原載《中華雜誌》。本文引自：台灣文學研究社（美國）《鄉土文學專刊》二十五頁）

楊靑矗說：「陳若曦的〈尹縣長〉，黃春明的〈鑼〉都可以說是鄉土文學，只是各人立脚點所藉以了解的社會不同而已。陳寫的是大陸的鄉土，黃寫的是台灣的鄉土，寫的都是以中國的某一個土地爲背景，都是當地社會發生的現實，都是中國的鄉土文學，何必過敏地說有地域觀念。」

「寫台灣鄉土的人，因爲他生在台灣，長在台灣，只了解台灣的社會狀況，他無法像陳若曦那樣到大陸去住一段時間，去感受這塊大鄉土所處的苦難，所以他只能寫他自己身處的鄉土，盡自己的一份責任，並無不對。」

「近來一些知識分子掀起寫鄉土的高潮，無非是要作家們不要跟在洋人屁股後面迷失自己，爲自己的社會創造自己的東西。提倡的人有外省人，也有本省人，這是社會的需要，相信大家

都沒有狹隘的地域觀念。」（《夏潮》第十七期，楊青矗：〈什麼是健康的文學？〉）

王拓認爲：「在小說中表現地方色彩，並不等於地方主義。在小說中運用方言也不等於方言文學。」

「我們生在台灣，長在台灣，我們不反映台灣這個現實環境下的中國人的生活和願望，那麼，我們要反映什麼呢？如果認爲反映台灣這個現實環境下的中國人的生活和願望的文學是地方主義的，那麼，請問，有什麼文學不是地方主義的？」

「批評鄉土文學的人，完全無視七十年代以後的台灣在政治、經濟、社會的變化和發展。他們所批評的鄉土文學，事實上是在七十年代以後，台灣的社會和知識青年，普遍激起了愛國家、愛民族的感情，普遍產生了強烈的反抗帝國主義的覺醒……這樣的背景下產生的。因此，這樣的鄉土文學，基本上是一種民族主義的文學，絕不是某些人所誣指的地方主義的文學。」（《夏潮》第十七期，九頁，王拓：〈鄉土文學與現實主義〉）

在「台灣鄉土文學」論戰期間，大量刊載論戰文章的《夏潮》雜誌，在創刊二周年的第二十四期發表編輯部文章，對鄉土文學作出了明確的表態。

文章說：「我們在這裡鄭重宣告，鄉土文學是我們台灣先人抗日愛國的光榮記錄，爲保衛台灣先人抗日愛國的光榮傳統不被誣蔑，本刊決心秉承初衷，繼續發揚鄉土文學的優良傳統。

再說，鄉土文學的藝術性並非不可批評，但其民族精神是不可侮的。然而，「從香檳來的」人，要「嫁給舊金山」的人，抱漢奸胡蘭成大腿的人，拿ＣＩＡ（美國中央情報局）津貼的人，

你們憑什麼資格來此地侮辱鄉土文學？（引自《夏潮》第廿四期〈我們的宗旨與主張〉）

㈢關於「殖民經濟」和「買辦經濟」的問題

「殖民經濟」和「買辦經濟」，都是屬於經濟問題，但談論鄉土文學產生的時代背景時必須涉及到這個問題。因此也成了鄉土文學論戰的一個比較大的問題。

蔣幫很害怕人家說：「台灣目前的經濟是殖民經濟」，認爲這是反對目前的台灣的經濟制度，這個論戰是由王拓的一篇文章引起的。

王拓在分析「鄉土文學」產生的時代背景時說：「這段時間（一九七一年以後）的台灣社會，由於國際重大事件的衝擊，與台灣經濟極不平衡的發展，產生了強烈的反抗帝國主義與反抗**殖民經濟**和**買辦經濟**的民族意識和社會意識，要愛國家、愛民族，要關心社會大眾的生活」（引自：台北《仙人掌》雜誌第一卷第二期，六十三頁，王拓：〈是現實主義文學，不是鄉土文學〉）。

對此，彭歌批評王拓「對台灣的社會經濟的分析不正確，不完全」，說什麼「國民經濟蓬勃發展之時，說台灣的經濟是殖民經濟、買辦經濟，這是對政府（指台灣當局）的不公道，對台灣同胞的侮辱」（引自：一九七七年八月十七、十八、十九日《聯合報》，彭歌：〈不談人性，何有文學？〉）

對此，王拓引用了台灣政治大學經濟學教授許士軍的文章、《中國時報》的社論以及胡秋原在立法院的質詢來反駁彭歌。

許士軍說：「台灣的對外貿易，大約百分之六十到七十被控制在外商手裡」（引自：一九七七年一月十七日《經濟日報》第六版）

《中國時報》的社論指出：「我們不敢說整個台灣的工業都是日本的加工業，但大多數都是日本的加工業，則斷然不錯。（我們大部分的工業從日本進口機器設備、零件、原料、技術與部分資金，……我們從日本進口，自台灣出口，大約有一半要經過日本的貿易商。我們在加工時，還有無數的小廠靠日本的資金）……」（引自：一九七六年十二月十五日《中國時報》社論）

胡秋原說：「過去殖民國家今天都想重回殖民地，日本也如此。他們不能用軍事方法做到，便用經濟手段，即『經濟合作』和『技術合作』等方法。日本在台灣的投資，據英國報紙透露，公開與秘密投資，達十一億美元」。（引自：立法委員胡秋原在一九七三年立法院五十二會期，對行政院施政報告的質詢）

王拓說，他「對經濟問題是外行，但根據許士軍博士、胡秋原立法委員的意見以及《中國時報》的社論，說台灣的經濟是一種殖民經濟、買辦經濟，大概是還不算太大的錯誤吧！」（引自：一九七七年九月十、十一、十二日《聯合報》，王拓：〈擁抱健康的大地〉）

但有些死心塌地願做日本和美國資本家的奴才的買辦文人，如王文興和董保中之流，總是千方百計爲美、日資本家辯護。

王文興說：「外來的投資是互惠，不是侵略」，「軍事侵略才算侵略，才會亡國，文化侵略、經濟侵略、政治侵略都不是侵略，不會亡國。」

他又說：「如果把美日帝國主義請出去，我們靠什麼過活？」（以上引自：《夏潮》第四卷第二期，六九頁，王文興在台北市耕莘文教院的演講，「鄉土文學的功與過」）

對此，胡秋原說：「外來的投資是侵略還是互惠，要看國家對外來投資採取什麼政策和態度。如果他賺你的錢，你也賺他的錢，這叫做互惠；只許他賺你的錢，不許你賺他的錢，或者你賺他一億，他賺你十億，這叫什麼互惠？日本人前年拿了我們十四億，去年又拿了十八億美金走了，而你一個銅板也不能賺他的，這叫什麼互惠？」

所以胡秋原說：「王文興是替日本資本家辯護。」（以上引自：《夏潮》二十四期，六六頁，胡秋原：〈王文興的 Non Sense 之 Sense〉）

從美國來台大做客座教授的美籍華人董保中爲美國資本家辯護說：「我覺得鄉土文學的幾位批評家，對現今的所謂資本主義的了解，似乎只侷限於十九世紀馬克思主義式的理論基礎」，「而不了解**資本主義在進步**」，「**美國經濟制度很合理**」。（以上引自：《夏潮》二十四期七八頁，張益倫：〈學者與僞君子〉）

對於這種論調，台大教授、經濟學家侯立朝說：「新資本主義比舊資本主義更鎮壓人性，更湮滅人情，更集中壟斷，更粗暴專橫，表面上好像變得很謙恭，骨子裡確實變得更殘酷」。（引自侯立朝：《現代經濟學的眞面目》）

以上，我們可以看到，彭歌、王文興、董保中這些買辦文人，對經濟問題，一竅不通，連國民黨的中央也覺得很丟臉。堂堂的《中央日報》的總主筆、台大的高級教授，不好好學習孫中山先生的學說，身爲國民黨員，捨棄三民主義不談，而大賣資本主義的膏藥，爲了反對鄉土文學，反到孫中山先生頭上，把三民主義也反了。

(四)其他問題

蔣幫和它御用文人圍剿「台灣鄉土文學」時慣用的一個卑劣手段是：斷章取義，胡亂栽誣，亂扣帽子，無限上綱，提高到「共匪」、「台獨」，把文學的學術問題轉爲政治問題，對鄉土文學作家進行陷害。例如：

①王拓說：「文學必須紮根於廣大的社會現實與人民的生活中，**正確地反映社會內部的矛盾**和民衆心中的悲苦，才能成爲時代與社會的眞摯的代言人，而爲廣大的民衆所愛好和擁戴」。彭歌、董保中等人一看到「矛盾」二字，就認爲是搞「階級鬥爭」，是「共產黨的作爲」。

②陳映眞說：「市鎭小知識分子要在實踐中，艱苦地作**自我革新，同舊世界作毅然的訣絕，**從而投入一個**更新的時代**」。董保中看到什麼「革新」、「與舊世界訣絕」，就認爲這是「左傾」，認爲「更新的時代」就是指「共產主義的時代」，所以陳映眞是搞共產黨的活動。

③鄉土文學作家談到「特權」、「剝削」、「貧富差別」、「不合理的社會現象」等問題時，蔣幫和它的御用文人就說，這是「惡意揭發社會黑暗面」，「強調貧富對立」，「散佈仇恨」，「搞階

級鬥爭」。

王拓引用蔣經國的話來反駁他們的這種無理取鬧。蔣經國曾經說過：「要加強消除尚未消除的特權，包括消除特權的觀念，因爲我們認爲做得不夠。要加強消除尚未消除的中間剝削，包括消除剝削的觀念，因爲我們認爲做得不夠」（蔣經國在蔣幫空軍學校校慶致詞）

王拓說：「連蔣院長也承認『特權』和『剝削』的存在，而且還說要消除『特權』和『剝削』，甚至還說要消除『特權』和『剝削』的思想。難道蔣院長也在『惡意揭發社會黑暗面』？也在『強調貧富對立』？也在『散佈仇恨』？也在『搞階級鬥爭』？」

王拓說：「現實主義文學反映這些事實，並非無中生有，或者故意捏造，怎麼說是『惡意揭發社會黑暗面』？」

「貧富差距也是社會存在的事實，在報紙新聞上也時常刊登，爲什麼創作小說的人就不能寫呢？我始終認爲，把事實告訴大家，才是眞正關心社會，熱愛國家的表現。捏造美麗的謊言，欺騙大衆，歌功頌德，討好上級，這才是最自私、最不顧社會國家前途的。」（以上引自：《夏潮》十七期，九頁，〈當前台灣文學問題專訪〉）

九、鬥爭仍在繼續

「台灣鄉土文學」的論戰，如果從批判「現代詩」算起，也有五、六年了。蔣幫正式下令圍剿鄉土文學，也有一年多。但是論戰的結果，勝利的不是買辦文學，而是鄉土文學。表現在如下幾個方面：

(1)買辦文人和御用報紙的論點被批透批臭。有些買辦文人的作品，例如王文興的小說《家變》和余光中的詩，被批得不值三文錢。這是一場兩種文學思想的鬥爭，兩種文藝路線的鬥爭。在這一場批判「西化文學」——「現代主義文學」思潮的鬥爭中，確立了在台灣的中國文學的正確道路，這是最大的收穫。鄉土文學已經成爲當代在台灣的中國文學的主流。

(2)鄉土文學的作家名聲大振，是被罵出名的。這些作家沒有被罵臭，反而被罵香了，他們受到了廣大人民的尊敬。黃春明被邀請到美國去講學；王拓被請去政治大學擔任文學講師，政治大學還請黃春明到學校去作報告（引自《夏潮》二十三期，〈黃春明在政大西語系的演講〉）。有的大學院校的學生組織、雜誌社多次召開文藝座談會，請鄉土文學作家作報告等。

(3)鄉土文學的作品，尤其是著名作家的小說大受歡迎。有的再版又再版。黃春明、楊青矗的小說，許多已被翻成英文。最近評論鄉土文學的評論集或批判買辦文人作品的評論集出版了好幾種，例如，尉天驄的《鄉土文學討論集》和陳鼓應的《這樣的詩人余光中》等。

(4)擁護鄉土文學的隊伍也在擴大，幾個大學各系的教授、立法委員、省議員、著名律師都願意爲擁護鄉土文學的雜誌寫稿。這些人都是反對崇洋媚外、熱愛祖國、熱愛台灣、熱愛同胞的愛國者。

(5)在海外（特別是在美國）的中國知識分子、留學生，大部分都擁護鄉土文學。他們寫信給台灣的某些雜誌，表示讚揚和支持，並且爲這些雜誌捐獻，擴大讀者，或投稿。

(6)在這樣的情況下，蔣幫當局對鄉土文學的圍剿也不得不有所收斂。國民黨中央黨部也說「要團結鄉土」。甚至對個別買辦文人也有所批評和怨言，例如對余光中和王文興的批評。

(7)特別使人覺得意外的是一九七七年的台灣文學獎（編按：一九七六年十一月，唐文標以〈天國不是我們的〉獲得中山文藝獎）獲得者的人選。這一年的文學獎沒有授給那幾個買辦文人中的任何一個，因爲他們在廣大文藝工作者中間失去了威信。但也不能授給那些深受廣大讀者愛戴的鄉土文學作家中的任何一個。所以最好的人選是旅居美國的華僑、美國某大學的教授、台灣大學數學系客座教授唐文標。

此人就是，在前面「批判現代詩」的地方已經提過的，早在一九七二年，在台灣掀起批判「現代詩」的運動而造成所謂「唐文標事件」的那個人。

他是數學家，又是文學家。他不寫小說，專寫文藝評論。他的評論，不限於文學方面，而涉及到教育、美術、音樂、電影以及政治、經濟各個領域，而且都有他獨特的見地，受到各方面的重視。

此人爲外省籍，又是旅居美國的華僑、大學教授，他雖然擁護鄉土文學，但不是鄉土作家，因此受文學獎，也不大會受買辦文人集團的反對。

在批判「西化文學」的鬥爭中，在圍剿和反圍剿的鬥爭中，鄉土文學取得了很大的、可喜的成績，在台灣的中國文學找到了正確的道路，繼承了「五四」以來的民族傳統，恢復了中國民族的風格，發揚了台灣抗日文學的愛國主義精神。但是，「西化文學」不會輕易地退出歷史舞台，蔣幫也絕不會這樣就罷休。

蔣幫對鄉土文學的刊物和作家已經開始新的迫害。《夏潮》雜誌今年一月已被停刊一年，對著名作家王拓竟然採取製造假案藉以「刑事傳訊」的卑劣手段加以迫害。鬥爭是不可避免的，鬥爭仍在繼續！

一九七九年五月十九日

附錄　台灣鄉土文學作品介紹

楊　逵　鵝媽媽出嫁（小說）
羊頭集（小說散文）
壓不扁的玫瑰花（散文）

王　拓　金水嬸（小說）
望君早歸（小說）
街巷鼓聲（報導文學）
張愛玲與宋江（評論）
黨外的聲音（評論）
群衆的眼睛（評論）

王禎和　嫁妝一牛車（小說）
三春記（小說）
電視電視（雜文）

黃春明　鑼（小說）

莎喲娜拉，再見（小說）
小寡婦（小說）
鄉土組曲（民謠）

李慶榮
知識分子與社會（評論）

趙知悌
文學休走（評論）

陳映眞
將軍族（小說）
第一件差事（小說）
陳映眞選集（小說）

（許南村）
知識人的偏執（評論）

楊青矗
在室男（小說）
妻與妻（小說）
心癌（小說）
工廠人（小說）

尉天驄
衆神（評論）
路不是一個人走得出來的（評論）
天窗集（評論）
鄉土文學討論集（評論）

輯二／民主運動

一、反蔣鬥爭的低潮時期

台灣人民自從一九四七年的「二、二八起義」失敗以後，三十多年來一直受到極其殘酷的迫害。「二、二八起義」期間被殺害的大約有三萬人，至於被捕、被關的有多少人，國民黨當局從來沒有發表過這方面的統計材料。「二、二八」時被送去火燒島集中營的人，現在還有許多人沒有回來。三十多年來，由於政治原因，被送到火燒島的人，據最低估計，也有十多萬人。在台灣現在竟然有人說：「他是綠島籍的」或者「我是綠島人」，這就說明，在綠島住過的人很多。著名台灣作家楊逵在綠島住了十年，陳映眞住了八年。

由於國民黨的殘酷鎮壓，這一時期的台灣人民的反蔣鬥爭一直處在低潮狀態。

在這一時期的台灣人民的反蔣鬥爭的形式，與過去日本統治時期的反日鬥爭的形式有些不同，與過去大陸人民的反蔣鬥爭的形式也有些不同。

過去台灣人民的反日鬥爭的形式，主要有：①工人運動，②農民運動，③學生青年運動，④文化運動（如文化協會、各種讀書會、研究會、台灣民報、台灣大衆時報等報刊雜誌），⑤政治運動（如議會設置請願、自治聯盟、民衆黨、共產黨等的政治活動）。其中，台共領導下的農民運動對日本帝國主義的打擊最大。

過去大陸人民的反蔣鬥爭的主要形式有：①工人運動（如上海的工人運動），②農民運動（如湖南的農民運動）③學生運動（如天津、北京、上海、南京的學生運動），④文化運動（如三十年代文藝），⑤政治運動（如共產黨、各民主黨派，統一戰線），⑥全國性的武裝鬥爭（這是最主要的）。而各種形式的鬥爭，最後統一到與「武裝鬥爭」相配合，終於推翻了蔣家王朝。

但當前台灣人民的反蔣鬥爭就沒有這些有利的革命形勢，鬥爭的主要形式，只剩下兩種：①文化運動，②政治運動（選舉運動）。

所謂「文化運動」，主要是曾經以「鄉土文學論戰」的形式出現的反對「西化文學」的新文學運動以及批評國民黨的崇洋媚外的文化、教育政策的輿論鬥爭。

所謂「政治運動」，主要是指「黨外人士」的各種「選戰」和黨外人士議員在各級議會的鬥爭。沒有政黨，沒有共同的政治綱領，只侷限在選舉上，所以也可以說是「選舉運動」。

這兩種形式的鬥爭——文化運動和選舉運動是目前台灣人民的反蔣鬥爭的特點，而且這兩種鬥爭已經結合起來，形成一股敢於向國民黨挑戰的力量。

三十多年來，台灣也曾經有過學生運動，但已經被壓下去了（看後文）。工人、農民也有鬥爭，但大多是個別事件，而且幾乎都被壓下去，沒有能夠形成爲「運動」（因此，這裡從略）。

台灣人民反蔣鬥爭的低潮，是這一時期的國內外形勢，特別是台灣島內外形勢所決定的。但是決定因素是國民黨的獨裁暴政，法西斯統治。美國報紙認爲：「台灣是世界上最殘暴的警察國家」（如果把台灣也算國家的話）。

國民黨從在大陸的失敗吸取了「痛苦的經驗教訓」，一到台灣就公布所謂「人民團體組織法」，禁止工人、農民、學生組織自己的團體；「二、二八」以後到一九五〇年，徹底破壞了中共在台灣的組織，除民社黨和青年黨以外，禁止任何新政黨的建立；「二、二八」時實行的戒嚴（編按：一九四九年五月廿日至一九八七年）一直延長到現在，根據戒嚴法嚴禁群衆的集會和示威遊行；禁止工人罷工，農民學生「鬧事」。

目前，台灣也有工會、農會、漁會等組織，但這些團體都是在國民黨控制下的、鎮壓和剝削農民、漁民的官僚機構。在中學、大學裡面也有所謂「學生會」之類的組織，但都只能在學校的「訓導處」的嚴格監督下進行活動。

總之，現在留給台灣人民一點點的活動餘地，就是上面所說的文化運動和選擧運動，而這兩個運動也是經常在國民黨的干涉、監視、破壞之下，才能進行。

二、「保衛釣魚台愛國運動」

——台灣學生運動的再起

一九七〇年十一月，發生了「釣魚台事件」。釣魚台又稱釣魚島，也稱尖閣列島，原是屬於台灣省的一組海中小島，距離台灣東北一百多海哩，是無人居住的幾個小島，我國漁民（包括台灣漁民、大陸漁民）經常在這些島嶼附近捕魚。後來因爲據說這些小島附近海底可能蘊藏大量石油，才引起了世界的注意和日本的窺視。於是，日本政府就公開宣布釣魚台原屬於琉球（釣魚台，就在台灣和琉球之間。實際上，日本統治時期，釣魚台是由台灣總督府管的，還是由沖繩縣管的，日本政府也沒有明確劃清）。而當時的琉球是在第二次大戰後，由美國托管的，美國政府也曾經宣布過，於一九七二年把琉球歸還給日本。在日本宣布「釣魚台屬於琉球」以後，美國政府事前也沒有照會我國，就聲明把釣魚台也列爲琉球的一部分，和琉球一併交還給日本（在決定琉球由美國托管的時候，並沒有明確規定釣魚台是屬於琉球列島）。

對這件事，我國政府和台灣當局都發表聲明，指出釣魚台主權屬於中國。但是，日本和美國政府並沒有撤消他們已經宣布過的聲明。

釣魚台的歸屬問題還沒有解決，中國和日本政府都同意暫時把這個問題擱置下來。

這件事，引起了海外的中國同胞和留學生特別是留美的台灣學生極大的憤慨，他們聯合奮起，發表聲明，在美國各地舉行聲勢浩大的示威遊行，對美國和日本兩國政府提出強烈抗議，展開了轟轟烈烈的所謂「保衛釣魚台愛國運動」（簡稱「保釣運動」）。

這個運動對台灣島內的青年學生和知識分子，影響很大，對台灣人民也很有教育意義。「保釣運動」喚起了全體台灣人民的民族意識和愛國主義精神。一九七一年四月十二日到二十三日，一連十二天，台北、新竹、台中、台南各地的十多個大專院校一萬多名學生，連續舉行了多次聲勢浩大的集會和示威，反對美日反動派妄圖侵略我國領土釣魚台的陰謀。他們公開喊出「抗戰時期的愛國口號」：「中國的土地可以征服，而不可以斷送！中國的人民可以殺戮，而不可以征服！」「一寸山河一寸血，十萬青年十萬軍」，表示誓死保衛國土的決心。

這個「保釣運動」可以說是長期以來被國民黨鎮壓下去的台灣的學生運動的再起。

釣魚台事件以後，又發生了所謂「中華民國」被趕出聯合國事件。這個事件給國民黨當局以及台灣各界的衝擊更大。這件事發生後，許多資本家、立法委員、國大代表以及國民黨的高級官員就急忙做好逃亡的準備，把金錢送到外國，買好飛機票，一旦台灣有了風吹草動，就可以立刻高飛遠走。

台灣人民尤其是青年學生、知識分子看到這種情況，感到無比的憤慨。他們強烈譴責那些自私自利的、投機的、逃避現實的「牙刷主義分子」。他們要求台灣當局嚴禁「國人在外國置產設籍」，並懲辦那些叛逃分子。他們認爲，爲了做到這一點，必須要求國民黨徹底改革政治。爲了改革台灣的政治，他們認爲必須有更多的言論自由和政治民主，他們要求讓青年有更多的機會參與政治。爲此，台灣各大專院校的學生曾經舉行過各種各樣的辯論會、座談會，辯論言論自由、政治民主、中央民意代表選舉、美國和日本的所謂「經濟援助」等問題。在這許許多多辯論會、座談會當中，當時台大哲學系舉辦的「民族主義座談會」最引人注目。許多師生嚴厲批評國民黨當局的賣國媚外政策，指責美日帝國主義對我國的侵略陰謀。

國民黨當局對此十分恐慌，於一九七三年初，關閉台灣大學哲學研究所，停止招生，解聘陳鼓應、王曉波等教授和講師，有些人被投入監獄，有些人被禁止寫文章，有些讀書小組被迫解散。

當時各個大學校內舉行政治性討論會蔚然成風，不參加這種座談會的學生都被認爲是落後分子。校內刊物以及社會上的報刊也開始以相當大的篇幅來討論台灣的處境以及未來的出路等問題。

但是，這些青年學生不滿足於校內的清談，紛紛走出校門，到農村、漁村、山地、礦山、工廠進行社會調查，揭發了許多嚴重的社會問題。如危害工人健康的職業病、礦災、加工區工廠的廢水廢氣的污染、工人的福利問題，農村的經濟危機、農民的負債問題等等。(註)

於是，各大專院校的學生又紛紛組織「社會服務團」，深入社會各個階層，爲民衆服務。這些社會服務團當中，規模最大，最有成效的是「台大社會服務團」，它發表「服務團成立始末」

（一種宣言性質）宣稱：「青年們要做『洗滌社會，擁抱人民』的先鋒隊！」。

社會調查越深入，揭發的問題就越多，對日美帝國主義和國民黨的批評也就越多。國民黨對當時的這種學生運動，感到很頭痛。因爲蔣經國爲了排斥「元老派」，拉攏年輕的少壯派，曾經鼓勵青年學生到實際社會去體驗生活，敢過問政治、敢說敢做，……。所以，也不好用行政命令禁止這些學生的社會調查和社會服務的行動。國民黨看到學生運動已經搞到這個樣子，害怕出「亂子」，因此就通過「救國團」、各校的「訓導處」的黨工人員以及學生的家長進行威脅、規勸，終於煞住了這次轟轟烈烈的學生運動。

但是，這次學生運動鍛鍊出一批「新生代」的優秀分子。他們都是三十上下的年輕人，在現在的台灣社會，越來越顯出他們的能力。他們在最近幾年的選舉運動和文化運動中，都扮演著重要的角色。再過十年，這一大批青年就成爲中年人，就成爲台灣社會的棟樑。因此這些青年的思想和行動將左右台灣的將來。

註：美國資本家在淡水的飛歌電子公司工廠女工的職業病、日本資本家在台中潭子加工區的船井電子公司強迫中國五十多名工讀學生站著聽訓話事件、日商設在台北縣金山鄉的三井礦業公司的工業廢水污染附近水田事件，都是這些青年學生進行社會調查時揭發出來的。

三、從「保釣運動」到「統一運動」

——在美國的「統運」

「保釣運動」的期間很短。但這個運動對台灣島內外的青年學生、知識分子的思想變化是一個里程碑。

在「保釣運動」期間或者以後，在台灣島內外的中國青年學生、知識分子不得不考慮這樣的一些問題：

①第二次大戰時，日本是中國的敵國，美國是中國的盟邦，為什麼現在美國又和日本勾結起來欺負中國？（指釣魚台事件）

②為什麼美國和日本都說是「幫助」我們建設，但實際上是利用國民黨的困難處境，對台灣進行經濟侵略，殘酷剝削台灣勞苦人民？

③國民黨說，中國大陸屬於「中華民國」，共產黨說，台灣屬於「中華人民共和國」；國民黨說「要反攻大陸」，共產黨說「要解放台灣」，但二十多年來，都沒有實現。

④台灣今天的處境是誰造成的？台灣要向何處去？台灣和大陸能這樣長期分裂下去嗎？

⑤國民黨說「大陸如何如何不好」，共產黨說「台灣如何如何不好」。台灣不好，我們親眼

看到，是知道的，但是大陸好不好，我們沒有親眼看到，應該親眼看一看。

於是，在美國各地的來自台灣的中國留學生和知識分子紛紛回來祖國大陸參觀訪問（開始時，主要是大陸籍的，後來台灣籍的也陸續回來參觀）。

他們對新中國的革命和建設有了新的認識。他們回美國以後，就開展「宣傳新中國」的活動。例如，在美國各地舉行介紹新中國的座談會、演講會、紀念會、圖片展覽會等。

這些活動取得了很大的成績。許多台灣來的留學生不顧國民黨特務的威脅，積極參加介紹新中國的活動。參加活動的群衆，經常從幾百人到上千人，有時打破兩千人以上。

接著，美國各地的進步學生紛紛辦起刊物，宣傳新中國，例如《台聲》、《群報》、《水牛》、《美西通訊》、《田納西通訊》。這些刊物除介紹新中國以外，也批判美國和日本對台灣的侵略政策，批評國民黨的崇洋媚外政策和獨裁政治……，討論「台灣的前途」、「中華民族的命運」、「中國的統一」等專題。有些地方的進步的留學生、知識分子聯合起來組織「促進中國統一會」之類的團體。這個運動，後來被稱爲「愛國反蔣促進祖國統一運動」（簡稱爲「統一運動」或「統運」）。

這個運動，引起了在美國的中國留學生和中國人的各種組織的重新組合。一部分原來親蔣的人脫離了親蔣組織，投入了「統一運動」的行列。一部分「台獨分子」或者同情「台獨」的人也離開了「台獨」組織。

在這種情況下，各派系（統一派、親蔣派、台獨派）的鬥爭是不可避免的。

一九七三年，國民黨提出「以組織對組織」、「以統戰對統戰」，大量派遣特務，以留學爲名，到美國一些大學，組織國民黨的「核心小組」，加強控制這些學校的「中國學生會」，破壞「愛國統一運動」。

對此，進步的台灣留學生開展了反對國民黨特務控制「中國學生會」的鬥爭，取得了一些學生會的領導權。有不少大學的進步學生揭露了國民黨特務對台灣留學生的監視、威脅、恐嚇等非法活動，把國民黨的特務學生孤立起來。

「統一運動」也遭到了一小撮「台獨」分子的干擾和破壞。但是，由於「台獨」頭目中的一部分人爲了想做官，投靠國民黨，放棄了原來的「反蔣」的政治原則，策劃「聯蔣保台」的陰謀，激起了留美台胞的憤慨。「台獨」終於分成了「擁蔣」和「倒蔣」兩派。不少人脫離了「台獨」組織，愈來愈多的人走進「統運」，有的成爲「統運」的骨幹。

從「釣運」到「統運」，本來是一個很好的革命形勢的發展。但是在美國這個「統運」的開展並不很順利。參加過「釣運」和「統運」的一個華僑說：在美國的「統運」不是「不很順利」，而是「很不順利」，尤其是對台灣籍同胞的工作，即使不是「失敗」，也是「成效表微」。

原因是：當時的「統運」也受到林彪、四人幫的極左路線的干擾，領導「統運」的某些人不講統戰政策，不作調查研究，不作細緻工作，無限上綱，懷疑一切。

最近兩年來，我接觸過從美國回來的幾個大陸籍的朋友，他們都是「釣運」和「統運」的積極參加者。但是他們在參加「統運」的過程中，或多或少都受到排斥和打擊，就像文革時期，在國內許多好的領導人受到林彪、四人幫的排斥和打擊一樣。一個旅美華僑說：「統運」的領導人，一部分是在台灣的國民黨軍政人員的子弟。他們「勢利眼」，看到尼克森訪華，窺出中美關係的將來。他們「聰明」、「老練」、「勇敢」、「狡猾」，又會吹會拍：不像台灣青年那樣「愚蠢」、「幼稚」、「戇直」、「懦弱」。

他們本來對台灣人民的「反蔣」就沒有什麼好感，所以他們「愛國」的口號比誰都喊得響亮，但聽到「反蔣」就很不舒服。

如果由這些對台灣同胞沒有絲毫感情，甚至對「反蔣」很反感的人來領導「統運」，來做台灣同胞的工作是不可能「很順利」的。

據一個華僑反映，有些「統運」的領導人由於「表功」心切，不惜「打小報告」，坑害別人，結果做出許多使台胞非常不滿的事來。例如，有些台胞，「反蔣」情緒比較強烈，但「祖國統一」的要求不那麼迫切，就罵這個台胞「不愛國」，是「台獨」。給人一種印象：「反蔣」就是「不愛國」，就是「台獨」。

由於這些「統運」領導人的惡劣作風，「統一」變成了「分裂」，而且使「分裂」帶上了「省籍對立」的色彩。據一個大陸籍華僑反映：在美國的台胞對這些國民黨出身的「統運」的領導人是很不滿意的。他們甚至說：「你們的老子在台灣統治我們，在美國，我們還要受你們統治？」

這種狀況對於「祖國統一」的事業是很不幸的。「四人幫」被打倒以後，在美國的「統運」的形勢已經大爲好轉。

四、在台灣的「統一運動」

——台灣的新文化運動

在美國參加「釣運」和「統運」的，有大批由台灣出來的留學生，因此，「釣運」轉向「統運」，對台灣島內的青年學生和知識分子也起了很大的震動。

當時，在國民黨的嚴密控制下，在台灣島內的青年學生和知識分子直接從台灣到大陸來參觀學習是不可能的。即使是留美的台灣學生到祖國大陸來參觀學習，也都是秘密的，曾經有人由於到大陸來過，回台灣後就遭到國民黨的迫害。但是他們可以從由美國回去台灣的留學生聽到許多祖國大陸的各種情況，還可以從美國和日本的報紙雜誌看到報導祖國大陸情況的消息和文章。

他們不顧台灣當局的封鎖，想設法搜集「禁書」，閱讀和翻譯有關介紹新中國的外文書報材料。許多青年學生和教師秘密收聽祖國大陸的廣播。

七十年代以後，台灣的進步學者、進步作家、進步的新聞工作者開始辦雜誌、寫書，對美日資本家在台灣的各種不道德行爲，對國民黨的一系列崇洋媚外政策、專制獨裁、言論不自由提出批評，要求言論自由、學術自由、講學自由、解除戒嚴法、開放黨禁等等。

當時，在許多雜誌中比較好的，還算是台灣大學師生和畢業生辦的《大學》雜誌。台灣的青年學生以《大學》雜誌爲言論陣地，討論國事，討論青年的前途和民族的前途，討論祖國統一等等。由於《大學》雜誌發表了不少刺痛國民黨的文章，終於被禁止發行。

當時《大學》雜誌儘管有些缺點和不足之處，但是在戒嚴法施行期間，國民黨的獨裁暴政之下，能夠辦出這樣的雜誌，已經是難能可貴的了。當時的「台大」或多或少扮演了五四時代的「北大」的角色，對於台灣的新的文化運動是有貢獻的。

《大學》雜誌被禁以後，原來屬於《大學》派系的一部分人和一些所謂「黨外人士」（如黃信介、康寧祥、張俊宏等人）創辦了《台灣政論》。這份刊物，政治性很強，幾乎成了黨外人士的機關雜誌。由於「反蔣」傾向很鮮明，只出了五期就被封閉了。此外，在這期間，也出現了一些文藝性刊物，如《文學季刊》（以後改爲《文季》）、《仙人掌》等。

《台灣政論》被禁以後出現的《夏潮》是一份綜合性的雜誌，內容包括政治、經濟、教育、社會、文化、藝術、歷史、學術等，無所不包。

《夏潮》集中批判了當時的台灣文藝界的「西化」傾向，批判了所謂「現代詩」和「現代小說」的西方道路，主張在台灣的中國文學必須走自己的道路——中國的道路。

《夏潮》雜誌對國民黨當局的崇洋媚外政策，尤其是在語言、教育、文化、藝術（包括音樂、戲劇、繪畫）、電影、電視等各方面的「全盤西化」提出了嚴厲的批評，強調中國文化必須繼承

「五四」以來的、反帝反封建的、民族主義和愛國主義的革命傳統；反對「自卑」，強調中國人應該有中國人的自尊心。

《夏潮》從一九七六年到一九七九年一月，共出了三十五期，一月被停刊一年。類似這種雜誌能夠存在三年之久，在台灣是少見的。

《夏潮》雜誌能夠存在三年之久，據一些分析家分析，主要是靠它的濃厚的「中國味」和強烈的「民族感」。《夏潮》對國民黨的批評雖然是很尖銳的，但是大部分的批評都是在孫中山先生的眞正的三民主義的旗幟下進行的。例如，以「民族主義」來批判國民黨的崇洋媚外的賣國主義，以「民權主義」來批判國民黨的專制獨裁，以「民生主義」來批判買辦官僚資本家對勞苦人民的剝削等等。

因爲《夏潮》是僅次於《中華雜誌》的民族主義色彩很濃厚的雜誌，所以國民黨當局也很難抓到什麼辮子來整它。

例如，有這樣的例子：國民黨的一些御用文人爲了反對鄉土文學，把孫中山先生的話也當作鄉土作家的話來批，結果反到孫中山先生頭上，受到國民黨中央的批評。

近三年，正好是「鄉土文學大論戰」的時候，因此《夏潮》就成了鄉土文學論戰的大本營。台灣的「鄉土文學大論戰」將成爲中國文學史的一頁（雖然占不了一章，但至少也可以占一頁）。在這三年裡，由於鄉土作家、評論家以及各方面的學者的共同奮鬥，終於打退了國民黨對鄉土文學的圍剿，確立了在台灣的中國文學的正確道路，繼承了中華民族的文化傳統，發揚了愛國主義、民族主義精神。

這樣，就在台灣人民中間，特別是在知識分子中間逐漸形成一股要求「祖國統一」的政治思潮。這一股政治思潮雖然沒有凝成一個有形的組織，但是對今後在台灣的「統一運動」的發展是有重大的歷史意義和現實意義的。

《夏潮》已經被公認爲在台灣的「統一派」的喉舌。實際上，《夏潮》本身已經成爲「統一運動」的象徵。

如果把三年來的每期《夏潮》的內容加以分析，我們就可以發現《夏潮》的根本立場是堅決反對「兩個中國」，反對「一中一台」，反對「台獨」。也反對目前這樣的「分裂狀態」。

去年（一九七八年）三月，《夏潮》在一篇編輯部文章中鄭重宣布：「半世紀奮鬥的血淚，先輩們爲我們留下了一項寶貴的教訓，即台灣的前途與祖國不可分割」。

當時，在國民黨內有一些民族敗類，自己手裡拿著美國公民證，而宣傳什麼「德國模式」，「統一未必即優，分裂未必爲劣」等等。《夏潮》編輯部文章對這種陰謀分裂中國和侮辱自己民族的民族敗類，堅決加以揭露和打擊。

前年（一九七七年）八月，當台灣基督教長老會的一小撮「神棍」發表宣言，策動使台灣成爲一個「新而獨立的國家」的陰謀時，《夏潮》也首先予以揭露和抨擊。

去年（一九七八年）六月，國民黨的一個御用文人曾經公開向蔣經國提出什麼「聯俄滅匪」的獻策時，又是《夏潮》給予當頭棒喝，指出：「誰主張『聯俄』，誰就是漢奸！中國的問題，只有靠中國人自己的力量和努力來解決，任何藉故聯合外國勢力來解決中國的問題，只在替中國製造更大的問題，也就是在破壞中國未來統一的可能性，以逞其漢奸的行徑。」

《夏潮》的這種愛國主義立場和「統一祖國」的各項主張，受到了所有台籍愛國人士，「鄉土文學」作家、大陸籍愛國知識分子以及國民黨內的「有識之士」的擁護。因此，在台灣的「統一運動」很少「省籍差別」的對立。

《夏潮》所以能夠成為「統一派」的喉舌，據了解《夏潮》內情的人分析，是如下幾個方面的特點造成的。

①《夏潮》編輯部，總編輯雖然是台灣省籍人士，但編委的大部分是大陸籍人士，打破了省籍界限。這一點，在其他的刊物是很難做到的。在台灣，台灣本地人辦的刊物，大陸人不插手，大陸人辦的刊物，本地人不插手，這幾乎已經成為慣例。

②寫稿人，有外省人，也有本省人。例如評論家尉天驄、陳鼓應、王曉波、李慶榮……還有其他，都是外省人。作家王拓、黃春明、王禎和、楊青矗、陳映眞……都是本地人。他們都是《夏潮》的基本寫作隊伍，他們都親如兄弟，互相支持，互相擁護。

③許多著名的大學教授顯然很擁護這份雜誌，都很樂意為這個刊物寫稿。有些省議員、立法委員、國大代表也願意在《夏潮》發表他們的政見。甚至連胡秋原這樣的國民黨的知名人士也願意為《夏潮》寫稿。

④不罵共產黨，也不罵國民黨。在三十多期雜誌裡面，從來沒有發現罵共產黨為「共匪」、

罵國民黨爲「蔣幫」之類的語言。同時，也從來沒有歌頌過國民黨，歌頌過共產黨。對於批評，都是實事求是，以理服人，不歪曲，不謾罵。

在台灣的「統一運動」，由於台灣的特殊環境，沒有受到林彪、四人幫的直接影響，比起在美國的「統運」來，問題少一些，摩擦少一些。

總之，在台灣要搞好「統一運動」，必須反對本省人和外省人的隔閡，特別要反對國民黨人對台胞的歧視；必須講統戰政策，反對感情用事；必須實事求是，反對主觀主義。

五、台灣的選舉運動

㈠我們應該怎樣對待台灣的選舉運動？

日本統治時代，在台灣沒有「選舉運動」，所以，台灣人民沒有通過「選舉運動」來和日本統治者鬥爭的經驗。

國民黨到台灣以後，才有這種「選舉運動」。開始時，也只限於「地方自治」的選舉，後來又擴大到「中央民意代表」的選舉。

國民黨在台灣已經搞了三十多年的選舉，但我們對台灣的選舉卻很陌生。這是因爲：

①有人認爲，國民黨的這種選舉僅僅是國民黨裝飾「民主」門面的招牌，或者作爲「民主」的花瓶，給別人看的，不必認眞對待。

②也有人認爲，這種選舉是「資產階級民主」，是「假民主」，是欺騙。如果支持這種選舉，只能起「麻痺群衆」的作用。

③參加競選的人，雖然有些是非國民黨人（所謂「黨外人士」），但他們多數是資產階級分子或者是代表資產階級利益的知識分子。他們與國民黨的鬥爭是爭權奪利的「狗咬狗」的鬥爭，他們是利用群衆，不是爲群衆。

④通過選舉，爭取「議會多數」，奪取政權，這是「議會道路」的路線。即使能爭取到幾個市長和縣長，或者能取得過半數議員席位，也不可能推翻國民黨在台灣的統治。

⑤甚至有人認爲，那些「黨外人士」政治主張各異，政治背景複雜。因此，懷疑有些人可能有「台獨」傾向，有些人可能「有問題」，可能是「帝國主義的走狗」，必須警惕，免得「被人利用」等等。

> 我們應該堅持「實踐是檢驗眞理的唯一標準」這個原理。對台灣的選舉運動也應該用實踐來檢驗，來證明上面這些觀點是否正確，絕不能「主觀主義」，不能「形而上學」。
>
> 你要證明國民黨搞的選舉是裝飾「民主」的招牌，是假民主，是欺騙。那麼，最好是讓實踐來檢驗，即通過「選舉」，使國民黨來「自我暴露」。
>
> 你說，參加競選的「黨外人士」是資產階級政客，他們與國民黨的鬥爭是「狗咬狗」的鬥爭。那麼，最好還是通過「選舉」，來讓「黨外人士」去「自我暴露」。
>
> 你懷疑某些「黨外人士」，是「傾向台獨」，是「帝國主義的走狗」。那麼，最好也是讓實踐來檢驗，讓他們出來「自我暴露」，因爲假的眞不了，眞的假不了。

我們不要把台灣人民的政治水平估計得太低，認爲台灣人民「眞戇」（眞傻），戇到認爲選了幾個民主人士當了市長，當了縣長，當了議員，就可以打倒國民黨，不會戇到這種程度。但是，台灣人民對國民黨的壓迫、歧視必然會起來鬥爭，誰也阻擋不了，因爲「有壓迫就有反抗」。

我們也不要認爲，目前台灣一個革命領導人也沒有，或者認爲這些領導人水平很低，連「議會鬥爭」、「選舉運動」是什麼也不懂。

三十多年來的選舉運動本身，或者在多次選舉中發生的事件、問題和後果，已經清楚地說明了如下幾個問題：

①在國民黨的獨裁暴政，在長達三十多年的戒嚴令下面，「選舉運動」是留給台灣人民進行合法鬥爭的，很少很少的一種機會；也是留給台灣革命者揭露敵人、打擊敵人、宣傳人民、教育人民、組織人民、鍛鍊人民的，很難得的，很寶貴的機會。

②經過多次選舉，台灣人民在政治上有了很大的覺醒，對反蔣鬥爭越來越堅決，甚至發展到即使訴諸武力也要與國民黨較量的程度。宜蘭事件（一九七五年，郭雨新競選立法委員）、高雄事件（同年顏明聖競選立法委員）、中壢事件（一九七七年許信良競選桃園縣長）都證明了這一點。

③參加競選的人雖然多數是中產階級的知識分子，但他們受到廣大勞動人民、青年學生、知識分子、中小企業主、小商人的支持。就是說，幾年來的選舉運動已經成爲中產階級、小資產階級、勞動人民向國民黨「爭民主」、「爭權利」的聲勢浩大的「民主運動」。

④在長期的戒嚴令之下，在沒有學生運動，沒有工人運動，沒有農民運動的情況下，這個「選舉運動」是廣大工人、農民，和青年學生、知識分子能夠利用來與國民黨鬥爭的唯一的機會，因此，選舉運動也就成爲最有群衆基礎的，最有代表性的「統一戰線」。這是現階段（或者在往後的幾年內）台灣階級鬥爭的一個特點。

當前台灣島內的形勢，特別是台灣人民和國民黨的鬥爭形勢，逼使我們不得不對台灣的選舉運動進行研究，並且必須作出「表態」。

如果我們在「選舉」問題上不爭取這些黨外人士和支持他們的廣大群衆，今後我們對台灣問題將失去任何發言權。

台灣的選舉運動可以粗略劃分爲三個階段。每個階段的選舉，或者在議會的鬥爭都有它的特點，都有很精彩的鏡頭。我們從這些鏡頭能夠看到台灣選舉運動的實質和它所起的作用。

(二)參議會選舉

第一個階段是參議會選舉。一九四六年到一九五〇年，在省、市、縣設了「參議會」，議員由間接選舉產生。首先由村民大會選舉鄉鎮民代表，再由他們選出縣、市參議員，然後由縣、市參議員選出省參議員。

在這個階段，參加競選或政治活動的有兩類人。

一類是：日本統治時期，在台灣島內參加過政治活動的一些知名人士（大部分是地主資產階級和地方上的士紳），如林獻堂、蔡培火、楊肇嘉、羅萬俥、蔣渭川、郭國基、吳三連、陳逸松、林日高、王添灯、李友三等。

另一類是：在大陸參加國民黨，日本投降後回台灣的所謂「半山」人物。如黃朝琴、李萬居、游彌堅、黃國書、王民寧、林頂立、林忠、謝東閔、連震東、宋斐如、丘念台等。

這一時期，台胞中的國民黨人和黨外人士的對立和磨擦，還不太明顯。

林日高在參議會的鬥爭

台灣人民本來對「省參議會」並沒有什麼特別的興趣。台灣歸還中國還不到一年，戰時被破壞的生產還沒有恢復，許多人找不到工作，生活日益困難，被炸壞了的房屋還沒有修建起來，許多人還住在防空洞；被抓去南洋爲日本人當砲灰的三十多萬台灣青年被遣回台灣，流落街頭。對於這些，國民黨都不管，他們只是忙於搶收日本人遺留下來的財產，忙於爭權奪利。對此，台灣人民很有意見，因此，期望參議員們在參議會向陳儀長官提提意見，如此而已。

但是，出乎人們意料之外，參議員林日高在參議會揭發了幾件轟動全省的、國民黨接收大員的舞弊案件。其中之一：

五月八日，參議會聽取了「農林報告」，並進行了質詢。參議員林日高問農林處檢驗局葉局長——

林問：「檢驗局全體人員有多少？」

葉答：「一百一十四人，日本人二十三人。」

林問：「聘用技術人員是以技術爲標準的嗎？」

葉答：「是。」

林問：「有個范錦堂嗎？」（注：范台籍）

葉答：「有，辭職了。」

林問：「有個謝吟秋嗎？」

葉局長先答「無」，然後才答「有」。

林問：「聽說她是局長的第二個姨太太，她當薦任技正兼科長，是嗎？」

葉面色蒼白：「唔……」

林問：「范錦堂有三十年的技術經驗，爲什麼辭職？辭職以後，爲什麼還向上面領他的薪水，這薪水要給誰？你向上面領了一百八十六人的薪水，實際上只有四十六人，多領一百四十人……。每人每月按一千二百元計算，自去年十一月至今年三月，共計收入一百萬元，這不是大大違背長官「不揩油」的命令嗎？」

這時有人問：「你的姨太太有什麼技術？」葉面色驟變，會場哄然大笑。（引自：中國科學院歷史研究所：一九五四年版《近代史資料》十二頁）

這條新聞，當時台北民間報，上海、香港的報紙都廣爲流傳。當時的「省參議會」不過是一個「諮詢機關」，議員們只是聽聽「政府的施政報告」，提提參考意見和建議而已，並不可能，也不會起什麼作用。但是經林日高參議員這麼提出質詢，就揭露了蔣幫，打擊了蔣幫，宣傳了人民，教育了人民，使台灣人民看清了蔣幫的眞面目。實踐證明，即使是國民黨的參議會，也能夠成爲我們的講壇，成爲打擊敵人的戰場。

(三)縣市長選舉

第二個階段是省、市、縣議員和縣、市長的選舉。一九五〇年到一九六八年，「省參議會」改爲「臨時省議會」(共二屆)，後又改爲「省議會」(共三屆)，一共搞了五屆省議會議員選舉。此外還舉行第一屆到第六屆縣市議會議員選舉和第一屆到第五屆的縣市長選舉。

在這個階段，政治人物開始變化，日據時代的政治活動家逐漸失勢。台灣的社會也從農業社會逐漸進入工商社會，「商而優則仕」的資產階級代表人物開始露頭。例如台北的陳重光、陳茂榜，台北縣的賴森林、李建和，桃園的陳長壽，台中的李卿雲，新竹的許金德，高雄的何傳等人，都擠進了省議會。

另有一批代表小資產階級的知識分子政治人物。如高玉樹、葉廷珪、林番王、楊金虎、郭國基、郭雨新等。

從這個階段起，台灣的選舉運動就出現了國民黨候選人和黨外候選人的對抗。主要原因是縣市長選舉比省縣市議員選舉重要，因爲縣市長有實權，省縣市議員沒有實權。這是台灣人民和國民黨的矛盾在選舉中的突出表現。

十萬人的大會和十萬人的大遊行

在競選時，黨外人士一般都能夠抓住勞動人民對國民黨的不滿情緒，揭露國民黨的暴政和各種不合理的制度和政策，以及因國民黨所造成的各種黑暗面，爭取群衆的支持。

勞動人民也希望在選舉中有人出來罵一罵蔣幫，替他們出出氣；更加希望多選幾個蔣幫不喜歡的人來跟蔣幫鬧一鬧，或者利用這個機會，找幾個壞蛋，給他「修理修理」。如果有可能，選幾個縣市長來爲台灣人民做些好事。總之，群衆抱著各種各樣的動機來支持黨外人士。所以，黨外人士的「政見發表會」都經常有上千上萬人聽講。

例如，一九六四年高玉樹競選台北市長時，據當年台灣報紙報導：

「高玉樹的私辦政見發表會，……每場都有三、四萬人聽講，投票前一天晚上第一場演講，在民權路太平市場邊有四萬多人，第二場在萬華第十三號水門邊有十餘萬人聽講。……可以看出當時民心的向背。」（引自：一九七四年十月《台聲》第三期，二十四頁）

又如，一九六八年楊金虎競選高雄市長時，

「競選活動的最後階段，經常出現二、三萬人的群衆大會，……四月十八日，楊金虎邀請對手陳武璋辯論，當天晚上辯論會場——高雄市體育場聚集了七、八萬人。由於陳武璋缺席，等於楊金虎舉辦了一次南部地區選舉歷史上最大規模的一次『政見發表會』。……四月十九日晚，爲辯論會所吸引而來的十萬群衆隨著楊金虎的三部宣傳車，在濛濛細雨下，從體育場到港都，形成高雄市有史以來最盛大的遊行隊伍」。(引自：《台聲》第三期，二十六頁)

另一方面，在競選時，國民黨動員了它所能動員的人力和工具，採取了一切卑劣手段，干涉和破壞黨外候選人的競選活動，甚至進行陷害逮捕，引起了選民的不平和憤慨，結果使選民更加憎恨國民黨，更加同情黨外候選人，使得黨外候選人在某些選區輕易地打敗了國民黨的候選人。一九五四年台北市長選舉時，高玉樹戰勝了國民黨的王民寧；一九六四年，高玉樹又戰勝了國民黨的周百鍊；一九六八年高雄市長選舉時，楊金虎戰勝了國民黨的陳武璋，都是在這種國民黨的「自我暴露」的情況下取得的。

高玉樹和楊金虎的競選活動說明：在戒嚴令之下，這種不民主的選舉，也能夠給我們動員群衆，鍛鍊群衆，提供機會。

我們可以設想：如果不是競選期間，我們能夠召開十萬人的大會嗎？能夠舉行十萬人的大遊行嗎？

高玉樹和楊金虎的競選活動，也說明：國民黨的「自我暴露」，更能使群衆看淸楚國民黨的眞面目。揭露敵人，我們給他揭露，不如讓敵人自己出來「表演」，來得更有效。

㈣一九七五年的「增額立委」選舉

第三個階段是一九六八年到現在爲止。在這個階段，除了過去的省市縣議會議員和縣市長選舉（即五項地方公職選舉）以外，又增加了「三項增額中央民意代表」（即國大代表、立法委員、監察委員）的選舉。

一九七一年，國民黨被趕出聯合國以後，一個時期，台灣島內動盪不安。當時被議論最多的是終身職的「中央民意代表」。因爲這些代表都是國民黨在大陸時由各省市非法選出的（雖然一九六九年在台灣補選了一部分），已經經過二十多年，現在已經失去了任何代表性；台灣人民和國民黨內的有識之士都強烈要求改選。

但是國民黨不敢改選，因爲如果改選了，國民黨就失去它所吹噓的所謂「法統」的地位。所以它只能以「台灣地區人口增加」爲理由，用「增加名額」的辦法來增選。

國民黨於一九七二年頒布了「自由地區增加中央民意代表名額選舉辦法」，一九七五年十二月，進行過一次「增額立委」選舉。

這次選舉，應選名額五十二名，國民黨提名五十二名，黨外人士報名參加競選的有三人，即台北的白雅燦、高雄的顏明聖、宜蘭的郭雨新。

這次選舉是頭一次增額選舉，三個黨外候選人都提出了「政見」，向國民黨挑戰。競選期間，國民黨候選人和黨外候選人的對抗很激烈，國民黨使盡了各種卑劣手段進行破壞，結果黨外候選人三人當中，白雅燦在選舉前就被捕，顏明聖選後也被捕入獄，郭雨新避難美國……。所有這些都值得我們分析研究。

提出「政見」，向國民黨挑戰

白雅燦在競選時散發《競選聲明書》，向蔣經國提出了二十九條質問，如①爲何不公布私人財產？②蔣介石死，繼承遺產，繳了遺產稅沒有？③爲什麼不召回在海外的女兒女婿，爲什麼不在反對「牙刷主義」中帶頭？④兒子濫用職權犯法，爲什麼不查辦？⑤對幾個大貪污案件，爲什麼不查辦？⑥爲什麼不釋放政治犯？⑦爲什麼不廢除長達二十七年的戒嚴令？等等。此外，還有一些「台獨」主張，例如：要求召回彭明敏，共同建立所謂「國際所共同一致承認的政府」，主張「聯蘇反中共，抗美國」等荒謬主張。

由於前面幾條直接觸犯蔣經國，後面幾條，「台獨」主張太露骨，蔣經國就在選舉開始前把白雅燦逮捕起來，一九七六年二月，以軍事法庭公開宣判無期徒刑。

郭雨新是二十多年的老省議員，被認爲「議會虎將」，經常在議會放砲（台灣省議會有兩個大砲，郭國基和郭雨新），和國民黨抗衡，在台灣人民中間有點名氣，他的競選綱領是：

①成立強有力的反對黨；

②司法應該超然獨立，不能由一個黨控制；

③言論、出版、集會結社要有眞正的自由；

④生存、工作等基本人權要有保障；

⑤全面的社會福利；

⑥解除長達二十七年的戒嚴。

據當時的台灣報紙報導：由於郭的競選綱領打中了蔣幫的要害，蔣幫的特務竟然唆使一批流氓衝擊郭的演講會，進行搗亂破壞，並且在開票箱時，故意弄髒二十多萬張選票，宣布作廢，使郭落選。

被這種明目張膽的選舉舞弊所激怒的群衆一萬多人跟著郭謝票的汽車，進行抗議的示威遊行。據說，當時郭雨新勸群衆「冷靜」，不然，差一點就造成一場大暴動。

蔣幫對郭雨新不放心，陰謀繼續迫害，使得郭雨新不得不離開台灣，暫時在美國避難。

顏明聖是醫生的兒子，在高雄經營衛生紙製造廠。曾經是楊金虎的助選員，由於言論「偏激」，被蔣幫誣陷，坐牢兩次。這次他親自出來競選「立委」，他的「政見」是：

①修改憲法，改選國會，民選總統；

②軍、公、教、學生不得受任何政黨牽制；

③開放報禁，解除戒嚴法；

④司法獨立；

⑤省長、院轄市市長民選。

顏的政見與郭的政見差不多，因此，蔣幫也千方百計，進行干涉破壞，開票時，四次停電，偷換票箱，結果二十多萬張選票被偷換，顏落選。選民不答應，包圍了選舉事務所，並舉行了一萬多人參加的大遊行。在戒嚴令下的台灣，這種抗議示威遊行是非法的，隨時可能遭到鎮壓，但蔣幫當局當時不敢下手。

蔣幫爲了置顏明聖於死地，製造假案，說顏明聖和他的助選員楊金海「企圖破壞油管和某變電站，製造恐怖活動，圖謀顛覆政府」，分別判顏明聖十二年，楊金海無期徒刑。

這次「立委」選舉，黨外人士沒有一個人當選。但宜蘭、高雄的萬人大示威，震動了台灣島內外，給台灣人民很大的鼓舞和勇氣。

同時，對於黨外人士來說，也是一次教育和鍛鍊。這些黨外人士本來幻想，蔣幫在困難處境中，可能讓出一些政治地位給他們，結果落得如此下場。

像白雅燦和顏明聖那樣的政治上還很不成熟的人物，提出那樣的「政見」，是無可非議的。但像郭雨新那樣的，做了二十多年省議員，被稱爲「議會虎將」的政治活動家，提出那幾條很簡單的「政見」，是非常不夠的。這次選舉說明，到一九七五年，台灣黨外人士的選舉運動還缺少經驗，政治水平還比較低。蔣幫基本上還能夠控制選舉。

從此以後，台灣的選舉運動就發生了新的變化。

㈤一九七七年「五項地方公職」選舉

一九七七年的「五項地方公職人員」選舉，有什麼新的變化呢？黨外人士從以往的選舉得到了經驗，對這次選舉採取了一些新的戰術。

第一，要防止國民黨的「作票」行爲。「作票」是一種以組織力量和強制力量，壟斷性地否決經由投票所表現出來的民衆意願的行爲。簡單一句話，就是「強姦民意」。

國民黨「作票」的慣用手段有兩種，一種是「塗髒選票」，使選票作廢。另一種是，在開票時停電，在黑暗中「偷換票箱」（全部是國民黨候選人的票）。

爲了防止國民黨明目張膽的這種「作票」的舞弊，黨外人士採取了加強「群衆性監票」的辦法，布署了一批監票員，同時動員選民自己監票，並檢舉國民黨的「作票」行爲。

第二，國民黨慣用的另一種手法是，通過國民黨的組織系統和政權機器，強迫選民投票給國民黨候選人。爲了對抗國民黨利用「組織力量」「壟斷選票」的作法，黨外候選人訓練了一批善於「宣傳」的助選人員，以「宣傳力量」對抗「組織力量」。

例如，許信良在競選桃園縣長時，專門訓練了一批青年學生的助選員，其中，許多人所熟悉的《選舉萬歲》這本書的作者張富忠和林正杰就是傑出的宣傳員。

第三，競選期間，所有官方報紙、刊物都成爲國民黨候選人的助選工具，對黨外候選人進行誹謗誣蔑。對此，黨外候選人加強了宣傳對抗。

在競選開始前，許多黨外人士就在自己辦的雜誌或者在其他進步的雜誌，揭露國民黨的黑暗統治和對選舉的各種陰謀。在競選開始後，就廣泛宣傳黨外候選人的政見和選情。

不少黨外人士自己寫文章、寫書，宣傳自己對各種問題的看法，例如：康寧祥、黃信介、黃順興、姚嘉文、林義雄、張俊宏、許信良等，都寫了大量的文章，有的寫了不少書。這些文章和書，對於提高這些黨外候選人的「知名度」和選民對候選人的了解，起了很大的作用。

許信良和中壢事件

這次選舉，競選一開始，各選區的國民黨候選人和黨外候選人的對抗就激烈地表現出來，特別是桃園縣長的選舉，黨外候選人許信良和國民黨候選人歐憲瑜的對抗尖銳到最後引發了萬人大暴動的「中壢事件」。

「中壢事件」是國民黨統治台灣三十多年以來，台灣人民和國民黨的又一次較量。同時對於台灣今後的「民主運動」，提供了不少經驗，也提出了不少問題。

「中壢事件」的主角是許信良，所以在這裡把這個人的情況簡單介紹一下。

許信良是桃園縣的客家人，一九四一年生，「農家」子弟（似乎不是地主，也不是資本家）。政治大學政治系畢業，大一時參加國民黨，政治大學政治研究所研究生。後得到國民黨「中山獎學金」到英國愛丁堡大學哲學研究所學習，回國後在國民黨中央黨部當幹事。曾經擔任過《大學》雜誌社社委兼編委。台灣省第五屆省議員。他著有三本書：《風雨之聲》、《當仁不讓》、《台灣社會力的分析》。（以上根據《選舉萬歲》）

在桃園縣長選舉之前，許信良寫了《風雨之聲》，揭露了台灣省議會的黑幕，尖銳批評國民黨的農業政策。爲改革台灣農業，提出了許多建議，這些才是《風雨之聲》的重要的基本內容。但《風雨之聲》也把全部省議員分爲四類，揭露了這些議員的眞面目，引起了議員們的大恐慌，因此，許信良遭到議員的圍攻同時受到國民黨中央的警告。

《風雨之聲》事件，一時成了台灣所有報紙「傳播」的主題，轟動了台灣島內外，許信良也成了現代台灣政壇上的風雲人物。

桃園縣長選舉時，國民黨提名曾經在調查局工作過的歐憲瑜作爲候選人（台灣人民最討厭調查局人員，認爲都是特務）。

許信良不顧國民黨的反對和威脅，脫離國民黨，作爲國民黨反對派報名參加競選，堅決要跟國民黨對抗到底，結果被開除出黨。許信良雖然身爲國民黨員，但他的政治主張卻和國民黨不一樣。許信良的主要「政見」是：民主政黨政治，社會主義的計劃經濟，社會主義福利措施。（《選舉萬歲》）

因此，這次選舉，國民黨和黨外都把爭奪的重點放在桃園縣長上面。

國民黨對許信良用各種手段疏導勸退不成之後，下了決心要「把許信良壓下去」，就開始造謠：「許信良是共產黨」，「許信良是台獨」，甚至說：「中共廣播時稱許信良爲『許信良同志』，要他出來搗亂！」等等。

「在競選活動開始前，黨方就從台北調來十九部新近自日本進口的大型鎭暴車；還調來大量的警官學校學生、調查局人員和保安警察到桃園工作。最後，幾乎整個中央黨部組織工作會都在競選期間，移駐桃園辦公」。（《選舉萬歲》十四頁）

在這種情況下，擁護許信良的廣大選民都已經感到國民黨的「作票」已經開始。許信良揚言：「誓死反對選舉舞弊」，組織了大批監票隊伍（這一點，國民黨也沒有預料到）。另方面，千千萬萬的選民也爲了保衛自己投下的一票，自動自發地用自己的時間、工具，甚至武器，監督開票。

群衆的監票行爲引起了國民黨極大的恐懼，國民黨也佈署了許許多多反監票的措施：治安人員到處行走；大批警官學校學生穿著便衣，布署在各個角落；鎭暴車發出怪聲，亮了相。

許信良總部的工作人員，也必須隨身帶著石頭、鐵鎚、鐵條、木棍等武器。投票日一大早，就不斷地發生選民之間、監票員和選務人員之間的爭執和毆鬥，又紛紛傳來各個投票所國民黨選務人員舞弊的消息，群衆憤怒的情緒達到了極點，終於爆發了萬人的大暴動，這就是轟動台灣島內外的「中壢事件」。

群衆和軍警對峙長達十二小時。警方射出催淚彈，商店關門，住家閉戶，行人奔跑。國民黨的作弊人員被揍，中壢警察分局本身著了火，鎮暴車也被翻倒在地上，機關辦公室空無一人。有的群衆跳上鎮暴車，把警察一個個踢下車。這些青年警察從來沒有看過群衆的抗議行動，倉惶不知所措，脫掉制服，藏起槍枝，從後面撤退。

當時國民黨最怕「暴動漫延全省」，所以，蔣經國指示：不論遇到任何情況，都「嚴禁開槍」。

中壢事件使中年人和老年人喚起三十年前的恐怖的記憶。

中壢事件，不僅向國民黨和台灣人民，也向我們提出了一系列問題。

爲什麼，台灣人民在戒嚴令之下，在國民黨的殘酷的法西斯統治下，僅僅爲了爭奪一個縣長，竟然敢於起來和比自己強大得多的國民黨的軍隊和警察對峙十二小時之久，絕不後退？

國民黨在二、二八起義時，在兵力十分不足的情況下，還能調兵鎮壓幾百萬憤怒的台灣人民，而今天，有幾十萬軍隊在台灣，卻對僅僅一萬人暴動的「中壢事件」竟不敢開一槍，這是爲什麼？

中壢事件發生後，在台灣島內的台灣同胞和黨外人士都發表講話，海外的台胞也發表聲明、文章，表示支持中壢人民的鬥爭。台灣的《夏潮》、《這一代》、《中華雜誌》都發表文章，批評國民黨在選舉上的不公平和作弊。台灣省議會的黨外議員也爲「中壢事件」提出了質詢，並且抗議國民黨抓人和審判的不公道。但是，爲什麼在祖國大陸的台胞卻沒有任何表態，這又是爲什麼？

我們在祖國大陸的台胞和大陸同胞，應不應支持像「中壢事件」這樣的台灣人民的鬥爭？

在這次選舉，黨外人士在二十個縣市，贏得了四個縣市長（台中市、台南市、桃園縣、高雄）。在省議會七十二席位中，由原來的八席增加到二十一席。這是自從台灣有了地方選舉以來黨外人士所取得的最大的戰果，但是更重要的是，這次選舉的勝利，鼓舞了台灣人民和黨外人士的勇氣，增加了對今後的選舉的勝利信心。

另方面，在這次選舉中，黨外人士所採用的各種競選的戰術，特別是許信良所創造的幾項戰術，給黨外人士提供了許多寶貴的經驗。所有這些，對於一九七八年的「中央民意代表」的選舉的影響極大。

㈥一九七八年的「中央民意代表」選舉

一九七七年的「中壢事件」給人一種預感：一九七八年的「中央民意代表」的選舉可能形成三十年來台灣政治上空前激盪的局面。

為了應付黨內、黨外的壓力，國民黨採取了「開放黨內自由報備競選，多處不提足名額」的策略。

黨外方面，也進行了全面的研究和布署，準備與國民黨進行一次有組織的鬥爭（從前，往往是個別黨外候選人和國民黨候選人的競選，從一九七八年起，開始呈現出像在野黨和執政黨的鬥爭）。

首先，從整個陣容來看，這次選舉，應選立法委員二十八人，應選國大代表三十三人，黨外人士參加競選立法委員的有四十六人，參加競選國大代表的有四十四人，共九十人（一九七五年參加競選立法委員的，只有三人）。國民黨提名或報備競選的也不過是一百多個人，相差無幾。而這些黨外候選人又個個都是「俊才」，所謂「人才輩出，英雄雲集」，有教授，有作家，有名記者，有律師，有新老政治活動家，以及其他各方面的代表人物。特別引起人們注意的是，這些候選人當中，五十歲以上的人只有幾個，大部分都是五十歲以下，四十歲以下的年輕人。

黨外的這個生氣勃勃的、龐大的陣容，就已經足夠使國民黨睡不好覺。

爲建立反對黨打下基礎

黨外人士爲了加強以「宣傳力量」戰勝「組織力量」，作了一系列的準備工作。他們從許信良的《風雨之聲》得到了啓發，掀起「著書立說」的競賽。在這一年間，出版了不少揭露蔣幫黑暗統治的書，如《選舉萬歲》、《黨外的聲音》、《民衆的眼睛》、《古坑夜話》、《虎落平陽》、《給國民黨的諍言》、《勇者不懼》、《永不退卻》、《黨外的新聞》、《台灣的過去、現在與未來》等等。

對黨外人士的這種「寫書」、「出書」的攻勢，國民黨唯一的對付辦法就是「禁止發行」和「沒收」。

黨外議員也不斷地在省議會批評國民黨當局的各種不合理政策，指責法院對中壢事件的審判不公。台中的《台灣日報》大量刊登省議會抨擊國民黨的言論和黨外人士的文章。

他們還辦了《批評的勇氣》、《新生代》、《富堡之聲》等雜誌，大量發表批評台灣社會各種不合理現象的文章。對付黨外的這種宣傳攻勢，國民黨唯一的辦法就是「查封」，以上這些雜誌以及《夏潮》都已被查封，《台灣日報》也被強行收買改組。

黨外人士，除了法定的「私人政見發表會」、「助選員座談會」、「記者座談會」以外，還組織了一些「民主餐會」、「詩歌發表會」、「民歌演唱會」等來進行宣傳。這種新形式，新穎而富於鼓舞性和刺激性，是七十年代台灣民主運動的特點之一。

一九七八年的選舉，出現了兩種「新事物」：「全省黨外助選團」和「民主餐會」。

「全省黨外助選團」的成立是黨外人士對國民黨的「壟斷助選」的一個大突破。在「助選」方面，國民黨以行政院命令發佈許多不合理的規定，其中之一就是不許黨外候選人的全省串連，只允許在各自選區範圍內活動。所以，過去每個黨外候選人都只能單獨競選，不能和其他選區的黨外候選人有任何聯繫，更談不上支援，違者必罰。

這個「全省黨外助選團」，在法律上是楊青矗的助選團。楊青矗是工人作家，他登記競選工人團體立法委員，可以巡迴全省做競選活動。「全省黨外助選團」就是以楊青矗爲中心，巡迴全省，進行助選活動，這樣，就可以把全省的黨外人連結起來，加強他們的團結和合作。

「全省黨外助選團」的總聯絡人是立法委員黃信介，有七、八個省議員擔任委員，施明德爲總幹事，陳菊爲總部秘書，還有名記者吳哲朗、陳博文。機構相當龐大，設有十多個組，特設「英文秘書」，可見「全省黨外助選團」形式上雖然是一個「助選」組織，但實際上已經初步具備了政黨的規模。這就是黨外人士長期以來所希求的對國民黨的「制衡力量」，爲建立反對黨打下了基礎。

以聚餐方式籌募競選經費，在美國已經行之多年，但在台灣還是在一九七八年的「中央民意代表」選舉時才流行起來的。凡是有黨外候選人的地方都舉行過「民主餐會」，每次餐會都有幾百人參加。每張餐券一般是一千元（台幣），但實交金額是「自願」的，有五千、一萬的，所以一次餐會，往往有上百萬元收入。因爲這是「餐費」，法律上也沒有什麼規定可以禁止。這種「民主餐會」爲黨外人士籌募競選經費，開闢了廣闊的道路。

但是「民主餐會」的政治意義超過它的經濟意義。餐會中，除由候選人發表演說，闡述自己的政治主張以外，其餘時間叫做「民主廣場」，由節目主持人邀請知名人士、政治活動家發表演說。演說主題不限制，人人可以在台上暢所欲言。

很多人喜歡這種有「刺激」性的餐會，所以每次「民主餐會」都是座無虛席，氣氛十分熱烈，上台演說的人非常踴躍，餐會往往持續四、五小時。

這種餐會是憑請帖入場的，所以警總人員、國民黨的黨工人員以及有特殊任務的人員都不能入場。這是一種可以不受警總監視的演講會，對於宣傳黨外人士的政見是非常有利的。

這次選舉還發生了一件非常重要的事情。這就是「全省黨外助選團」發表了「十二項共同政見」。這是三十多年來台灣人民反蔣鬥爭的一件很重要的事態發展。

這樣，黨外人士就可以在「全省黨外助選團」的組織基礎和「共同政見」的政治綱領上聯合起來，向建立「反對黨」邁進一大步。

這個「共同政見」的主題是以「人權」問題爲中心，但是和美國總統卡特的「人權」有所不同，「助選團」所強調的人權範圍不僅是政治人權，還包括經濟人權、社會人權。言論、出版、結社等自由是政治人權；免於剝削、免於匱乏是人民應享有的經濟人權；人格尊嚴、公衆福利是人民應該擁有的社會人權。

此時此地，黨外人士特別重視「人權」問題是有它的背景的。

近年來，台灣發生了一連串的政治迫害事件（如禁書、禁雜誌等）。跟隨著工商社會的發達，貧富懸殊越來越嚴重，人民的人格尊嚴和經濟權益得不到保障。台灣的工業日益發達，工人人數越來越多，但台灣工人的基本權益得不到保障，工業污染，普遍危害了民衆，但國民黨卻置之不理，因此普遍引起了台灣人民的不滿。所以，這些「共同政見」，儘管還有些不夠完善的地方，但基本上是反應台灣人民的要求的。

附錄　台灣黨外人士十二項共同政見

我們認爲人權是人類最神聖不可侵犯的基本權利。國家和政府的存在價値，就在於促進與保障人權。我們深信：民主自由是我們不容剝奪的政治人權；免於剝削、免於匱乏是我們務必享有的經濟人權；而人格尊嚴、公衆福利是我們應該擁有的社會人權。我們堅信申張人權是我們救國自救的唯一方向。

爲了追求我們的政治人權、經濟人權、社會人權，我們主張聯合所有愛鄉愛國的同胞，共同致力於「十二大政治建設」。

一、徹底遵守憲法規定：

1.中央民意代表全面改選；

2.省市長直接民選；

3.軍隊國家化；

4.司法獨立化，各級法院改隸司法院；

5.廢除違警罰法；

6.思想學術超然化，禁止黨派黨工控制學校；

7.言論出版自由化，開放報紙雜誌；

8.參政自由化，開放黨禁；

9.旅行自由化，開放國外觀光旅行。

二、解除戒嚴令。

三、尊重人格尊嚴，禁止刑求、非法逮捕和囚禁，禁止侵犯民宅和破壞隱私權。

四、實施全民醫療及失業保險。

五、廢除保護資本家的假保護企業政策。

六、興建長期低利貸款的國民住宅。

七、廢止田賦，以保護價格無限制收購稻穀，實施農業保險。

八、制定勞動基準法，勵行勞工法，承認勞工對資方的集體談判權。

九、補助漁民，改進漁村環境，建立合理經銷制度，保障漁民的安全和生活。

十、制定防止環境污染法和國家賠償法。

十一、反對省籍和語言歧視，反對限制電視方言節目時間。

十二、大赦政治犯，反對對出獄政治犯及其家族的法律、經濟和社會歧視。

㈦中美建交和余登發事件

「中美建交」和余登發事件與台灣的民主運動到底有什麼關係？

在選戰中，國民黨當局受到黨外力量的衝擊，怕得要死，下了決心，即使使用任何手段也要把黨外人士徹底打敗。於是，各地的黨工人員、警察、特務，傾巢而出，打「恐嚇電話」，沒收「傳單」，撕掉「海報」，「拜訪」助選員，製造謠言，說某某人是「共匪」、「台獨」等等，什麼卑鄙的事情都幹得出來。

另方面，黨外人士的忍耐也是有限度的，他們也揚言：「如果再出現不公平的選舉，預料有悲劇發生」，「我們不反對另一次中壢事件」，「再不改，就沒有和平」，「我們的公平和正義不能寂寞」，「我們的社會需要公道」。（引自葉紀東：《台灣人民反蔣民主運動的發展》）

當國民黨與黨外雙方鬥爭最劇烈的時刻，一九七八年十二月十六日，中美雙方，提前半個月宣布：中國和美國將於一九七九年一月一日起建交。

國民黨第二天立即藉機宣布：命令停止一切選舉活動，並布置陸海空軍和警察人員，在台灣全境，進行警備，防止暴亂。

對這個突如其來的事件，許多人都措手不及。

台灣的「黨外人士」反應：「我們姑且不論是非好壞，這確實是一個歷史性的時刻」，「台灣的民主課程才上到一半，就被迫停課」。

海外的台胞反應：「中美建交，提早宣布，是中共對國民黨幫了一個大忙」。因爲當時離開投票日（十二月廿三日）只有八天，如果中美建交，到一九七九年一月一日才宣布，那麼，國民黨就沒有理由停止選舉，而黨外人士就有可能多人當選，這是國民黨人不願意看到的。所以，「中美建交提前宣布」等於中共給國民黨投了一個救生圈。

那個難忘的「中壢事件」使得國民黨在這次選舉，作出極其毒辣的陰謀。在選舉之前，島內就紛紛謠傳：國民黨計劃在投票時製造一個暴動，嫁禍於「黨外候選人」，來消滅黨外人士和支持他們的群衆，地點是彰化縣，目標是黃順興和姚嘉文。在選舉開始後，彰化縣就像戰時戒嚴，不時有演習的坦克和士兵經過各鄉鎮。

選舉停止後，各種恐怖的謠言滿天飛，如黃信介逃往美國在機場被捕，許信良、陳鼓應、姚嘉文、陳婉眞、王拓……被捕，並搜出軍警服裝和槍枝……。而這些謠言都是警總、中央黨部、學校的教官散布的。（引自美國《台灣雜誌》，林萬盈：〈望家鄉民主浪潮〉）

在國民黨的許多毒辣陰謀中，特別引起台灣島內外注意的是，台灣著名愛國者余登發老先生和他的兒子余瑞言被捕的事件。

余登發今年七十六歲，他多年從事政治活動，曾經擔任國民黨「國大代表」、高雄縣縣長。

在去年「中央民意代表」選舉時，積極支援「黨外候選人」，並且爲「全省黨外助選團」奔走；對國民黨控制和操縱選舉的各種不合理作法提出了善意的批評，對台灣政治的革新也提出過不少積極的建議。

但余登發先生最可貴的地方是：他曾經多次表示反對「台灣獨立」，主張「祖國早日統一」。對這樣的愛國者，國民黨卻編造了一個神話般的故事，說余登發父子被吸收參加一個什麼「匪嫌叛亂集團」，把他們逮捕。

據台灣報紙報導：去年（一九七八年）十月底逮捕了一個名叫吳春發，化名爲吳泰安的人，說這個人曾經在日本同我國駐日大使館工作人員聯繫，並且以所謂「台灣民主自由國主席」名義給華國鋒主席寫信，建議在台灣組織武裝暴動，華國鋒主席給他回信，採納了他的意見，最後我國駐日大使館工作人員派他回台灣組織「武裝暴亂」。還替他規定了「國號」，「國花」、「旗幟」等等。其離奇和荒唐，實在達到了令人吃驚的程度。（引自：《中新社》稿，紀平：〈對台廣播評論〉）

余登發事件發生後，台灣各地的「黨外人士」，六十多人，緊急南下，到余家慰問余老先生家屬，並發表「爲余氏父子被捕告全國同胞書」，舉起旗子，身披紅布，進行抗議遊行，衆多群衆跟著後面，大喊口號：「冤獄！釋放余登發父子！」「不許國民黨繼續迫害老百姓！」，形成了三十年來國民黨戒嚴令下第一次遊行示威。

遊行隊伍從余氏住宅出發，先到「鳳橋宮」，進廟燒香，向神像膜拜，爲余氏父子祝福，然後從鳳山遊行到高雄車站，在車站廣場，散發傳單，幾個著名人士發表演說……，贏得了群衆熱烈的掌聲。當地國民黨警察人員橫加干涉阻撓，但終於沒有能夠阻擋這次示威遊行。（引自一九七九年三月十二日《北美日報》，施明德：〈國民黨戒嚴令下第一次遊行示威紀實〉）

此外，許多黨外人士還做了各種努力，但都沒有能夠迫使國民黨釋放余登發父子。結果，余登發老先生被判八年徒刑，余瑞言先生被判二年徒刑。此外，許信良也因爲以現任縣長身份參加聲援余登發的鬥爭行列，受到「停職兩年」的處分。消息傳出後，許多黨外人士又跑到桃園，去支持許信良。縣長公館前面廣場和周圍，聚集上萬群衆，表示支持許信良，康寧祥向群衆發表演說……

選舉雖然停止了，但國民黨和黨外的鬥爭一刻也沒有停下來。目前，國民黨的策略是：破壞黨外人士的團結，阻止他們組織「反對黨」的活動。逮捕余登發、處分許信良都是爲了這個目的，同時也在拉攏一批人，來分化「黨外」。「分化」和「反分化」，看來是目前國民黨和「黨外」鬥爭的焦點。

(八)我們應該怎樣對待台灣的「民主人士」？

我們對台灣的「黨外人士」是團結還是打擊？是支持他們的反蔣鬥爭，還是反對他們的反蔣鬥爭？可能有各人的看法。

也許有人認爲，是團結還是打擊？主要看他們是否擁護共產黨，是否贊成「祖國統一」。從原則上講，這是對的，但具體問題要具體分析，不能「猜測」，不能「懷疑一切」。

我倒認爲，應該看台灣人民支持或是不支持，凡是台灣人民支持的，我們就應該支持，台灣人民不支持的，我們就不應該支持。

在台灣，凡是站在國民黨的對立面的，與國民黨鬥爭的人，都叫做「黨外人士」。這是台灣的特殊的政治術語。

因爲國民黨太壞了，所以凡是敢於與國民黨鬥爭的人，不管他的政治主張如何，都受到台灣人民的尊重，被稱爲「黨外人士」。今天的台灣的「黨外人士」很像解放前的大陸上的「民主人士」。

台灣的「黨外人士」，雖然在「反蔣」這一點上是一致的，但他們的政治主張是各種各樣的，這也像解放前的大陸上的「民主人士」一樣，「反蔣」是一致的，但各黨派的政治主張不盡相同。

解放前（解放戰爭時期）在大陸，人民的主要敵人是國民黨反動派，當時我們對「民主人士」是採取「爭取」的政策。

當前，在台灣島內，台灣人民的主要敵人也是國民黨反動派，因此，我們對「黨外人士」（台灣的「民主人士」）也應該採取「爭取」的政策。

解放前，大陸的「民主人士」對共產黨的態度也不盡相同。有的擁護，有的不擁護。有的，對蔣介石是「小罵大幫忙」，對共產黨是「大罵小幫忙」。但中共對這種民主人士也是採取團結的政策。對蔣介石「小罵大幫忙」的那個「民主人士」，現在不是仍給他很高的政治待遇嗎？蔣幫天天喊抓「匪諜」的情況下，對台灣的民主人士過分強調「對共產黨的態度」，是脫離實際的。

台灣現在仍在戒嚴令下，一切自由都被剝奪，像余登發講了幾句「台灣和大陸應該統一」就被抓去，被判八年徒刑，黃順興也強調台灣和祖國統一，也成爲迫害的對象。在這樣的情況下，要求這些黨外人士對大陸問題和國家統一問題講更多的話，是不合適的。

台灣人民雖然對所有「黨外人士」都尊重，但他們也能夠「區別對待」。像余登發、黃順興這樣的經過長期考驗的愛國者，也就眞正成了台灣人民的領袖，受到台灣人民的愛戴。像這樣的民主人士，我們應該堅決地支持他們。例如，他們被迫害，應該採取適當的方式，向國民黨提出抗議和批評，並支持台灣人民爲了營救他們而採取的一切鬥爭。

但是，黨外人士也是會變化的，有的從黨外人士變成「黨內走狗」。開始出來競選的時候，雖然打出「爲人民」的口號，但是只想利用人民，不是「爲人民」的政客，最後還是會被人民所唾棄的。例如高玉樹和楊金虎之流。

高玉樹競選台北市長時，以反國民黨的英雄出現，獲得了群衆熱烈的支持，他的演講會曾經吸引了四萬、五萬、十萬的聽衆。但一旦當了市長，就利用職權收購地皮，發了橫財，後來又高昇交通部長，現在是行政院政務委員，當年對台北市民的諾言，都已經一忘而盡了。

楊金虎競選高雄市長時，也是一個「黨外英雄」，他的演講會曾經吸引了十萬人，受到高雄市民的熱烈擁護，但當了市長以後不久，就因貪污案件被捕入獄。

出現了高玉樹、楊金虎這樣的「黨外人士」，雖然給台灣人民臉上抹了黑，但也沒有什麼可奇怪的，今後還會出現。對於這種「黨外人士」，台灣人民是會「區別對待」的。

有些「黨外人士」是腳踏兩隻船的。例如，康寧祥這樣的「立法委員」。目前他可以算是台灣「黨外」的領袖人物之一。

有許多跡象表明：國民黨有意拉攏康寧祥來破壞「黨外」的團結。目前在台灣流傳：康寧祥將出任台灣省主席。國民黨選擇康寧祥作爲分化「黨外」的一步棋子，是有道理的。

康寧祥沒有採用「黨外」的「十二項共同政見」，受到了國民黨的好評。中美建交宣布當天早晨，國民黨尚未宣布中止選舉之前，康寧祥即先自行停止選舉活動，並發表「康寧祥告同胞書」，呼籲「同胞保持冷靜，靜待政府明智決定」。十二月廿五日「黨外人士」聚會，發表「國是聲明」時，康寧祥到陽明山郊遊，避不參加。其後又參加中央黨部的「國是座談」，接受報社、電視的訪問。

另方面，余登發案件發生後，康也和其他黨外人士一道南下，參加示威遊行，支援余氏父子；事後康又在他家裡召集黨外人士會議，商量營救余老大計。許信良因支援余登發被迫停職時，康也到桃園去支持許信良，並向群衆發表演說。他仍然盡可能保持與「黨外人士」的關係。

實際上，康寧祥如果離開了「黨外」陣營，他什麼地位也沒有。

我們應該注意像康寧祥這樣的兩面派人物。但是，只要他們仍然留在「黨外」陣營，還沒有完全倒向國民黨以前，我們還是在適當的批評的前提下，盡量爭取他們。

這次選舉雖然中止了，但出現了不少像王拓、陳鼓應、許信良這樣的「民主人士」，對於台灣今後的民主運動，是可喜的事情。

他們年輕、敢說、敢幹，又能幹，群衆的威信很高。他們寫了大量的著作。

王拓，今年才三十六歲，是傑出的小說家，又是少有的優秀的政論家，已經寫了幾百萬字的大量作品和文章，即使你有意從雞蛋挑骨頭，你也很難從他的作品中挑出「反人民」的東西。

陳鼓應，五十歲上下，台大哲學系副教授（當時），是一九七〇年代台灣學生運動領導人之一，是傑出的評論家，學者。

許信良，三十九歲，英國愛丁堡大學哲學研究所出身，擔任過國民黨中央黨部幹事，台灣省議員，現任桃園縣長。

這樣的青年政治家、高級知識分子，正在受著國民黨的殘酷迫害。在這樣的情況下，如果有人說，他們對共產黨、對祖國統一的觀點不夠明確，要求他們多發言，明確表態，我倒想問提出這種要求的人：「你們的居心何在？」

輯三／晚年書信

書信五箋致詹以昌

編按：詹以昌（一九〇七—），台灣彰化人，是蘇新在舊台共時期的同志。一九三一年九月與蘇新先後被捕，坐了十年牢。一九四一年出獄後，從日本到華北，其後改名曾昌明及曾明如，並滯留大陸，至今仍不得歸鄉。

這五封信，集中在蘇新落實平反前後的一九七八年六月到十一月的半年期間；一九九三年五月，我到天津採訪詹老先生時，由他本人親手交給我的。雖是私人通信，但裡頭却從一個側面反映了蘇新及其周遭的舊台共們的心境與近況。

之一

昌明同志：

来信收到。关于我这次的结论，不是重新做的结论，而是因为过去已经有正式结论，文化大革命时没有新问题，不应该再处分，所以撤销处分，恢复党　复原职。只这么提，没有提到过去是什么"正式结论"。这是我　来，按照我的要求写了。因为如果有人要知道我的正式结论，　叫他看我的档案就行了。

我的过去的正式结论是1951年华东局纪委会转党时做的，有关"自首事件"部分是完全与你的问题的提法一样："自首变节行为性质"。按中共的"传统"的说法，不管在什么情况下，（例如，象你、我那样，我们当面被捕，我们的身份和职务都已经暴露，人证、物证俱在，否认也否认不了，这样的情况下），承认自己的身份和职务，就是"自首"。你的结论还算不错呢，我的结论，竟然还加上"暴露党的秘密"。你说这是什么逻辑？已经暴露了的东西，承认了，说这是暴露了秘密。我们被别人借出来，我们被迫不得不承认，说这是"自首"。我是说不清楚的。

昌明同志：

來信收到，關於我這次的結論，不是重新做的結論，而是因爲過去已經有正式結論，文化大革命時沒有新問題，不應該再處分，所以**撤銷處分，恢復黨籍，恢復原職**。只這麼提，沒有提到過去是什麼「正式結論」。這是我的要求，按照我的要求寫了。因爲如果有必要知道我的正式結論，就叫他看我的檔案就行了。

我的過去的正式結論是一九五一年華東局台委會整黨時做的。有關「台共事件」部分是完全與你的問題的提供一樣：「自首變節行爲性質」。按中共的「傳統」的說法，不管在什麼情況下，（例如，像你、我那樣，我們最後被捕，我們的身份和職務都已經暴露，人證、物證俱在，否認也否認不了，在這樣的情況下）承認自己的身份和職務，就是「自首」。你的結論還算不錯呢，我的結論，甚至還加上「暴露黨的秘密」。你說這是什麼邏輯？已經暴露了的東西，承認了，說這是暴露了秘密，我們被別人供出來，我們被迫不得不承認，說這是「自首」。我是說不清楚的。關於「轉向」也是如此。當然「轉向」不是好事，但是「轉向」也有各種各樣的「轉向」。日共把「轉向」、「沒落」、「裏切者」三者嚴格區別，只有「裏切者」（ウラギリモノ）才是叛徒，所謂「沒落」就是消極，不再革命之意。但這樣的人，並沒有出賣組織，出賣同志，只是自己不幹了。所謂「轉向」，性質就很複雜了，各種各樣的表態都有，也有眞的，也有假的，**應該看以後的具體行動**。有的人，敵人根本就不認爲你是轉向。如果，敵人認爲你是眞轉向，服役三分之一以上刑期就釋放。你一九三一年被捕，被判七年，一九四〇年才出獄，實際上不只是七年，甚至九年之久，這算什麼轉向？我是一九四三年才出獄，足足十二年，在獄中也長期被「禁閉」，這算什麼「轉向」？但這些情況，在這裏是說不清楚的。你對你的結論的提法，不同意，想向中央組織部申訴，我認爲是可以的，但我估計，只能是提出你的看法，能不能給你再做結論，很難說，因爲你也不可能提出正、反兩方面的材料來證明。按照這裏的一些「傳統」的提法或看法，我們的問題，許多是說不清楚的。關於我的工作問題，想多方面徵求意見後再說。

附抄件：關於新同志政歷問題的複查結論

蘇新：男，一九〇七年生，台灣省台南縣人，家庭出身中農，本人成份新聞工作者。一九四七年參加革命，一九四八年加入中國共產黨。原任中央人民廣播電台對台灣廣播部閩南語組組長。行政十四級。

在無產階級文化大革命中，對蘇新同志的政歷問題作了重新審查，一九七〇年八月二十日廣播局軍管小組定其爲叛徒，按人民內部矛盾處理，清除出黨，並令其退休。現複查認爲，蘇新同志對自己的歷史問題在重新入黨和歷次政治運動中都作過交代，組織上已有結論和處理意見，以後未發現新問題，因此，應維持原結論，撤銷原局軍管小組的處理決定，恢復黨籍，恢復公職，根據健康狀況，安排適當工作。

中央廣播事業局黨組

一九七八年六月一日

之二

昌明同志：

我的问题已经解决了。今天（六月十七日）电台[?]同志拿"复查决定书"到我家里来正式宣布了。结果是：撤销一九七○[covered]审小组对我的一切处分，恢复党籍和党[covered]。从六月一日算起。暂时仍在电台工作（回到原来的岗位），但因身体不好，年纪也大了，能上班就上班，不能上班就在家里写一些东西，或研究一些东西。

我总觉得，电台的工作很紧张，象我这样的年纪和身体，肯定是不能胜任的。党里领导上也那样说，但应有自知之明。所以我想做些可以不太紧张而综合性较大的工作，如研究工作，或资料整理工作。我想到北京文史馆去写一点有关台湾革命运动的历史之类的东西，但不知要不要。你认为何如？

先告诉你这件事。　苏新　6月17日

请顺便告知江浓同志，不另去信了。

曾昌明同志：

我的問題已經解決了。今天（六月十七日）電台的同志拿「複查決定書」到我家裏來正式宣布了，結果是：撤銷一九七〇年軍管小組對我的一切處分，恢復黨籍和復職。從六月一日算起。暫時仍在電台工作（回到原來的崗位），但因身體不好，年紀也大了，能上班就上班，不能上班就在家裏，寫一些東西，或研究一些東西。

考慮到電台的工作很緊張，像我這樣的年紀和身體，肯定是不能勝任的，雖然領導上是那樣說，但應有自知之明。所以我想做些可以不太緊張，伸縮性較大的工作，如研究工作，或資料整理工作，我想到北京文史館去寫一點有關台灣革命運動的歷史之類的東西。但不知要不要。你認爲何如？

先告知你這件事。

請順便告知江濃（編按：嘉義市人，台大畢業後通過公費赴大陸內地升學的考試，進入上海復旦大學新聞系就讀。）同志，不另去信了。

蘇新

六月十七日

以昌同志：

九月八日来信收到了。老肖突然离家的事，家里、机关正在寻找他的时候，你来信了，我立即告诉他爱人。本来他爱人想去天津接他，但又怕互相错开，又怕老肖生气，所以先向老肖机关汇报，看机关有什么打算。据之三说机关即派人去天津把他接回来。由于以上情况，并且这一两天出差了，种种我去帮一点忙（关于台湾民歌的事）时间抽不出，故迟到现在才给你回信。此时，不知老肖的情况如何？动身回来了没有？你有的病，又老肖常有那种病闹到人家家里去，他爱人也觉得很对不起，请原谅。

老肖的事真伤透了脑筋，家里、机关、派出所、我们民盟以及一些朋友都感无办法。原因之一，是文革时受冲击（晚年受审的）人，其实是个人的政治野心无法实现，又缺乏"自知之明"，不甘在政治舞台上的寂寞。看到有些人在政坛上扬名，自己被埋没，是不甘心的。但有什么办法呢！历史是有阶段性的，人也有"吐故纳新"，我们这些人（旧的）绝对多数

以昌同志：

九月八日來信收到了。老蕭（編按：指舊台共蕭來福，也是蘇新的妻舅。）突然離家的事，家裏、機關正在尋找他的時候，你來信了，我立即告訴他愛人。本來他愛人想去天津接他，但又怕互相錯開，又怕老蕭生氣，所以只向老蕭機關匯報，看機關有什麼打算，據說機關即派人去天津，把他接回來。由於以上情況，並且這一兩天台盟有點事，叫我去幫三點忙（關於台灣民歌的事），時間抽不出，故遲到現在才給你回信。此時，不知老蕭的情況如何？動身回來了沒有？你本身有病，又老蕭帶着那種病闖到你家裏去，他愛人也覺得很對不起，請原諒。

老蕭的事眞傷透了腦筋，家裏、機關、派出所、我、台盟以及一些朋友都毫無辦法。原因之一，是文革時受衝擊（可能是主要的），其次是本人的政治野心無法實現，又缺乏「自知之明」，不甘在政治舞台上的寂寞。看到後輩的人，在政治上揚名，自己被埋沒，是不甘心的，但有什麼辦法呢？歷史是有階段性的，人也有「吐故納新」，我們這些人（舊台共）絕對多數是已經被吐故了的。你看，王萬得、潘欽信、謝雪紅、楊克煌、林田烈、林容，以及你和我、老蕭……。只有林良才除外。實際上，老蕭自從一九四七年以後，尤其是回大陸以後，幾乎完全脫離了政治，現在國內外形勢幾乎不了解，甚至了解不了，老是停留在三十多年以前的幼稚的想法。

老蕭前些時候的情況是：他機關讓他自由，上班也可以，不上班也可以，在家裏研究些問題，寫寫材料就行，工資照發，（以前是病休，領百分之八十），但他很長時間不上班，東跑西跑，說到圖書館看有關台灣的書，研究台灣問題，（也不知研究什麼台灣問題），又說，找工作、找房子等等不回家。也很長時間，不到我家裏來，（說他沒有病，我說他有病……）。看來恢復正常很困難了。

我最近身體還好，（但仍是肺氣腫），電台還沒有給我辦恢復工作的手續，（如收回退休證，發工作證，醫療證等），因此，從六月起的全薪都沒有發，現在仍領退休金，（當然六月以後工資補發是沒有問題），不得不緊縮生活開支。至於退休五年的工資補發問題，至今尚未定，有說可補，有說不補的，不知有何規定不清楚。目前，只有時參加黨小組會（必要時通知我，一般的就不一定參加，主要考慮我的健康）。

現在，給電台、台盟幫一點零零碎碎的事情以外，我正在整理一些有關「台灣鄉土文學」的材料，從這些材料中，可以看到最近時期的台灣文化界的思想狀態，覺得很有意思，寫成了，可給你看看。

據說，明年初，適當的時候，將召開台盟的全國代表大會，重建機構，將來的規模如何，在幾個大城市（如天津、上海、福建、廣州、南京、武漢、旅大等）要不要建立支部，還不很清楚。

你對我今後的工作（在家裏，寫什麼，怎麼寫等等）如有什麼想法，請告知。想多寫一點**記錄**，留給後代。

蘇新

一九七八年九月十一日

追加：昨晚，聽陳炳基說：林良才已確診患「肺癌」，已住院。

曾昌明同志：

九月十一日的信收到了，你说的情况，我都给老肖爱人说了。老肖医院派了两个人到天津去找你，要接老肖回来，结果没有找到老肖以前，老肖先回来了，但他不回家，直接到医院，现暂时住在医院的诊室，医院 之四 麻烦，但也没有办法。到我写这一封信时为止，仍没有 。

现在，困难就在于，他本人不承认有病，拒绝治疗，也不吃药，也不打针，也不住院（精神病医院）。

他爱人前几天曾到北京，见了徐萌山，请他向有关方面反映老肖的问题。老肖这个病，是文革时受冲击，说他是叛徒（指旧政共），历史反革命（指他在日本投降前后的"三青团"活动），托派（指他从地下党派出到香港做侨务文教的工作），政治包袱很重，也是主要的。如果这个政治包袱能够放下，也许病情会好转，但到目前为止，他们医院党组织，落实政策并没有落实到老肖身上。

我现在正替老肖爱人写一封信，请你转给政协，由政协反

曾昌明同志：

九月十一日的信收到了，你說的情況，我都給老蕭愛人說了。老蕭醫院派了兩個人到天津去找你，要接老蕭回來，結果沒有找到老蕭以前，老蕭先回來了，但他不回家，直接到醫院，現暫時住在醫院的診室，醫院也很麻煩，但也沒有辦法。到我寫這一封信時爲止，仍沒有回家。

現在，困難就在於，他本人不承認有病，拒絕治療，也不吃葯，也不打針，也不住院（精神病醫院）。

他愛人前幾天曾到台盟，見了徐萌山（編按：台盟當時的秘書長，雲林人），請台盟向有關方面反映老蕭的問題。老蕭這個病，是文革時受衝擊，說他是**叛徒**（指舊台共），**歷史反革命**（指一九四五年日本投降之後的「三青團」活動），**托管派**（指台灣地下黨派，蕭到香港做廖文毅的工作），政治包袱很重，這是主要的。如果這個政治包袱能夠放下，也許病情會好轉，但到目前爲止，他們醫院黨組織，落實政策並沒有落實到老蕭身上。

我現在正替老蕭愛人寫一封信，請台盟轉給政協，由政協反映上去，這樣也許可以促進老蕭的問題的解決。

據了解，老蕭的醫院，並沒有把老蕭定爲什麼……，因爲他是一個群衆，文革時，曾受審查，被鬥，這是人人有份，並非他一人。所以他沒有受處分，也沒有降級，仍然是醫生，原職，原工資。像這樣的問題，也沒有所謂「平反」的問題。而且，醫院黨委書記，也找老蕭談過話，對他說，你沒有問題，安心工作，如果身體不好，也可以不上班，在家裏，寫寫東西都可以。

但我聽老蕭自己說過，醫院和醫學院曾經開大會鬥他，宣布他是叛徒、歷史反革命、美蔣特務等。如果屬實，按照黨的政策，如果沒有問題，也應召開同樣的大會，給予平反。老蕭的問題，以後如有什麼變化，再通知你。

楊克煌，台盟給他搞了一個追悼會。我因爲身體不好，氣喘較厲害，坐車也很不方便，沒有辦法參加。據說，參加的人不多，一是和楊有關係的人很少，很多人還不知道有這樣一個人，認識他的人，大部分都被楊和謝雪紅「告」過，幾乎沒有參加。此事眞令人深思。

據說，林良才可能到北京來治療。但這種病，目前還沒有辦法治，只是拖延時間。據廣州來的陳維贊同志說，廣州醫院不一定比北京差，廣州的軍醫院據說是一流的，也有這方面的好醫生，把他弄來北京，必須住腫瘤醫院，這就等於告訴本人患了癌症，這樣對病人好不好？而且路上（不管火車或飛機）的疲勞，可能對病人也不好……等等，看來，不如在廣州好好休養。

昨晚，我見到柯秀英（出席全國婦代會），據秀英說，良才的病，已是中後期；如果是初期，開刀切除，還有希望根治；中後期，可能沒有希望。（編按：林良才之妻）

給你寫這樣的信，我心情很不好，說不出什麼滋味。你我都有病，互相勉勵，多活幾年，也許還能回到台灣看看。我們這些人的時代已經結束，不要再幻想「出頭露面」，現在只要能「保平安」就不錯了，千萬不要想「添福壽」了。

如有機會來京，請來看我。

蘇新

一九七八年九月十七日晚

又：林江（編按：翁澤生的兒子）的情況不知怎麼樣？我六月間給他去了一封信，始終沒有回信，不知何故？如有新情況，請告知。

之五

以昌同志：好久没有给您去信。六月初平反以后，到今天才把所
问题解决了。退休期间的差额也补发了。我现在被调到公路工作。
切手续都办妥了，在公路，主要搞研究工作，因为年老体弱，上班时间可以
灵活一些，迟到早退，有时不上班，也能免。实际上研究工作，在家也可以做。
这个工作，对我也很合适，总之，余生不长，尽力而为就是。

最近您身体怎么样，请多保重。解放前多活几年，能回去看看更好。良才同志，叫
信已开办，开办本身是顺利的，但不[illegible]有扩散？您有所知吗？
尚未福老兄，病情没有好转，现在[illegible]在他的院里，不回家，与他爱人的关系
很不好，不知何因？他的医院领[illegible]他的问题，没有诚意平反，甚至说：
并有无问题，搞不清，不能给他平反，[illegible]太不负责任了，他是一个群众，群众的
问题，更加要平反，他爱人写了一封信给公路，帮助他解决。公路领导们，把
信去给中央组织部，到目前为止还没有消息。我很耽心，老肖的病痊愈的
可能性是很少的，因为他的思想以及思想方法都有很大的缺陷，年老了，固
执起来，僵化了，就没有办法。今后，身体好了，如有出差的机会，一定去
看您。希望您把心放宽一些，不要想得太多，能回去更好，不能回去，也该了
共产主义者，到处都是家。祝你健康， 苏钦 1978年11月17日

请顺便告诉江浓同志：我的问题解决了。

以昌同志：

好久沒有給您去信。六月初平反以後，到今天才把所有問題解決了，退休期間的差額也補發了，我現在被調到台盟工作，一切手續都辦妥了，在台盟，主要搞研究工作，因爲年老體弱，上班時間可以靈活一些，遲到早退，有時不上班，難免。實際上，研究工作，在家也可以做。這個工作，對我也很合適，總之，餘生不長，盡力而爲就是。

最近您身體怎麼樣，請多保重。爭取多活幾年，能回去台灣更好。良才同志，聽說已開刀，開刀本身是順利的，但不知有沒有擴散？您有所知嗎？

蕭來福老兄，絲毫沒有好轉，現在仍住在他的醫院，不回家，與他愛人的關係很不好，不知何因？他的醫院領導，對他的問題，沒有誠意平反，甚至說：蕭有無問題，搞不清，不敢給他平反，我認爲，太不負責任了，他是一個群衆，群衆的問題，更加要平反，他愛人寫了一封信給台盟，幫助她解決。台盟徐萌山，把此信交給中央組織部，到目前爲止還沒有消息，我很耽心，老蕭的病痊癒的可能性是很少的，因爲他的思想以及思想方法都有很大的缺陷，年老了，固執起來，僵化了，就沒有辦法。今後，身體好了，如有出差的機會，一定去看您。希望你，把心放寬一些，不要想得太多，能回去更好，不能回去，也算了，共產主義者，到處都是家。

祝你健康

蘇新

一九七八年十一月十七日

請順便告訴江濃同志：我的問題解決了。

輯四／文集補遺

一、《政經報》

政經報
第一卷 第二號
半月刊

目次

三十四年十一月十日 臺北 政經報社 發行

㈠政經日誌

編按：蘇新在〈自傳〉中提到，他在主編《政經報》期間，每期要寫約一萬字的〈政經日誌〉。這裡收錄的即是該報第一卷·第一期至第二卷·第六期的〈政經日誌〉。蘇新自己的回憶是：他在《政經報》只工作了兩個多月就退出了；可該報的版權頁上，從第一卷·第一期一直到第二卷·第四期，蘇新都掛名主編；儘管我們不敢確定是否所有的〈日誌〉都是他寫的，我們還是把它都收錄進來；至少它可以讓讀者對戰後初期的政經局勢更加瞭解。

一九四五年

八月十四日

△日本受波茨坦宣言。

△開馬尼剌（編按：馬尼拉）會談，審議日本降服之諸條件，其結果對戰爭終結之一切準備竟完畢。

八月廿八日

△聯合軍先遣部隊著陸厚木飛機場。

九月二日

△日本軍對聯合軍之降伏文書調印式，二日上午九時舉行於密蘇里艦上，參加之各國代表：日本代表則外務大臣重光葵與梅津美治郎上將，聯合國代表則聯合軍最高指揮官麥克阿瑟元帥，美軍代表則尼米茲元帥，中國代表則徐永昌軍令部長，英國代表則勃萊宰上將，蘇聯代表則絕列伯樣古中將，澳洲代表則布萊米上將，加奈陀（編按：加拿大）和蘭印代表則胡列齊提督，法國代表則路庫利路庫上將及其他各國代表和隨員等。

△在重慶之清華大學、北平大學、南海大學（本在天津）各準備復歸北平與天津。在本年中則擬開學。美國經營之燕京大學亦擬在雙十節時候開學。

△據聯合國最高司令官麥克阿瑟元帥之指示，日本政府及大本營向陸海軍發出一般命令第一號，其內容如左：

該命令規定日本軍官民要遵守各般之處置，要講究關於聯合國軍占領分擔地域以外之武裝解除之方法。要提供關於陸海空軍現狀之情報。要保持艦艇、船舶、兵器等之現存狀態，要處置聯合諸國之俘虜及被扣留者。要助聯合軍占領日本軍艦等事宜，來使其占領完成。

△中國、滿洲、朝鮮及南方各處聯合軍占領地域之分擔如左：

美軍占領地域係日本國本土及鄰接之小島、北緯三十八度以南之朝鮮、琉球諸島、太平洋諸島、日本國受委任統治之諸島等。英軍占領地域係安達曼諸島、紐巴爾諸島、緬甸、泰國、北緯十六度以南之法領安南、馬來、蘇門答臘、爪哇、小遜達諸島（馬里、倫撲克斯及包含沮爾）部爾、西藍、安孟、凱、亞爾、搭倫巴爾及亞拉佛拉海諸島、西列伯斯諸島、哈爾馬嚇拉諸島及蘭印新幾內亞等。澳洲軍占領地域係婆羅州、英領新幾內亞麥斯馬爾克諸島及所羅門諸島等。蘇聯軍占領地域係滿州、北緯三十八度以北之朝鮮、樺太及千島諸島等。中國軍占領地域係中國（除滿州）臺灣及北緯十六度以北之法領安南等。

九月四日

△日本舉行第八十八屆臨時終戰議會。

△前美國國務長官斯氏齊呢亞斯關於原子爆彈發表宣言，其內容如左：

「美國政府將原子爆彈擬移管於聯合國安全保障委員會付其管理」

△英艦隊前月三十日進香港後，經英軍代表與日軍現地當局接洽之結果，一日上午十時至下午四時之中間，正式接收了香港島。

九月五日

△國民政府本預定雙十節還都於南京，但因接收日軍最少亦要二個月之故，遂決定明春元旦。

△國民政府三十一日任熊式輝爲東北行營主任，東北地區分割爲九省，並決定在長春設置外交支部東北特派員公署。

九月九日

△據日大藏省六日之議會發表，關於此次大戰之直接戰費即臨時軍事費特別會計，其預算自昭和十五年至二十年之五年間，累計竟達二千二百十九億三千五百餘萬圓之多。和日清戰爭之直接戰費二億二千五百餘萬圓比較起來有一千倍之多，比日露戰爭之戰費亦超過一百倍以上。

△在南京，日本軍降伏文書調印式，九日中國標準時間上午九時，於中國軍官學校拜禮堂舉行。何應欽總司令官交付蔣委員長的第一號命令給岡村寧次大將。

△據桑港（編按：香港）報導，美國第廿四軍團的部隊，於八日下午三時，登陸朝鮮仁川港。

△東南亞細亞軍最高司令部，於八日宣布，將日本從前割與泰國的北部馬來四州再編入英領。

△比島軍加爾路斯上將，華盛頓滯在中，九月七日對U・P記者稱：「比島大概明年的美國獨立紀念日，就能獲得完全獨立」

九月十日

△加奈陀自治政府，於六日議會開會時，發表要制定新加奈陀國旗，以代替從來的英帝國旗及重新付與加奈陀市民權給加奈陀人。據此措置，可以看出加國已逐次由英帝國自治領的地位轉移到完全獨立國家地位的傾向。

九月十一日

△據紐育（編按：紐約）電，新克勒亞石油會社社長，六日發表該社已對衰提伯皇帝，獲得該國全領土的石油獨占權。其交換條件如下：

一、該社必須要支出權利金給皇帝。

二、該社必須要在衰提伯國內建設學校、病院醫療施設研究所等。

三、派遣衰提伯學生留學美國。

九月十二日

△據重慶來電，八日的《大公報》中共領袖毛澤東氏的談話如下：渝延交涉雖未達到妥協點，業已與蔣委員長約定近日中將要開各黨聯席會議，以防止他黨與共黨的紛爭。

△英蘭兩政府，於八日調印金融協定。該協定的骨子是：一、金磅領域及荷蘭殖民地間亦能通用，二、為替換算率一磅對一〇・六〇一盾。

△宋子文院長與王世杰外交部長，七日抵英倫，為要出席九月十日開始的五國外相理事會，外

相理事會開催中、滯在倫敦，與英政府要人商談中英間一切問題。

△瓜姆島美海軍代辯人言明：尼米茲元帥計畫該島爲戰後的大海空軍基地，而開放給商業空輸會社及汽船會社利用。

△據廣島縣當局的調查，因原子彈罹災的總人員有廿萬，內爆熱火傷死者六萬六千，行方不明者一萬，重傷者一萬四千，輕傷者十萬四千，（內加療中者四萬四千，死亡者六萬）健在者僅六千，（罹災者總數的百分之三）。

九月十三日

△日本大本營，自設立以來，已經過七年十個月，自七七事變起至太平洋戰的長期間，一貫指導日本的戰爭，可說日本戰爭犯罪人的巢窟，此次準據波茨坦宣言條項，麥總司令部要求其廢止。日方已決定十三日正式廢之。

△美戰時情報局十三日發表自開戰以來美國陸海軍損害數目如下：

陸軍戰死廿萬五千零四十五名，戰傷五十七萬一千六百零八名，行方不明二萬五千零八十二名，俘虜十二萬零五百六十七名，合計九十二萬二千三百零二名。

海軍（包含沿岸警備隊及海兵隊）戰死五萬三千八百零九名，戰傷七萬九千七百五十二名，行方不明一萬一千二百六十二名，俘虜三千六百零五名，合計十四萬八千四百二十八名。

九月十五日

△美國上下兩院海軍委員哦爾斯、敏孫，兩氏預定對此次議會提出保持平時艦隊之案。兩氏言

明：此案是代表海軍自身的希望。照此案，此艦隊的軍艦須要一千七百零九隻、戰艦十八隻、各種航空母艦一百十六隻包含在內。

△據伯林（編按：柏林）的電報，聯合國獨逸管理理事會，於十日開會，決議左記二件：

一、對中立國要請送還在中立國避難中的獨人。

二、該當召還令的，是無條件降伏時的獨政府官吏及一切戰鬥員或在外國會計畫戰爭行爲之危險份子。

九月十六日

△接收準備委員張庭孟上校一行廿二名，十四日由空路抵臺，十五日正午正式訪問安藤軍司令官，後視察臺北及桃園兩飛機場。

△據中國申報重慶電，國民政府於九月一日命陳儀氏爲臺灣省行政長官，同時以訓令公布臺灣省行政長官公署組織大綱。

九月十八日

△據莫斯科的廣播，在蘇獨四個年的戰爭，蘇聯國民經濟受損六千九百七十億留（編按：盧布）。此數字是以一九四一年的價格爲基礎算定。企業縮少或廢止而損失的國民所得，獨軍所徵發的物資、軍事費等都不在內。此外被獨軍破壞了的市一千七百，村落七千以上建物六百萬以上。

△宋子文行政院長，十四日訪問杜魯門大統領，關於中美兩國間的重要問題，交換意見，會談

終了後，宋行政院長對記者團稱：「一切問題，已達到可以滿足的解決。」

九月十九日

△日本進駐美陸軍司令部涉外局，十七日發表如下：

太平洋美軍心理戰爭支部，此次改為情報頒布部。同時發表該部對於日本國民廣範圍的情報計劃，照此計畫，是掌握日本新聞、廣播電臺、映畫配給會社、學校等全宣傳機關，以確立對日文化政策。該部的主要工作是：

一、助成芟除軍國主義與極國家主義。

二、使日人明確地認識日本敗戰之事實，同時使他們知悉對於戰爭之責任，日本軍之殘虐行為，並指導者之戰爭犯罪。

三、育成健全的經濟，助成民主主義機構。

四、助成對國民能負責的自由政府。

五、獎勵政治及民衆的自由、集會的權利、公論、教育、自由選舉及人權之尊重。

△據中央社重慶二日電的報導，陳行政長官對往訪的記者發表如下的談話：「臺灣省的施政方針是遵照　國父的遺教，實行三民主義，使臺灣同胞離脫不自由的生活，然後享其自強康樂的幸福。」

九月二十一日

△我國軍航空部隊，廿一日起進駐臺北、臺中、嘉義、屏東等四地區。

△我國軍上海前方司令部，於十八日言明：上海地區的日本憲兵隊全員，現在被拘禁，而其最高指揮官，爲戰爭犯罪人之一，待裁判。又上海方面司令官湯恩伯將軍，十八日布令如下：

一、禁止日人攜帶武器。

二、禁止揭揚日國旗。

三、日本一般居留民須要集結於虹口地區。

△總司令何應欽命令中國方面日方最高指揮官岡村大將，返還現在在日人手中或日人利用中的中國並聯合國的一切財產。

△日本朝日新聞，因違反麥司令部的命令，十八日，受命四十八時間的發行止停。

九月二十二日

△韓國政府革命軍總司令李將軍，當韓國革命軍編成第五週年紀念日之十七日，發表聲明稱：

「革命軍得中國當局之承認，而將來一定發展到新生韓國的國防軍。」

九月二十三日

△聯合國賠償委員會代表鮑萊氏，在天使城，關聯著對日賠償問題稱：想要解體三井、三菱並其他日本大工業，沒收其財產，以抵賠償。

△日本社會黨將要產生——九月二十二日，無產運動關係者百數十名，集於東京工業會館，開懇談會，選定二十數名結黨準備委員，積極的開始結黨準備。預定二十七日將要開結黨大會。

九月二十四日

△聯合軍司令官指令日政府，提出關於日政府、各銀行、各保險會社、其他金融機關、皇室財產並財政法規等全面的情報，其目的在：

一、明瞭日政府資金的用途

二、禁止日政府資金使用於不合占領諸目標的方面。

三、獎勵日政府資金使用到能達成占領諸目標的方面。

九月二十五日

△美國務次官，二十一聲明：爲要再開領事館於由日本解放的中國各地區，美外交官一行將要出發。一行置本部於上海，置總領事館於天津、漢口、廣東、香港各地，置領事館於青島云。

△全印國民議會派運用委員會，二十二日以「不明瞭、不十分、不滿足」爲理由，拒否英國關於印度自治問題之提案。

九月二十七日

△日皇訪問麥元帥於美國大使館。

△美國發表「關於降伏後日本美國最初的政策」此政策有包含下記四部門：

㈠終局目標。

㈡聯合軍的機能。

㈢政治。

㈣經濟。

其一貫的政策是掃除日本軍國主義。

△陳長官，二十六日於重慶會見外國記者團，發表臺灣施政方針如下：

一、臺灣光復後，首先要考慮的是教育問題。急速普及中國國語，復活歷史教育，使臺胞的能力得自由發展。

二、日本帝國主義經濟組織必受破壞，但現在的生產企業還要保持，其利潤必爲提高民衆生活水準及增進福利來使用。

三、接收日人所有的企業財產，企圖轉換到農業企業及公共事業。

四、在可能範圍內盡量處置用臺胞爲省政府之官員。

九月三十日

△聯合國之獨逸管理宣言

聯合國獨逸管理理事會，於二十五日發表對於此去七年間德國人在各方面應受影響的重要宣言，宣言文要點如下：

㈠德當局需要負擔進駐軍的維持、施設、輸送，並關於實行無條件降伏諸條項的費用。

㈡由一九三七年的國境內部及外部領土，德國官民要撤退，其時期另指示之，德當局需要準備其接受及其維持。

㈢參謀本部及一切軍事組織並機構，在終局須要完全撤廢，恐有發展軍事的性質的一切集團，須要完全解散。

㈣德當局需要提出關於裁判納粹領袖的一切情報及文書，並承服聯合國之關於以人種及政權爲理由而受納粹指導者之壓迫的人物的財產，權利、稱號等的指令。

㈤戰爭資材的生產獲得並航空機之所有或維持，一切都受禁止，德當局需要繳納一切金銀貨幣於聯合國。

十月一日

△國共意見一致。

據莫斯科的電報，蔣委員長與毛澤東氏的會談，關於國民政府之改組，政黨各派之參加政府，總選舉的急速施行等問題，已達到意見的完全一致。

△在華美英企業返還。

在華最大的外國財產（評價額一億元以上），之四大公共事業，即美系的「上海電力公司」和「上海電話公司」，英系的「上海瓦斯公司」和「上海自來水公司」駐華美大使與蔣委員長會談之結果，已決定返還美英兩國經營。

△中國海軍之再建。

海軍總司令陳紹寬提督，二十七日，言明戰後中國海軍之再建，其要旨如下：

中國接收日本及傀儡政府權之海軍後，隨即著手建設新中國海軍，將近對美英發注大型戰艦而外還有建設造船所之計劃云。

十月二日

△日本勞働組合再建運動。

據東京的電報：敗戰後日本勞働運動的復興，極其活潑，如二十九日，全國的代表三十餘名集於加藤堪十氏宅，決議結成「勞動組合準備會」，同時在各地開工人大會，起來「反對強制解雇」「要求失業保險制度之確立」「要求政治犯人即時釋放」等，積極的展開工人運動云。

△美派遣對日經濟使節團。

據華盛頓的電報：美國將近要派遣經濟使節團往日本。關於該經濟使節團的派遣，迄今尚未有什麼公報，但其主要任務是想要企圖回復及管理敗戰後的日本外國貿易。

十月三日

△聯合國的日本管理機構。

據二十九日紐育時報的報導：聯合國的日本占領參加問題，在二十八日之外相理事會，仍然爲最重要議題之一。美國代表團與各國代表，雖繼續非公式討議，但尚未達到妥協之點，結局會採用「巴爾幹方式」的管理機構，即設立聯合國日本管理委員會，來處置日本管理問題。

△日本單一勞動組合將要成立。

日本勞働運動多年的懸案，全國的單一勞動組合結成的機運，×××（編按：影稿模糊）濃化起來，過去勞働運動的指導者松岡駒吉、西尾末廣、加藤勘十、島上善五郎等爲中心，極力推進其組織工作，昨已由松岡氏發出招請狀，招請各地的指導者百數十名，於東京工業會館，開催「勞働組合組織懇談會」。

△日本人民戰線派抬頭。

昭和十二年底的「人民戰線事件」的中心人物，中西伊之助、竹田雨雀、小川未明、青野秀吉、德永直、細田民樹、伊藤永之介、葉山嘉樹、中野重治、金子洋文、小堀甚二等，協議結成「人民文化同盟」。其主要事業是：經營文庫、指導讀書，發行雜誌，以育成自由主義思想及確立民衆文學。

△結集民衆資本，創設「大公企業公司」。

據臺灣新聞的報導：參加南京調印式的所謂臺灣代表，林獻堂、林呈祿、陳炘、蘇維晏等氏爲發起人，組織「大公企業公司」，其主要事業是㈠投資或經營各種重要產業。㈡取得或處分有價證券及不動產、㈢代辦政府及公共團體委託之事業。但巷間說：此公司是利用民衆資本來對抗浙江財閥進出臺灣的。

十月四日

△蘇聯反對中法參加討論巴爾幹問題。

據路透社倫敦一日電，五國外相理事會將要終結，但此回會議期間中，逢著二回停頓：第一回是：檢討與巴爾幹諸邦媾和條約時，蘇聯以爲中國及法國與巴爾幹問題無關，反對中國及法國參加其討論。第二回是：作制議定書時，蘇聯又主張中國及法國沒有參加關於巴爾幹問題議定書的資格。

十月五日

△行政長官公署要人抵臺、開設前進指揮所。

公署秘書長葛敬恩氏以下百餘名五日由空路抵臺，隨即開設「前進指揮所」進行準備接收工作，同時對省民發出通告文，其要點如下：

一、行政長官兼警備總司令陳儀上將未到達臺灣以前，當地一切行政司法等事務仍由臺灣總督府以下原有各級機關繼續維持現狀，負責辦理，本所如有指示事宜亦由臺灣總督府轉行承辦，本所概不自行受理。

二、臺灣現行貨幣准予繼續流通。

三、交通通訊暨一切公營事業照常進行，不得停滯，工商各業務必繼續安心經營。

四、各級學校仍應繼續上課，其教材如有牴觸中華民國國家地位、教育精神者，應即削除。文字言論如有違反上述原則者，須由發言者及其主管人負其責。

五、本指揮所為暢達民意起見，接受地方民衆團體及個人有關政見及地方情形之報告書，其內容必須提示，標題列明、項目務須清晰、簡明，至涉及民刑司法事務或含有挑撥、詆毀、刺激情感與不具姓名地址者不予受理。

△日本內閣總辭職。

東久邇宮內閣，組閣以來，僅一個月半，又倒了。其倒閣的原因，雖不甚明，一般消息通的判斷，是以為該內閣對於無條件降伏諸條項之實施，缺少能動性，不能應付麥司令部的要求。據東京電，內閣的後繼首班，已決定幣原喜重郎男云。

十月六日

△命令廢止特高警察。

據東京電報，麥司令部，命令日政府，罷免內務大臣、撤廢關於取締思想及政治犯的一切法要，廢止特高警察，罷免全國的警察部長。

△對安藤總督交付備忘錄。

前進指揮所葛主任，奉長官命令於六日由范副主任代理，在總督官邸對日本臺灣總督及第十方面軍司令官安藤利吉大將交付備忘錄。

十月七日

△命令閉鎖殖民地銀行。

東京電：聯合軍最高司令部，經通貨聯絡中央局，命令日政府，九月三十日爲限，要閉鎖殖民地銀行、外國銀行並特別戰時機關。

△臺銀、臺拓存續。

關於「殖民地銀行要閉鎖」，臺灣總督府代辯人發表下面的談話：「依麥司令部的命令，臺銀、臺拓的內地支店爲出張所，已經閉鎖了。但這是關於內地支店及出張所，與臺灣本店（社）或其店鋪無干、故在本島的臺銀本店及臺拓本店仍然繼續其營業。」

△華中各地國共兩軍衝突。

據延安電：中央軍使傀儡政權軍對解放地域的新四軍開始大規模的攻擊。安徽、江西方面，中央軍攻擊東龍、貴池、反昌等長江南岸諸地域，而在反昌附近現在激戰中。在浙江省東部，諾旦縣廳保安隊，襲擊新四軍區域內的各機關，逮捕工人義勇隊及農民救國會的多數幹部。

十月八日

△國共軍事會談。

據《大公報》稱：因要解決軍事問題，與「渝延政治會談」併行、於重慶將要開「國共兩軍領袖會談」，延安方面擬以中共軍事委員會參謀長出席。

△上海的勞働爭議。

最近在上海發生種種的勞働爭議，上海市政府提示妥協案，已解決各種爭議云。

△聯合國復興救濟委員會開始救濟。

因向中國輸送的救恤品將到廣東或九龍，該委員會已開始進行其救濟事業。聞說：由澳洲送來鐵線、釘類、鐵板數千噸，俘虜救恤品四百萬噸，衣料數千噸，由美國送來一千七百噸古衣及古靴，二百噸農具，五千五百噸小麥，九十噸工作機械，由加奈太送來千萬噸糧食及汽車多數云。

十月九日

△日本幣原內閣成立。

據日本情報局發表，新內閣於十月九日成立，其構成分子如下：

首相幣原喜重郎、內相堀切善次郎、藏相澁澤敬三、厚生相蘆田均、農相松村謙三、商相小笠原三九郎、運輸相田中武雄、無任所相松本蒸治、次田大三郎。

十月十日

△國慶日。

上午十時，在臺北市公會堂，舉行臺灣光復頭一次的雙十節慶祝儀式。

△不准法幣行使或兌換。

前進指揮所負責方面對臺灣新報記者稱：「中央政府對臺灣幣制已有具體辦法，在未公布以前，既准臺灣原有貨幣繼續流通，目下自無在臺灣行使現行法幣之必要。故省民亦不應行使或兌換云」。

△日本皇室制度須要大修改。

美國務省極東局長，六日晚上在其播音上，言及日本皇室制度之修改稱：「在日本憲法中，要除去有妨害爲日本民衆負責任之政府樹立之條項，皇室制度若是日本人不願廢除，亦須要多大之修正云云」。

十月十一日

△戰勝郵票發售。

郵政管理局爲紀念抗日戰勝發售戰勝郵票（郵便切手）由十月十日雙十節起全國一齊販賣。種類分爲二十元、五十元、一百元、三百元四種。

△新竹商工業者組織總商會。

新竹市內之商工業者爲祝光復臺灣之意，集合業者全部組織總商會，於七日下午二時起，在新竹庶民組合舉行設立磋商會，選出十名之起草委員從事創立事務。

△國府擬交付戰爭犯罪人名簿。

國民政府近日擬向聯合軍總本部犯罪委員會，交付日本戰爭犯罪人名簿，其中有包含在政治上、軍事上推進榨取中國之人及在占領地域，用強制手段徵收租稅之一切政治犯罪人。

△據蘇聯管理伯林廣播稱：獨逸勞働組合聯盟要求，供三名代表參加現在在巴黎開催之國際勞働組合會議。

△據路透社通訊，爪哇獨立派斯加爾諾博士對日本軍降服後復員之印度尼西亞兵發召集令。對這點聯合軍最高指揮官與蘭印當局都對斯加爾諾博士發聯合軍不容認繼續擾亂之警告。

十月十二日

△漢奸處刑開始。

據重慶通訊，對於漢奸之處刑，既在浙江省首都杭州開始。被列記之數已達百二十四名，在此數日中約五十名之漢奸將被起訴而受懲戒裁判。

△中共駐渝秘書長被暗殺。

據重慶來電，中共駐渝辦事處秘書長李紹時氏，八日夜以汽車送詩人柳亞子回家，而將歸自宅路途被人狙擊而亡，渠爲一九二五年在廣東被暗殺之黨長老廖仲愷氏之女婿。

△臺灣公署特設法規、宣傳兩委員會。

重慶中央社電，臺灣省行政長官公署，將成立法規及宣傳兩委員會，審議各種法規，及作反奴化與灌輸愛國教育之宣傳等工作。

△日本參謀部及軍令部廢止。

東京來電，日本參謀本部及軍令部擬於十五日解散，而第一第二各總軍司令部，將改編為第一第二復員司令部，以處理復員事宜為主體。

△臺灣科學振興會創立總會。

臺灣科學振興會十一日下午二時，在臺北靜修女學校禮堂舉行創立總會。

△佛，安交涉決裂。

據倫敦電，三日以來在西貢繼續中之佛當局與安南獨立指導者之交涉，於九日遂決裂。

△希臘內閣總辭職。

希臘內閣九日夜總辭職，原因是希臘最大之政黨ＥＡＭ拒絕參加總選舉。

△德田氏等出獄。

十日上午十時，告別長期間之監禁生活底日本共產黨德田球一，志賀義雄等十三氏出獄。

十月十四日

△國、共交涉到達妥協。

據重慶中央社電，國共兩頭會議，以蔣主席與毛澤東氏為中心，繼續五星期之交涉，結果到達妥協點，故於十一日發表共同聲明如左：

一、附同等之合法制與中國之全政黨。
二、兩黨共爲防止內亂，在　蔣主席領導下，盡其所能。
三、以全國各黨代表構成政治諮問會，本會專任檢討及決定，關於國民大會召開代表之比分等之技術問題。
四、國民會議，延至前條所述之籌備告畢後召集。
五、允許個人，良心，出版，言論，集會之自由，撤廢阻害此等自由之法律。
六、各政黨准有合法的地位。
七、國民政府承受中共提議之政治犯人之釋放。
八、現在四十八個師之中共軍，縮少至二十四個師。

△英蘭銀行國營。
據倫敦電稱，英藏相道爾頓氏對下院提出英蘭銀行國營案，股份皆由政府買收。

△律師大同團結。
臺灣光復爲機會，擬將全台胞律師組織臺灣民間律師協會，十二日上午九時，創立籌備委員會。

△新生教育會臺南州支部大會。
於十日下午二時在太平境教會堂開大會，關於過度期之教育方針及教材等協議。

十月十五日

△中、英、蘇三國軍擬參加占領日本。

據聞麥克阿瑟司令部發言人言明，中、英、蘇軍參加美之日本占領。

△五地方行政權附與德國人。

據柏林來電，美軍司令部當局發表：美軍占領下之德國各地都市軍政，決自十一月十五日終止，行政義務及權限，委讓於德國人地方官；十一月十五日以後，受美陸軍直接管理的，僅州政府而已。

△星港漸回復。

星嘉坡電，星港漸回復具極東最大船舶港之地位。自再占領迄九月中，通過船舶近於壹百萬噸，蓋戰前一九三九年之通過船舶為年三千三百萬噸，而星港夙時係地中海、澳洲間，英國最大海軍基地，鑒於將來之海軍政策，期將其戰前之重要性加以修正云。

△要求日本提出外匯資產報告。

美軍司令部涉外部十一日發表，聯合軍當局命令日本政府，關於日本所有一切之外匯資產，提出報告。日本政府暨一切機關及皇室之報告，須三十日以內提出。而銀行、信託會社、證券業者及其他之金融機關在四十五日以內，其他一般期間之報告九十日以內，均必報告。

△允許日本由外輸入食糧。

據東京電，麥克阿瑟司令部十一日通告日本政府，表明鑒於日本現在態勢，將允許日本政府由外輸入美、鹽、棉花；而由日本政府提出之資料判斷，其內容擬由臺灣、朝鮮、南洋以及滿洲，輸入總計三百萬噸之美、麥、砂糖及畜水產物云。

△蘭印請求借款四億弗（編按：美元）。

據紐育電，蘭印政府經濟部商務局長斯佛墨爾在紐育言明，蘭印政府對美國及其他各國請求四億弗借款，以資蘭印生產回復方針。

△日本，剷除高等警察官制。

據東京電，日本內務省十三日聲明，將內務省官制警保局所管事項，警視廳官制及地方官制，剷除關於高等警察之事項云。

△獨逸軍戰死傷者推定總數。

阿特里英首相十一日在下院言明如下：從一九三九年九月一日至一九四五年五月十日之間，獨逸軍戰死傷者推定總數達於七百四十萬。

△馬來統治方式改正。

△英勞働黨（編按：工黨）政府改正戰前之馬來統治方式，除星嘉坡以外之全地域，以結成馬來聯合國，對馬來人一律付予市民權。

△新日本自由黨創立委員決定。

以鳩山一郎氏為中心之新日本自由黨，置準備委員會於丸內常盤，十三日決定常任創立委員如左：

鳩山一郎、牧野良三、牛塚虎太郎、星島二郎、菊池寬、矢野莊太郎、上原悅二郎、安藤正純、蘆田均、北玲吉、紫安新九郎、嶋中雄作、山本勝市。

△蘭印騷擾激化。

據亞涅太（編按：雅加達）通訊，在巴達維亞英軍與蘭印軍衝突，致十一日印度尼西亞人四名死亡，六名受傷；另一方面六日在爪哇南部惹加爾太人與憲兵衝突致印度尼西亞人死者十八名，受傷者四十六名；又十日在巴達維亞與忙敦之印度尼西亞人與和蘭（編按：荷蘭）人發生衝突事件；又於忙敦印度尼西亞人與日本人也有衝突；其他在爪哇因英人太尉一名，蘭印政府官吏一名受殺害事件，惹起印度兵對印度尼西亞群衆發砲，並且將騷擾責任者（武器攜帶者四十名）檢束。

十月十六日

△日人之公私財產不得變賣。

臺灣省行政長官公署，警備總司令部前進指揮所，用葛敬恩主任之名義，十五日以臺進字第二號通告日人之公私財產（動產及不動產）不得變賣更姓過戶，公告如左：

一、中華人民對於日人之公私財產除商店習慣，正常營業者外切勿貪圖小利，私自收買致遭法律制裁，並受私人損失，其有不明規定曾在本年八月十五日以前已經收買或更姓過戶者應速向主管機關申報並將原物退還原主。

二、日籍官吏尤應奉公守法，恪遵規定，不得詐欺取巧違法自誤，倘有上述犯行一經發覺，不但本人罪有應得並將累及爾政府同負其責任。

△蘇聯、澳洲反對國際聯盟案。

據華盛頓電，國際聯盟籌備委員會之執行委員會，十二日以十票對二票，決議新世界機構須引繼舊國際聯盟之機能及政治活動，然蘇聯、澳洲對此案反對云。

△基隆港將開始船隻之整理。

基隆港務局為整理戰中沉沒於港內之船隻，將開始港內之清掃。

△印度尼西亞人民軍宣戰。

據亞湼太通訊，印度尼西亞人最高指導者斯加爾諾博士結成之「印度尼西亞人民軍」司令部，十三日對和蘭人、歐亞人、安罔人佈告宣戰。

△蘇軍開始撤退。

據重慶電，滿洲占領之蘇聯軍，九月末以來，從中蘇條約開始撤退到十一月末要完了，國民政府十一日以來派遣東北公衙主任熊式輝將軍以下多數之要人空路赴滿洲代蘇軍。

△據路透社電，聯合國十一月八日交渡安德瓦不港與白耳義。

十月十七日

△國、共緊密促進統一。

據重慶中央社電，蔣介石主席於十五日與記者圖作終戰後初次的會見後，發表如下意見：最近之國共會談，是促進中國統一之大巨步，國共關係若更加一層緊密化，一定可以促進統一，余深知此次之國共交涉，負於巴例美大使之努力甚多，在此深深感謝云云。

△在臺日本空軍接收完了。
在臺灣之日本空軍，於日前已由我進駐臺灣之空軍接收飛行機材及其他一切之物資，於十四日在臺北、臺南兩地區空軍司令部，由飛機上向全島各地散布「告臺灣同胞書」之傳單。
△蘭印總督辭任。
據爪哇電，蘭印總督，以對爪哇獨立運動之政策，與政府意見相異，十五日辭職。
△對美國購入軍需資材。
據新特里（編按：新德里）電，國民政府允許陸軍部由美國購入軍需資材。國民政府對於道路建設資材之購入頗爲努力云。
△英、安南軍交戰。
據路透社通訊，法第二機械化師團搭乘巡洋艦十五日抵西貢。同師團是佛印駐屯軍司令部麾下暨由本國到達之最初部隊，本星期中還有搭乘法軍之法艦船陸續抵西貢港。十三日夜以來在西貢市郊外安南人與英軍繼續戰鬪，至十五日安南軍之抵抗漸趨微弱。
△爪哇，開始戰鬪。
據巴達維亞來電，爪哇各地印度尼西亞人民軍十三日企圖奪取機場，於十五日在機場附近與和蘭軍開始戰鬪。
△爪哇人與日本依然不絕擾亂。
這星期中，爪哇人與日本人依然繼續騷擾，致兩方之間大約有五十名之死者。

十月十八日

△國軍十七日抵臺。

臺灣省警備總司令部臺灣駐防第七十軍軍長陳中將孔達，偕同柯參謀長遠芬以外警備司令部及行政長官公署官員數十人，暨盟軍聯絡官何禮上校外官兵八十餘人率領將兵兩師團，分乘美輸送船四十餘隻，已於十七日上午十一時三十分安抵基隆。

△華北美海兵隊撤收時期。

據華盛頓電，杜魯門大統領十三日言及華北進駐美海兵隊，待中國軍到達時候，交替撤收，在華北、天津、北平、大沽、塘沽、秦皇島、青島、芝罘各地，陸懇少將麾下的美第一水陸兩用部隊及海兵二個師團進駐云。

△國際勞働組織開會於巴黎。

據巴黎電，國際勞働組織第二十七回會議，十五日在巴黎開會，本組織是國際聯盟作爲母體產生的，本回之會議各政府，勞働團體，雇傭等各代表要應負新出現之國際聯合，議決要公開規約云。

十月十九日

△國軍堂堂進入台北市。

第七十軍軍長陳將軍以下將兵除一部分分駐基隆外，十八日從上午十一時四十三分起，前後分七列車，已全數抵北。

△荷蘭籌備步兵急赴蘭印。

據海牙電，和蘭第六步兵聯隊第六隊全員，爲鎮壓印度浧沙叛亂，卽命集結急行向蘭印。

△斯加爾諾博士行方不明。

據巴達維亞電，自稱印度尼西亞共和國大統領斯加爾諾博士自十一日以來行方不明。

十月二十一日

△爪哇華僑支持印度浧沙獨立。

據巴達維亞電，依印度浧沙的廣播，巴達維亞華僑全體，十八日爪哇的華僑用公開狀聲明了積極支持印度浧沙獨立運動，公開狀要旨如左：

蔣主席領導下的中國人，回復了自由之秋，我們爪哇在住華僑，與七千萬的印度浧沙人，爲自由喜歡共同參加鬪爭。

△希臘攝政廣播辭意。

據倫敦電，希臘攝政達馬斯，金哥斯僧正，於十七日夜廣播，聲明將辭其攝政地位而歸於教會云。

△極東諮問委員會蘇聯拒絕派遣代表。

據華盛頓電，邦司美國務長官，關於蘇聯拒絕派遣代表於近中日將開會的極東諮問委員會的事情，言明如左：

蘇聯拒絕派遣代表，同時表明見解謂，同政府提案之日本管理委員會，該先於極東諮問委員會的開會設立，雖蘇聯代表不出，被招請國已皆通告將派遣代表，故會議可照預定而開云。

△美國之金塊至上海，總額達五千萬美金。

據上海電，依AP通訊，十八日自美國載來金塊的最初次船開到上海，依政府言明，同金塊爲國民政府充當安定通貨使用的準備金，總額有五千萬美金云。依國府財政顧問楊格博士和中央銀行副總裁陳行的言明：這是因上海與外國的再開交商，現在沒有可利用的金融機關，所以急速要整備的必要云。

△天皇制度存續如何，依國民之自由選擇。

據華盛頓電，杜魯門大統領在十八日與記者會見時候，「日本天皇存續如何，是照日本國民全體的意思決定」關於蔣主席的這種見解，言明支持。

△天皇制度廢止，國民才得到幸福的路。

據大阪電，關於解放運動犧牲者救護會，政治犯釋放委員會，關西解放辯護士團等主催之「出獄戰士歡迎關西人民大會」於十九日下午一時在大阪公會堂開催這日本共產黨之巨頭，德田球一氏等亦臨席，首由岩井彌次、黑木重德等相繼而立，對人民制之樹立並天皇制之廢止大叫，最後由德田氏提倡結成「人民解放聯盟」滿場一致。德田氏的演講要旨如左：除打倒天皇制而樹立人民共和制以外，人民是絕對沒有幸福之途云云。

△美大統領，闡明菲島政策。

據華盛頓電，杜魯門大統領十六日送教書與美國下院，聲明美對菲島的政策如左：

對尚未到達自治的人民政治社會，如何增進政治發展而於究竟可以決定人民自己選的政府形態，這是美政府決定的政策，在菲島也忠實的遂行這種政策，菲島人民自己決意做政治的獨立，而美政府也依照這政策，進展著準備。

十月二十二日

△加速成立聯合政府，民主同盟發表宣言。

據重慶電，六少數黨所組織的中國民主同盟，爲加速成立聯合政府於十九日發表宣言要旨如左：

一、國民會議務須爲自由選出及眞實代表者的會議。

二、釋放所有政治犯。

三、有效果的縮減及重建軍隊。

四、確立自主的外交政策。

五、加緊與太平洋有關盟邦團結。

六、改善公教人員待遇。

△荷印之騷擾問題，美有力報紙主張不可干涉，據紐育電，紐育有力報紙十八日的社論，主張美國政府不可干涉荷印之騷擾，其要旨如左：

美國政府不干涉荷印問題，實較爲賢明，蓋戰爭時期，美國在遠東的將士，始終反對爲奪回殖民地而戰爭的思想，始贏得美國人非帝國主義者或帝國主義的支持者的聲譽，此項聲譽實爲我貴重的資產，必須維持云云。

△對國際聯合會議要求派代表。

據十七日UP電報的報導，在河內的越命黨，以該黨可以貢獻於東亞的和平，對國際聯合會議要求將派遣其代表云。

△法軍與安南人於海防衝突歟。

據UP電，安南假政府首相十九日言明，法軍登陸東北部海岸，在海防東方三十五哩地點與安南人交戰中，而法方言明全然不知道交戰說。

△哈太博士，要求共和政府。

據巴達維亞電，十八日印度尼西亞副大統領聲明要求建立共和主義政府，要旨如次：

蘭印副總統關於蘭印之將來的言明是照舊和蘭殖民政策而已，然印度尼西亞人盼望建立共和主義政府。

十月二十三日

△向政府請求出兵。

據中央社重慶廿一日電，陪都各界暹羅華僑血案後援會，二十日下午三時開首次理監事聯席會議，通過組織請願團，向政府請求出兵護僑提出。

△我海軍受領十一艦艇。

中國海軍總司令發表，海軍當局爲受領英國與中國的巡洋艦七千噸級一隻，驅逐艦一隻，潛水艦一隻，水電艇八隻，派士官四十名，兵士二百名，十一日初要去英國，同派去的將士要在英國訓練一年後，將艦艇乘回。

△新四軍依命令撤退江南地區。

據延安電，中共中央執行委員會依據國共會談，對新四軍命令江南的被解放地區可要速刻撤退於江蘇北部、安徽北部的解放地區，新四軍業已急速對江北方面移動中。

△和蘭，闡明印度尼西亞政策。

和蘭海外殖民相十八日在和蘭下院闡明印度尼西亞政策如左：

和蘭政府若可得不欲對蘭印的革命勢力用武力，又政府考慮如左的蘭印政策：

一、由代表印度尼西亞議會的多數黨來獨立印度尼西亞內政。

二、增加參畫和蘭全帝國政策的印度尼西亞代表。

三、廢止人種的差別待遇。

四、普及教育。

五、實施由和蘭和印度尼西亞間協調的計畫經濟。

△印度尼西亞對日宣戰歟。

據巴達維亞電，在爪哇中部及中部日本軍與印度尼西亞軍繼續激戰，據UP電稱：十九日印度尼西亞對日本及和蘭聯合國布告宣戰。

十月二十四日

△外蒙獨立人民投票。

據重慶電，國府內政府次長雷法章氏，爲代表國府，立會人民投票，十八日飛抵外蒙首都，外蒙依八月十四日締結的中蘇條約，實施人民投票，以決定獨立。其投票廿日業已完成了。關於投票問題，隨行雷次長的中央通訊特派員所談如下：外蒙決定獨立，去十日以來蒙古草原全域，各地域特實施人民投票，據人民的意思獨立若決定，待　蔣主席承認後，中國可與外蒙人民政府開始外交工作。

△阿根廷政府二十一日發布復活全政黨的法令。

這法令是取消一九四三年十二月發布的全政黨解體命令，因政黨的復活，阿根廷的政治活動將再開。

十月二十五日

△臺灣新生報今日起刊行。

本報設備乃就接收臺灣新報改編而成，但言論紀事立場，完全是一個中國本位的報紙，在創刊詞上說明三項任務：

第一，介紹祖國文化。

第二，傳達及說明政府法令。

第三，做臺灣人民喉舌。

△陳長官二十四日飛抵臺北。

臺灣省行政長官兼臺灣警備總司令陳儀上將，將引率文武官員二十四日下午二時五十分安抵臺北，卽席發表演說，略謂此來非做官，而是爲臺灣服務而來。一方爲人民謀福利，一方國家求建設。本人做事及勗勉部屬，來奉引六大信條：卽一、不撒謊。二、不偷懶。三、不揩油。四、激發榮譽心。五、愛國心。六、責任心。

△第二批國軍昨抵臺。分乘掃海艇二艘、運輸艦二十五隻，是第七十軍所屬二個師及憲兵三百二十五名。

△蘇匈締經濟協定，英美均提出抗議。據中央社倫敦二十一日合衆電，英美對於蘇聯建議與匈牙利訂立五年經濟協定一層已一致提出抗議。

△日政府說要清除財閥。中央社重慶廿三日電，日藏相澁澤敬三廿二日宣布，日政府正採取適當措置以清除財閥，卽控制日本經濟之龐大家族獨管制度。

△美代表團將赴日研究日賠款問題。中央社華盛頓廿二日合衆電，頃聞美政府特派代表團將於十一月之第一星期赴日研究日本賠款問題，該團團長將爲鮑萊，美總統授權該團決定以何種方式始能供養其國及徹底消滅作戰之能力。

△日本社會黨張主廢止資本主義。

據美新聞處東京廿一日電，新近成立之日社會黨頃宣佈卅九點之政綱，賀川豐彥及其他社會黨領袖，已主張廢止資本主義及建立社會主義國家為該黨基本建議。

△法國總選舉已揭曉，左翼政黨佔居首位。

據中央社巴黎廿二日路透電，迄今晨五時卅分止官方已統計之票數以社會黨居首位，計獲七八六七八七票；次為共產黨，得六四〇九八一票；人民共和運動進步主敎黨五七六八八五票。

△史達林將辭戰時工作。

據華盛頓訊，史達林不久卽可擺脫一部份戰時工作，將較大權力交與外長莫洛托夫。

△聯合國糧食農業機構，參加國多至三十四國。

據中央社魁北克廿二日合衆電，迄今參加機構者共計三十四國。

△世界運動會蘇聯聲明不參加。

據伯林電，蘇英兩國運動界。前約在伯林奧林比克比賽場舉行足球比賽，至十九日蘇軍並無宣佈理由予以取消，又預定在同地舉行英法德蘇四國運動會，至前日蘇聯亦聲明取消參加。

十月二十六日

△臺灣受降典禮。

昨二十五日上午十時在臺北公會堂舉行受降典禮，我臺灣省行政長官兼臺灣警備總司令陳儀上將交付命令第一號與日本臺灣總督兼第十方面司令官安藤利吉大將，安藤提出日方受領證，同日參加者我國文武官員及盟國代表、臺灣同胞代表等。

△國民參政會駐會委員舉行第八次會議。

建議政府通令各省市速組復員委會，俞部長出席報告今後財政計畫。

△聯合國救濟善後總署副署長韓雷生起程來華視察救濟情形。

△中共軍隊十萬，續向綏遠東部侵進。

△臺省士紳成立臺灣建設協會。

十月二十七日

△麥帥令日中央聯絡局。

據美新聞處東京廿四日電，麥帥總部令日政府將一切草擬中之法律及其在日本會議討論之進展情形備一英文本提交總部。

△貝爾納斯重要談話：租借物資禁任意運用。

據中央社華盛頓廿四日合衆電，貝爾納斯對新聞界人士稱：美對若干國家以租借法案之物資作涉及政治之用，表示反對。

△美青年普施軍訓。

據中央社紐約廿四日專電，杜魯門向國會所提出之美青年普施軍訓諮文，已被讚頌，爲美國史上最重要之文件之一。對此點美報紙廣播意見不一，一般而言，保守派加以擁護，左派表示反對，自由主義者則不偏不倚。

△比政府公告，婦女獲選舉權。
據中央社布魯塞爾廿四日合衆電，比政府今日公告婦女可得選舉權。
△收復區土地權利，政院訂清理辦法。
據中央社訊，中央爲清理收復區土地權利，經已訂定「收復區土地權利清理辦法」一件，凡敵僞組織對於公私有土地所爲之處分，及其所發出之土地權利證件，均規定一律無效。此項辦法已由行政院於本年八月二十八日公布施行。
△印度尼西亞獨立運動。
據中央社倫敦廿五日路透電，英工黨議員六十人，已向荷法兩國政府，求請承認印度尼西亞與參加獨立之民族主義運動，並與彼等之領袖談判，彼等之呼義，稱英軍不應被用以恢復法荷兩國在遠東之帝國主義。
△國際聯合正式成立。
據華盛頓電，聯合國世界安全保障機構在國際聯合二十四日正式成立，批淮國計二十九國。
△爪哇問題提出國際司法裁判所。
據巴達維亞電，印度尼西亞大統領斯加爾諾博士二十三日對聯合國記者團表明，委任印度尼西亞獨立問題與聯合國掌管之國際司法裁判所。

十月二十八日

△陳長官昨召開接收會議。

自二十五日受降起，臺省已重入中國版圖，陳行政長官昨日上午在公署召集接收委員會會議，即日可正式開始接收云。

△東北電氣事業發達。

據中央社重慶廿六日電，日在東北所經營之電氣事業，規模極爲龐大；卽與日本本國較亦無遜色。其發展原則，爲水主火從；水電足供九省二市官民之用，移至內地可電化黃河以北各地。

△贈　蔣主席名譽學位。

據中央社訊，我國駐比利時大使金問泗氏，月前返國述職，於九日下午四時拜謁　蔣主席，而呈比京自由大學贈與　蔣主席之名譽博士學位文憑。

△政府與中共代表團商談結果發表。

據重慶通訊，關於政府與中共代表之商談，歷時一月有餘，雙方會談記錄已於本月十一日發表，全文包含十二項問題，其內容如左：

一、關於和平建國的基本方針。

二、關於政治民主化問題。

三、關於國民大會問題。

四、關於人民自由問題。

五、關於黨派合法問題。

六、關於特務機關問題。
七、關於釋放政治犯問題。
八、關於地方自治問題。
九、關於軍隊國家化問題。
十、關於解放區地方政府問題。
十一、關於奸僞問題。
十二、關於受降問題。
此回政府方面代表爲王世杰、張羣、張治中、邵力子四先生，中共方面爲周恩來、汪若飛兩先生。

△盟軍搜查日皇宮。
據中央社東京十八日路透電，盟國軍政府本日首次擴充監視範圍至皇宮以內。僅行宮及神社獲免。

△美蘇貸款協定。
據美新聞處華盛頓十七日電，蘇聯與美國簽訂一協定，由美國供給信用貸款三億五千萬至四億美元。

△傳中美兩國簽訂貸款協定。
據中央社二十七日電，傳中美將簽訂信用貸款協定，由美國供與値償六十四百萬美元之額，

租借供應物資之基本協定，規定中國將於三十年內償清，利息百分之二又八分之二，於九年後開始償還。

△美勞資會議。

據美新聞處華盛頓廿五日電，杜魯門今日在記者招待會中宣布：定於十一月五日舉行之全國勞資會議，以解決當前勞資間各問題。

△被裁工人處理辦法。

據中央社重慶廿六日電，行政院以後方民營工廠在復員期間，因裁減工人致發生工人失業現象，特制訂被裁工人處理辦法，業經開會通過公布實施。

△國軍第三次進駐。

二十七日上午八時第三批國軍約二千名由基隆港登陸。

△「新會社法」自三十五年一月一日起施行。

據重慶電，茲政府制訂新會社法，自明年一月一日施行，其中有關於外人事業會社要改組爲中國法人之規定。

△斯加爾諾要請聯合國援助。

據巴達維亞電，印度尼西亞共和國大統領斯加爾諾博士廿四日夜由廣播請聯合國援助爪哇之和平。

△極東諮問委員會是否參加，蘇聯不回答。

據華盛頓電，美國務長官說對美國的招請，蘇聯並無回答。

十月二十九日

△美國外交政策十二方針。

據紐約廣播，美國總統杜魯門於二十七日美海軍紀念日，發表自就任以來最重要的演說，闡明美國外交政策基礎之十二個重要方針。

△採用中國語為世界公用語。

據重慶電，廿九日在巴達維亞開催戰後最初的世界青年會議中，用語決定採用中國語。

△由日本接收艦艇八百隻。

據重慶電，在國民政府要接收在揚子江邊日本海軍十噸以上之艦艇，但迄今日約接收八百隻，總數三分之二仍未交與我國。

△韓臨時政府將返國。

據重慶通訊，韓國臨時政府在我國上海創立以來，已有十七年之歷史，現正積極準備返國。

△建議組織世界聯邦政府。

據中央社紐約十七日電，美國名流二十五人，建議建立擁有有限但確定權力以阻止戰爭，並維繫和平之世界聯邦政府。

△越南、爪哇情勢英人表示關切。

據中央社記者倫敦廿五日電，美官方與非官方之言論均表示英人日見關切政府之處理爪哇及越南之微妙情勢，各方均認英現處於最難處地位，大部份之意見，均以爲應謹慎從事並相信爪哇及越南之危機，實爲英國與亞洲民族關係之轉捩點。

△美所有美產全運中國。

據中央社魁北克廿五日專電，聯合國救善總署糧食處長凱恩斯，稱美國所有美產均經指定運往遠東收復區及中國，且中國優先權較歐洲各國更高。

十月三十日

△陳長官講治臺方針。

長官公署二十九日上午九時在公署四樓大禮堂舉行第一次擴大紀念週，陳長官向觀衆講說臺灣今後治理之方針，講詞大要分消極、積極兩方面：

消極方面：

第一、廢止日人統治下的苛捐雜稅。

第二、廢棄壓榨臺胞的法規及制度。

第三、保障民衆合法的權利。

第四、嚴禁官吏貪污及擾民行爲。

積極方面：

第一、增加民衆受教育及服務的機會，特別是高等教育及高級公務員的機會。

第二、建立民意機關使民衆有參政權。

第三、提高民衆生活水準。

△團結商談繼續進行。

據中央社重慶廿七日電，政府與中共代表之商談正積極進行中，廿六日會談，政府爲對於恢復鐵路交通謀迅速徹底之解決，已同意中央部隊在讓出各鐵路線後，其在各鐵路線以外之駐區維持現狀。又關於政治協商會議組織名額，日前業經商定。

△管制日本委員會問題，美蘇謀打開僵局。

據華盛頓廿六日電，值茲遠東顧問委員會開會前夕，蘇聯參加會議之前途已略見光明，貝爾納斯昨晚聲明蘇聯不堅持管制日本委員會之原有計畫，表示可能打開僵局之第一次樂觀。

△英王宣稱緬甸將獲自治政府。

據倫敦快訊，英王喬治六世，本月十六日宣稱：英政府將儘速以自治政府權利界予緬甸。使爲不列顚聯合國之一份子。

△日本經濟紊亂。

據中央社訊，據美新聞處東京廿九日電：日藏相澁澤敬三昨接見合衆社記者談日本經濟紊亂，希望盟國爲日起草計畫，促使日本民主化及復興。

△關於日本賠償草成提案。

據重慶二十六日中央社電，我國防最高會議秘書長，提示日本賠償案六條。

△日本人民文化同盟。

據東京電，在日本作家中西伊之助爲中心，組織人民文化同盟。

十月三十一日

△以命令一號交安藤。

臺灣省警備總司令部昨發公報第二號云：臺灣地區軍事接收工作本部自成立接收委員會後著手進行，昨日以軍字第一號送交台灣地區日本官兵善後聯絡部長安藤利吉大將，規定臺灣日本各軍事機關部隊解除武裝及移交之部署。

△處理漢奸案件。

據重慶通訊，立法院於十六日舉行第四屆第二百八十六次會議，孫院長主席議決通過處理漢奸等案。

△重設臺南、臺北兩海關。

中央已決定恢復原來編制在臺設立臺北、臺南兩關，十月中派員抵臺北，準備接收關務以及海關兼管之各項助航設施。

△美蘇關係日見明朗。

據中央社廿九日電，美駐蘇大使哈里曼飛往史達林休息地，史氏熱烈接待，預料不久當有重要之發表。

△印度尼西亞領袖向尼赫魯等呼求。

據美新聞處巴達維亞廿八日電，印度尼西亞共和國領袖等，已向印度民族運動領袖尼赫魯及菲駐美專員羅慕洛呼求，要求代荷印出而干涉。

△世界青年大會。

據中央社重慶二十九日電，世界青年大會定十月卅日至十一月九日定倫敦舉行。

十一月一日

△糧食臨時辦法。

臺灣省行政長官公署管理糧食臨時辦法於十月卅一日布告。

△本省軍事接收。

據臺灣省警備總司令部昨發表公報第三號稱，本省軍事接收今日開始，陸軍方面由柯（遠芬）參謀長負責。

△遠東顧問委會開會。

據中央社華盛頓廿九日專電，遠東顧問委員會全代表，明晨謁杜魯門後即在國務院之會議室中舉行會議，美代表麥考爲主席，前駐華大使詹森爲臨時秘書，倘蘇亦派代表出席，則將有十一國參加，然華盛頓方面仍亟欲知曉蘇聯於最後之時，是否將接受邀請，出席各國代表如下：中國魏道明、美麥考、英聯合王國在里法安斯、法國納齊雅、菲律賓駐美專員羅慕洛、紐西蘭駐美公使貝倫森、澳洲外長伊瓦特、加拿大駐美大使皮爾森、荷蘭駐英大使勞敦、印度駐美專員巴白。

△印國大黨要求英人離印。

據中央社孟買二十七日合衆電，印國民大會黨發佈之競選宣言中，宣佈「英人離印」將爲戰鬬口號，此乃以國民大會一九四二年之決議爲根據。

△非常時期公務員考績條例。

據中央社重慶卅日電，國民政府卅日令：茲將非常時期公務員考績條例公布。

△英美卽將進行會商。

據倫敦廿九日廣播稱：英首相阿特里將於下月初赴華盛頓與美國總統杜魯門協議原子彈及各種國際問題。

△德境盟國管制委員會通知我國派聯絡員。

據中央社巴黎卅日專電，德境盟國管制委員會已通知我國派聯絡官赴柏林。

△聯合國組織籌委會。

據美新聞處倫敦廿九日電，聯合國組織籌備委員會之執行委會，決定籌備委會於十一月廿三日開會，並向籌委會建議：聯合國組織第一次大會於一九四六年一月二日至七日間召開執行委會。

△接收飛機一萬餘架。

據重慶中央社電，我軍政部接收日本航空機一萬六千架，其中五千架交戰時運輸局，一萬一千架將編成廿部隊之機械化聯隊。

△號蘭禮耶基地售蘭印。

據華盛頓電，美海軍省發表：售新幾內亞之號蘭禮耶給蘭領東印度政府（六百八十三萬弗）

十一月二日

△令安藤解散特務機關。

陳兼總司令十月卅一日以軍字第二號命令安藤利吉將軍，具報臺人被徵名簿；同日復以軍字第三號命安藤解散日本在臺灣及澎湖列島之諜報組織、特務機關及其類此之一切機構。

△立法院會議。

據中央社重慶卅一日電，立法院卅一日舉行第四屆第二八七次會議中，通過外人技師考試條例等案。

△僞中儲兌換規則。

據中央社重慶卅一電，僞中央儲備銀行鈔票，前經財政部公布定價限期收換，財政部茲公布僞中央儲備銀行鈔票收換規則。

△內蒙蘇軍撤退。

據路透社重慶廿九日電，美第七艦隊卽將開始載運華軍前往東北之營口及葫蘆島，東北之蘇軍已在撤退中。平漢路北段遭奸匪徹底破壞，材料奇缺短期內難修復。

△政治協商名額決定。

據重慶廿八日專電，關於政治協商會議之代表名額決定，國共兩黨各七名，蔣主席將爲該會主席。

△世界糧食狀況。

據路透電，美國農業部發表之檢討報告稱：明年全世界糧食狀況將趨嚴重化。中國將缺美麥二百萬噸。

△遠東顧問委會暫休會。

據美新聞處華盛頓三十日電，遠東顧問委會第一次會議中，中國代表魏道明提議並經表決，擬暫時休會至十一月六日重開，俾使美蘇有各行商討之機會。

△美募集勝利公債。

美國財政部長培爾氏聚餐席上宣稱：戰後國庫入不敷出，將募集勝利公債。

△印度尼西亞領袖與盟軍協商停戰。

據美新聞處巴達維亞卅日合衆社訊，本日雙方雖同意停戰，泗水本日仍有戰事。

△國際勞工會議。

據中央社巴黎卅日專電，國際勞工會議已決定休會至十一月五日始再召開。

△美國宣布承認委內瑞拉新政府。

據中央社重慶卅一日電，貝爾納斯今日宣布美承認貝登或爾東所領導之委內瑞拉新政府。

△日本將行人口節制。

據美新聞處東京廿九日電合衆社訊，日人現擬於日政府主持下，執行人口節制。

△法國著名漢學家逝世。

據法新聞處巴黎卅日電，法國著名漢學家伯希和于昨日逝世，生於一九七二年，享年六十七歲。

十一月三日

△張群、周恩來等續談。

一日下午五時張群、周恩來等續商避免衝突問題，定明日下午五時再談。

△歸綏有戰爭。

中共軍步騎兵三師由賀龍指揮，卅一日晚九時在歸綏城開始攻擊，砲火至一日尚未消息。

△陳兼總司令再令安藤。

臺灣省警備總司令部昨發佈第五號命安藤，將韓籍官兵集中臺北。

△蔣主席電令調查收復區日軍戰罪。

蔣主席令司法行政府迅速調查收復區日軍戰罪，提交盟國戰罪委會遠東分會。

△釋放日在臺捕思想犯。

二日，陳長官指示釋放日在臺所捕之思想犯。

△苛捐雜稅即將廢止。

長官公署財政處長張氏表示舉凡日人在臺原設之各種苛捐雜稅，陳長官指示均將一律廢止。

△共同管制日本問題傳已決定。

中蘇英近擬協同美軍擔任佔領日本之任務。

△美從史達林處得圓滿答覆。

杜魯門卅一日對新聞記者稱：蘇聯大概近日能夠參加極東諮問委員會。

△世界農委會訂定具體計畫。

農業小組委員會，業已成就卅三頁之報告，訂定全世界人類免除饑饉之計畫，提呈聯合國糧食農業會議審核。

△美國務長官表明贊成。

美國務長官貝爾納斯氏，卅一日演講贊成蘇聯在東歐及中歐確立一種門羅主義，但絕對反對蘇聯強制將其政體影響於任何國家。

△國際紅十字會。

國際紅十字會自作戰以來，首度召開顧問會議，十一月五日開幕，十一月十一日閉幕。

△丹麥普爾內閣總辭職。

十月卅一日，因社會黨總選舉失敗致總辭職。

△菲傀儡在日本資產須提出報告。

麥克阿瑟統帥一日向日政府下令須提出菲傀儡在日本資產之報告。

十一月四日

△陳長官正式布告。

三日，陳長官布告，凡未經明令廢止之法令在保護社會者暫仍有效。

△管理臺灣與內地匯兌辦法。
臺灣與內地匯兌管理辦法，呈報財政部正式公布施行。
△東北蘇軍撤退。
東北蘇軍三日開始撤退，我軍於同日可完成接防。
△麥克阿瑟命令日本。
卅一日將沒收日皇財產十五億五千萬元，二日令凍結日公司證券轉移。
△轟炸印度尼西亞獨立軍。
三日，英派遣戰鬪機轟炸印度尼西亞獨立軍。
△國際勞工會議譴責阿根廷政府。
國際勞工會議卅一日一致票決不准阿根廷之工人代表及工人顧問參加，指斥其剝奪工人自由權利。
△聯合國教育會議。
約有三十五國參加聯合國教育文化機構的第一次會議，於十一月一日開幕。
△支持美外交十二原則。
英國貝文外相卅一日在下院發表聲明，要支持美外交十二原則。
△聯合國憲章。
聯合國憲章現對三十二國生效。

△蘇土外交條約。

蘇聯、土耳其間之互不侵犯條約至本月七日將滿期，土耳其議會曾爲此一日開會，甚抱不安：據莫斯科方面情報，認謂尙無須立卽開始作改訂條約之外交交涉。

十一月五日

△李華英謁麥帥。

二日下午李華英正式謁見麥帥，商討救濟我在日戰俘事宜。

△綏遠境內仍有戰事。

中央社三日電稱：中共軍隊在綏遠境內繼續軍事行動。

△聯合國文化教育會議。

三十五國教育界文化知名之士，一日下午舉行會議，美教部大臣及首席代表衡爾金森被選爲大會之主席，法前總理及首席代表勃勒姆被選爲助理主席，我國主席代表胡適博士被選爲十一位副主席之一。

△美撥款五千萬美元爲聯合救善經費。

一日，美衆院通過撥款五千萬美元，充作聯合國救濟善後總署經費。

△美租讓船舶十餘艘供給我方。

四日，美允借我船舶十餘艘疏暢煤運，此十艘船每月可運煤十六萬噸至上海。

△巴力斯坦騷亂。

二日，巴力斯坦人從事破壞工作，使鐵路交通完全停止，已處於戒嚴狀態。
△黎巴嫩發生反猶太示威。
一日，全市發生大規模反猶太示威運動，發生罷工，商店歇業，××××。（編按：影稿模糊）
△美國撤銷石油禁令。
戰時石油管理局宣布，自十一月一日起撤銷石油禁令。
△中國新聞學會「臺灣分會」成立。
△委內瑞拉議會二日批准聯合國憲章。
△阿特里定期訪美。
英首相阿特里，為訪晤美總統杜魯門及加拿大總理金氏，磋商原子能問題，已定於九日啓程赴華盛頓。
△爪哇狀勢再惡化。
和蘭本國政府對印度尼西亞共和國首腦部與蘭印副總督之非正式會談表明反對，並否認與斯加爾諾博士之折衝，所以一部份預想事態之惡化，現在印度尼西亞軍十萬在爪哇中部移動中。
△在伊拉古發見紀元前五千年乃至六千年之世界最古之文明遺跡。

十一月六日

△國共問題。

三日，中宣部長吳楨告記者，國民政府已向中共提出和兵建議四項，並否認中共責難國軍在山西應用毒氣攻擊共軍一事。中共對和平提案發表見解云：「全國國民黨軍如奉令停戰，中共軍當亦照辦」。

△綏鄂境仍有戰爭。

三日，共軍續在綏鄂襲擊國軍。

△陳長官勗勉三點。

五日，舉行第二次擴大紀念週，陳長官卽席致詞，其要點如左：

一、注重民主之精神及科學之發展。

二、加強行政效率實行分層負責制。

三、注重統計與學術研究工作。

△歡迎韓國旅渝領袖回國。

蔣主席暨夫人於四日舉行茶會歡送韓國領袖，蔣主席送詞稱，中韓兩國悠久交誼，今後更增進友善邦交。

△莫洛托夫接見美大使哈里曼。

△三日晚，蘇聯外長莫洛托夫接見美駐蘇大使哈里曼討論國際局勢發展。

△世界青年大會決議。

四日，世界青年大會通過援助殖民地解放，原子彈勿再用於戰爭之建議案。

△中東騷亂未已。

三日，埃及人民結隊橫行，於街頭攻擊猶太人及阿剌伯人之店舖。埃及、巴力斯坦一帶騷動擴大，亞歷山一城致死者十人，傷者二百人。

△西貢西北方衝突事件。

二日夜，英軍隊被安南軍攻擊，至三日朝騷亂鎮定。

△外蒙古人民贊成獨立。

內政部次長雷法章視察外蒙獨立投票後，三日歸渝後談外蒙人民大部分贊成獨立。

十一月七日

△一日，正式接收氣象臺改爲臺省氣象局。

△何應欽總司令廣播。

何陸軍總司令四日稱：日軍繳械擬月中完畢，國軍進駐東北順利進行。

△國際勞工會議。

四日，決議保護童工案，並求請戰後應充份就業案。

△自由德國委員會宣布解散。

官方二日正式宣布蘇聯所發起，由一九四三年七月成立之自由德國委員會解散。

△越南盟軍總司令聲明嚴禁英國軍搶刼。

△美向土提建議，修正蒙特婁達達尼爾協定。

△印民族運動黨首領四日與荷副總督談判。

△戰爭中日軍在臺發行鈔票

發行數字在東京公布臺灣銀行票，一、六〇〇、〇〇〇、〇〇〇元。

△和蘭增援軍抵澳洲。

因要鎮壓在蘭印的騷亂問題，一千六百名和蘭增援軍搭乘英國船抵澳洲。

△容認幹波吉亞自治歟。

法當局因欲解決印度支那之內紛，作最初的妥協策提示容認幹波吉亞王國之自治。

十一月八日

△臺灣省行政長官公署通告。

七日，公署公布省內日本銀行兌換券及臺灣銀行背書之日本銀行兌換券辦法。

△州廳以下各級機關定今日起接收。

△蘇願與盟國協商。

蘇聯外長莫洛托夫於蘇聯革命廿八周年紀念前夜對莫斯科群衆演說：對管制日本問題，蘇願與盟國協商。

△麥帥命令日政府。

麥克阿瑟元帥五日令日政府停止其與現駐日本之中立國代表間之外交關係，盟國前曾頒令訓示日政府停止外交關係。

△開羅發生騷動。

四日，因騷動被捕者已達千餘名。

△美國務卿正式宣布將撤在華美軍。

據合衆社華盛頓七日電，美國務卿貝爾納斯今日向報界宣稱：撤退華北美駐軍之計劃現正在進行中。又據美陸軍巴特遜稱：在明年一月一日以前，駐華美軍將僅餘六千人。貝爾納斯稱：彼檢閱一切有關中國內戰之報告後，發覺大部份言過其實。至於外傳美海軍陸戰隊曾與中國共產軍在華北發生衝突之說，彼猶未能加以證實。繼謂：美海軍陸戰隊開往華北之目的，乃在監視日軍履行投降條款，中國境內日軍未投降者約三百萬人。美軍在華北之動作，完全爲陸軍部所決定之一種軍事行動，事先並未與國務院商議，內中也無任何政治色彩。

△比政府宣布，定十二日解除戰時戒嚴令。

△哥倫比亞大學宣布創設蘇聯研究所。

△日本外務省卽將全部改組，縮小範圍。

△北非特里波里泰尼亞，發生嚴重騷擾。

△美海軍軍官復員者，已有五十五萬人。

△華盛頓四千搬運工人罷工，交通陷停頓。

△澳軍在新幾內亞等地，捕獲大批日戰犯。

△芬蘭前總統李蒂及其他領袖七人被捕。

△十一月蘇聯軍自捷克撤退，二三週內可完畢。
△巴力斯坦加緊戒嚴，英軍續抵海發港。
△英美橡皮會議定廿日在倫敦舉行。
△匈議會選舉揭曉，平民黨新閣今日組成。
△伊拉克柯地斯部落叛亂，逐漸擴大中。
△美宣布十一月十一日為停戰紀念日。
△義大利休戰條約公布，全文計十二項。
△國際勞工會議閉幕。

第廿七屆國際勞工會議已於五日下午閉幕，此次歷時廿二日，其最重要之決議為脫離國際聯盟而加入聯合國機構。

△東南亞民族運動未已。

五日，印度尼西亞人續與英荷軍作戰，越南人民亦再戰英法兩國軍隊。

十一月九日

△警備總司令部昨日發表通告，嚴禁法幣流通。
△非現役軍人不得戴軍帽。

臺灣省警備總司令部於六日命令日方安藤利吉將軍，規定凡非現役軍人一律不准戴軍帽。

△蔣主席軫念失踪盟軍。

通令各省軍民詳查具報。

△印度尼西亞軍與荷軍繼續衝突。

五日夜，巴達維亞形勢頗不安。

△東北流通券，政府明令發行。

財政部頃公布東北九省流通券發行辦法。

△麥克阿瑟六日令日政府。

著其提出有關日憲警情報，隣組組織亦包含於其內。

△日本成飢餓世界。

全國飢民代表曾在日比谷開會，包圍弊原喜重郎官邸向其抗議。

△法軍地區惹起衝突事件，致安南人約四十人死亡。

十一月十日

△聯合國賠償委員會已在日本開始辦公。

△遠東顧問委員會。

七日舉行會議，定九日再行召集。

△美全國選舉市長。

六日爲美國之選舉日，全國選民皆選舉市長及市政府傭員。

△英向美貸款，六日夜成立具體協議。

△美軍車一萬五千輛移交我軍使用。
美方業已將軍車一萬五千輛移交中國軍隊，移交手續，依照美租借案規定。
△陳嘉庚呼請英國給予馬來貿易自由。
馬來華僑領袖陳嘉庚氏，九日呼請英國給馬來居民以貿易之自由，並資助商人恢復其業務。

十一月十一日

△臺南、臺中行政機關九日接收完竣。
△印度尼西亞人可組織荷蘭聯邦。
爪哇副總督毛克博士，五日夜已允許印度尼西亞人之民族運動，得依照民主主義，樹立中央政府，撤銷文化經濟社會各部門之人種的差別待遇，發表解決案，提議召開圓枱會議。
△聯合國教育文化組織易名。
頃在倫敦舉行之聯合國文教會議，易名爲聯合國教育科學文化組織。
△法國制憲會議開會。
法國制憲會議九日開會，定期選舉政府首領。
△麥帥令日政府運蠶種十五萬張至韓國。
△摩根索談猶太問題。
美前財長摩根索八日稱：關於巴力斯坦之將來問題，應由美國負責解決。
△世界青年會議。

八日，在倫敦擧行之世界青年會議，公決巴黎爲世界民主青年聯合會之永久總會所在地。

△羅國民衆示威秩序大亂。

八日，羅國王生辰，民衆於王宮前作大規模示威運動，致秩序大亂。

十一月十二日

△國共繼續商談。

十日下午五時張群、邵力子、王世杰與周恩來、王若飛諸氏商談。

△收復區中等教職員甄審辦法公布。

△礦業權處理辦法公布。

收復區礦業權處理辦法六日公布，臺灣礦業權處理另訂辦法。

△阿特里離英赴華府。

英首相阿特里九日乘C-54運輸機離英，十日晨抵華盛頓，白宮再就英美加會談發表聲明。

△盟國賠款委會開幕，蘇聯、波蘭不出席。

盟國賠款委會，九日於巴黎開幕，參加者計有美英法比荷蘆捷南丹挪希加澳納南頴埃及印度十七國。

△西班牙人民，九日圖暗殺全部閣員未遂。

△爪哇急進派大聲疾呼。

英飛機於泗水撒發勸告無條件投降的傳單，急進派大聲呼疾：不可丟去武器繼續戰鬪，國民主義者亦全部奮起。印度尼西亞民族運動領袖蘇卡諾已電英首相阿特里請其停止以英軍助荷干涉印度尼西亞事件。

十一月十三日

△英美加會談開始。

英首相阿特里離英後十日下午抵美，十一日開始與杜魯門總統、加總理金氏在白宮會談原子管制問題及重要會議。

△印度尼西亞繼續作戰。

英機十日轟炸泗水，又十日上午六時起以陸海空軍向泗水開始總攻，對印度尼西亞獨立軍開始轟炸及槍擊。

△聯合國教育科學文化會議。

十日，會議將有決議巴黎將成文化之都，以巴黎為未來聯合國教育科學文化組織所在地。

△長春鐵路公司理監事會成立。

十日，下午四時在長春正式成立，此爲實行中蘇條約之第一個措施，理事中蘇各五人，監事各三人。

△放射線公會昨日在臺北紅十字社病院開創立會。

十一月十四日

△臺灣省行政長官公署秘書處通告。

本日以祕一字第一〇二號通告如左：

奉長官臺字第二十六號通知：「此後自本人起各級文武官員，到各地方視察是常有的事。各地人民，不論團體或個人，不要歡迎，宴會，耗時費財，望於工作上努力協助政府，並以節約消費，恢復生產，爲政府與人民共同努力的目標」，等因，奉此，合行通告，希本省各界一體遵守爲要。

△臺灣省行政長官公署工礦處公告電發字第一號。

△美決不希望中國內部失調。

中國戰區美軍總司令魏得邁將軍，八日下午三時自北平飛抵上海，定九日飛渝與蔣主席會晤，魏將軍在滬對記者稱，美決不希望中國內部的失調。

十一月十五日

△南斯拉夫選舉揭曉。

十日，南斯拉夫大選結果揭曉，狹托在・伯爾格來德獲絕大勝利。

△賠償委員會，美派代表抵東京。

聯合國賠償委員會美國代表鮑萊氏，十三日夜偕凱依資海軍次長抵厚木機場後卽轉東京。

△美衆院十三日通過撥款給予救濟總署五億五千萬。

△臺灣省輪船公會舉行創立總會。

十二日，在臺北舉行創立總會。

△國立臺灣大學正式接收。

臺北大學本日由教育部特派員羅宗洛奉命正式接收。

十一月十六日

△政治協商將舉行。

十四日，政府與中共雙方代表重開談判，滿天暗雲中透露新希望。

△阿特里在美國會演說。

英首相阿特里十四日在美國會演說四海一家始能保全文明，終日杞憂戰爭實爲大錯。

△尼赫魯談話。

印度國民大會黨領袖尼赫魯對記者稱：原子彈不能維持帝國版圖，並建議應予印度及印度尼西亞等地方自由。

△法新臨時政府主席就任。

戴高樂將軍十四日表示，接收法臨時新政府主席職務。

△越獨立軍仍在作戰。

法報十二日稱：佔領軍已將攻擊堤岸某醫院之越南軍隊擊退。

△泗水繼續激戰。

攻擊泗水之英軍，十三日已經佔領同市之大部分，十三日夜印度尼西亞軍用戰車砲兵，高射砲攻擊英軍，現在激戰中，一方面印度尼西亞要請中、美、蘇三國干涉爪哇之騷擾問題。

十一月十七日

△南部日軍本日一律撤退。

警備總司令部十六日發公報第十七號，命高雄、鳳山、臺南等日軍限本日一律撤退，軍器須先移交黃濤軍長。

△赫爾利申明美國對華政策。

美駐華大使赫爾利十四日對記者申明：美在華絕無帝國主義之野心，亦不擬謀取任何特權，今日美軍在華之任務，係協助蔣委員長及國民政府之軍隊接收日軍投降及解除日軍武裝。

△蘇聯再次照會美國，提議四強共管日本。

貝爾納斯十四日稱美蘇繼續商談中。

△日本第八十九屆臨時議會，二十六日召開。

△英應將香港歸還中國。

英獨立工黨十五日發表宣言，英應將香港歸還中國，實現大西洋憲章精神。

△準備與荷英協商停戰。

新任印度尼西亞總理蘇卡諾正準備與荷英協商停止衝突。

十一月十八日

△美計劃對華新貸款總額將達美元五千萬元。

△魏得邁將軍提議。

中國戰區美軍總司令魏得邁將軍提案將我國現有陸軍二百七十個師裁至五十個師。

△就原子能問題發表宣言。

杜魯門、阿特里、加總理金氏十五日晨舉行會議，並就原子能問題聯合發表宣言，提議在聯合國機構中組織一委員會，以管制原子能之應用及詳細知識，原子能聯合宣言已送交有關各國。

△巴勒斯坦委任統治案。

英國提倡之此案，猶太人憤其阻碍猶太國家之成立，而阿拉伯人亦不滿該政策。十四、十五兩日開始大抨擊。

△美宣佈批准聯合國憲章已達三十九國。

△美法進行會談，討論解決管制德國問題。

△美蘇斷無衝突之理。

美副國務卿文廸遜，十五日在紐約舉行之美蘇親善協會全國聯席會上稱：美蘇斷無衝突之理。

十一月十九日

△遠東顧問委員會。

遠東顧問委員會可能於二十三日發表對日政策報告，美將以新建議送莫斯科，蘇聯仍未參加遠東顧問委員會，管理問題仍未至解決階段。

△法政局動盪中。

戴高樂提辭政府主席職，十七日送交議會議長古恩，議會定十九日召開對此有所會商。

△印度尼西亞人依然繼續狙擊戰。

盟軍總部稱：爪哇海港泗水之戰已經進入第七日，印度尼西亞人之抵抗已漸減少，但狙擊戰及臼砲戰仍在繼續。

△日本外交巨宿松岡洋右曾圖自殺未遂。

△麥克阿瑟統帥十七日頒令日本，取消易腐食物物價管制。

△設駐外商務官。

經濟部為適應今後對外貿易起見，爰擬定該部駐外商務官規程一種，並經行政院會議通過。

△國府十六日命令公布各口岸僑務局組織條例。

十一月二十日

△美否認將開三頭會議。

白宮十七日宣稱：無舉三頭會議之計劃，謂美政策係靜觀蘇聯態度。

△法社會、共產兩黨，十七日決議組織聯合政府。

△通過聯合國文教會章。

出席倫敦聯合國教育文化會議之各國代表十六日通過會章，十七日，四十四國代表將簽字於此歷史之文件。

△澎湖地區開始接收。

△統一中外地名譯文。

國民政府卅四年十一月十七日制定統一中外地名譯文委員會組織條例公布。

十一月二十一日

△國軍到達臺南市。

光復以來臺南市民歡迎之國軍，十八日，第六十二軍已到達臺南市。

△陳長官講述三事：

行政長官公署紀念週，陳長官講述三事：

第一、重視幹部人員的訓練。

第二、統籌經濟建設。

第三、要徹底革除宴會的陋習。

△麥帥下令日政府。

麥克阿瑟元帥十八日下令，在十二月三十一日以前日本一切航空事業應予廢止，飛機模型製造亦在禁止之列。

△對原子彈聯合宣言，蘇聯官方未作評論。

△法政府領袖未決，各黨派仍在磋商中。

△十八日，緬人要求自治。

△菲向美交涉貸款。

菲總統澳斯敏納爲復興菲律賓，到華府交涉貸款，將啓程歸馬尼剌，聞美下院委員會承認此五萬萬美元之貸款，該案不久將送至上院去。

十一月二十二日

△臺灣省行政長官公署農林處公告。

昨日以農糧祕方字第三號，公告各種食美零售價格表。

△聯合國教育科學會，我代表二十日抵英國。

△接收前本省各級工作人員分佈情形。

民政處統計過去日隷下工作人員，省人簡任只有一人，高級機關日人獨占。

△伊朗北部發生事變。

分裂派之叛軍十九日已佔領若干重要鐵路城鎮，伊朗政府可能放棄德黑蘭，並在南部英軍佔領區內建立政府。

△英首相阿特里十九日夜搭機回國。

△九・一八事變禍首本庄司令官自殺。

發動九一八事變，引起中日戰爭之前關東軍總司令本庄繁廿日已自殺。

△葡國總選舉政府黨勝利。

△麥帥命令凍結日本皇室之財產。

十一月二十三日

△中蘇兩國進行會談。

據國民政府消息，爲解決東北問題，中蘇兩國現在重慶及莫斯科繼續交涉中。

△懲治漢奸條例。

立法院通過修正懲治漢奸條例，罪大惡極者處以死刑，其他僞官不得任公職。

△杜魯門正式宣佈各區重要將領更動。

廿日於記者招待會中宣佈，艾森豪威爾出任陸軍參謀總長，尼美茲繼金氏任海軍作戰部長。

△遠東顧問委員會設立「經濟政治小組會」。

遠東顧問委會主席伊瓦特，頃宣佈設立由中、澳、英三國組成之經濟政治小組委員會。

△十九日在華盛頓繼續舉行美英財政會談。

△盟軍最高統帥命令。

二十日，下令日軍奪獲之藝術品限令全部歸還我國。

十一月二十四日

△臺灣省糧食徵購額調整委員會組織辦法。

長官公署農林處糧食局爲便利三十四年第二期穀米之徵購起見，特訂定此辦法。

△本省縣市組織決定，置縣地點尙待實地考查。

△法新臨時政府組成。

法新臨時政府已於廿二日下午組成，戴高樂主席兼海陸空軍總司令，全體閣員會議已於廿三日舉行。

△巴達維亞南部仍在繼續抗戰。

△巴力斯坦於廿一日解嚴，全境恢復平時狀態。

△伊朗向蘇提照會。

伊朗政府已向德黑蘭蘇大使館提照會，請蘇聯軍尊重伊朗領土及主權之完整，並避免干擾其行政，請蘇聯停止干涉伊軍警之行動自由。

△邱吉爾在比利時兩院聯合會議提倡歐洲聯盟。

十一月二十五日

△設立臺灣大學。

行政院廿日上午舉行第七百廿一次會議，決議通過設立臺灣大學案。

△中蘇談判情形良好。

中蘇仍就東北問題繼續交涉，消息靈通方面稱蘇聯已就東北問題及中國之內爭表示態度，答覆國府，其要旨如左：

一、蘇聯不干涉中國之內爭。

二、蘇聯對中央軍進駐東北無任何異議。

三、蘇聯照常支持國民政府。

△印度尼西亞領袖願與英官員磋商。民族主義諸領袖散佈一宣言稱：願與英官員磋商。

△聯合國籌備會廿三日召開。

△杜聰明博士執教廿五年，本日開慶祝大會。

十一月二十六日

△聯合國最高司令官麥帥令日本政府。麥克阿瑟廿四日令日本戰爭暴利者，以其財產之七成納稅。又令日破壞原子能研究機構。

△遠東顧問委員會決定派員訪問日本。遠東顧委會廿四日下午決定，不久將派人赴日，俾與麥帥磋商，並作實地之觀察，約在二、三週內即可起程前往。

△臨時政府主席戴高樂廿三日發表施政方針。對內政策：一、金融電氣、保險事業均爲國營。二、立即改革行政、司法機構。三、煤礦農業設備必使之近代化。四、法國通貨之緊縮。對外政策：則在誠意促進國際聯合。

△法國制憲會一致通過信任案，共產黨亦決定協助新內閣。

△菲島明年可獨立，杜魯門諮文國會制訂法案，批准菲律賓之總選，至遲不逾一九四六年四月卅日。

△爪哇之戰鬪已自泗水移向西部。

十一月二十七日

△本省經濟委員會成立。

陳長官對本省經濟建設極爲注意，特成立經濟委員會，由陳長官任主任委員，葛祕書長任副主任委員；委員共九人；該令之主要任務，除決定本省經濟建設方針，並計劃一切經濟建設工作外，關於本省各經濟事業機構工作方面之聯繫配合，以及本省物資供應之統籌，物價、工資、運價、房地租之調整等，皆由經委會辦理，會址設在長官公署。

△聯合國籌備會廿五日開會，出席各國代表二十四單位，一致期望能得永久和平。

△義總理巴里，因不得右派之支持，廿五日提出辭呈。

△印度尼西亞獨立問題，廿五日開國民大會討論。

△麥帥令日幣原首相停付退職人員恩給金。

△蘇最高蘇維埃主席團，廿四日宣佈成立蘇聯工業原料生產人民委員會。

十一月二十八日

△最高經濟委員會組織條例。

廿六日上午國防最高委員會會議，通過最高經濟委員會組織條例，同日下午四時開首次會議，蔣主席親臨致訓。

△行政長官公署、農林處廿七日舉行糖業討論會。

△伊朗問題，美電詢蘇當局。

廿五日，美國務院已正式電詢蘇政府，請告知蘇軍伊朗西北部之行動，尤盼知悉亞塞爾拜然省之情況，並提醒蘇聯尊重德黑蘭宣言。

△英共黨大會，廿五日滿場一致決議要求貝汶辭職。

△法國拒絕我方要求，關共同使用海防港及共管滇越鐵路事。

△蘇聯政府頒發表汽車工業五年計劃。

十一月二十九日

△東北蘇軍撤退延期。

在我東北之蘇軍原定十二月三日完全撤退，現國府向蘇方要求。希國軍於進駐鐵路沿線重要據點後，蘇軍才撤退。

△馬里諾夫斯基元帥向我提出如下之要求：

一、中蘇共營鞍山鐵煤事業。

二、蘇聯維持華北航行權。

三、中蘇共營吉林之日僞電器事業與黑龍江之金礦及兵工廠。但此訊未得官方證實。

△陳長官二十八日出巡省南部。

△聯合國籌備會，廿五日決定設立八專門委員會。

哥倫比亞首席代表安傑博士當選爲籌備委員會主席。

△美廿六日向蘇英建議，蘇英美三國於明年一月一日前撤回駐伊軍隊。

△蘇聯科學家頃發表已發現帶陰電之陽子。

△第二次世界大戰傷亡五千三百萬。

據梵蒂岡估計，第二次世界大戰中死者約二千二百零六萬人，傷者三千零四十萬人。

△國際婦女會議開幕。

廿六日晨在法國婦女領袖柯頓夫人主持下開幕，到會代表逾五百人，代表四十個國家。

十一月三十日

△廿八日國軍出關向前推進，距瀋陽車站不足四百零五里，南口要隘仍在國軍手中。

△本省糖業討論會閉幕。

討論會於二十八日下午四時閉幕，結果關於㈠收買甘蔗價格，㈡增產甘蔗面積，全省五萬七千甲，㈢新設苗圃兩萬甲等皆有決定。

△美國政府廿六日命令駐伊朗美軍在十二月三十一日前撤退。

△英駐蘇大使卡爾，已向蘇外長提出照會主張撤退伊境內之盟軍，至遲於明年三月二日完竣。

△指責工黨政府。

英保守黨已於廿七夜提出指責工黨政府之動機，此係由反對黨領袖邱吉爾及反對黨重要議會聯名提出者。

△臺北、臺南兩關今日起正式辦公。

十二月一日

△臺灣省石炭調整委員會，擬定本省石炭配給價目表。

△臺灣省行政長官公署令（署法字第三〇六號）制定公布臺灣省禁絕鴉片辦法。

△臺灣省行政長官公署民政處，公告臺灣省人民團體組織暫行辦法。

△國民政府十一月廿六日，令公布施行修正國民政府文官處組織辦法。

△聯合國籌備委員會。

十一月廿七日組織八個技術委員會，五十一國均有代表參與。

△遠東顧問委員會於十一月廿八日討論管制日本問題。

△捷克境內美國軍，本日將全部撤退。

美國務院宣稱，捷克境內之美軍，將於十二月一日前依照時限全部撤退。關於美提議，明年一月一日以前撤退伊朗境內之駐軍事，迄今尚未獲蘇英之覆文。

十二月二日

△聯合國救濟善後總會與我訂定基本協定。

我國政府與聯合國救濟善後總署訂定基本協定十條，其內容是以物資及服務供給我國，決定我方不以外匯付償。

△印度尼西亞十一月廿九日開國會，沙利內閣獲信任票八四張，反對票八張。

△保國新國會組織，定十五日召開第一次會議。

△第二次世界大戰中英國傷亡官兵。

海陸空軍死亡總數：一百二十四萬六千零二十五人。

△馬歇爾出任駐華特使。

中央社紐育三十日電，馬歇爾的新任命與赫爾利的辭職，都出人意外，但對魏德邁在華執行的美陸軍部政策當仍無改變。

△麥帥令日貴族院，一切會議應准許記者參加。

△十一月卅日，日本陸海軍省全部解消，建軍七十年的侵略歷史自當日已歸於烏有。

十二月三日

△蘇聯對聯合國機構闡明態度。

莫斯科電臺評述員一日稱：聯合國決不可爲任何強國所統制，如有任何國家擬利用聯合國機構作爲工具，必歸失敗無疑。莫洛托夫前已申明，蘇聯必將爲支持各國和平與安全的柱石云。

△印度尼西亞軍在藩敦與英軍戰鬥。

△美飛機工人一百萬轉向和平工業。

△美國人口一億四千萬人。

截至本年十月一日止，已達一億四千萬人，自一九四〇年調查後，已增加八百三十三萬以上。

△中美恢復自由貿易，輸往中國物資均不予限制，但作戰有關物品依然需要入口證。

△法國專員宣布讓步。

法國駐越南高級專員達仁里歐巴宣布：不復視安南國民黨、維明黨人員爲戰爭罪犯，渠並已派代表請彼等派人前來談判。

十二月四日

△美國在中印緬戰區所有飛機七百架，已開始移交我國。

△蘇聯將建大氣象臺。

蘇聯哈薩克共和國阿拉木圖附近，即將建立一天文氣象觀察臺。

△英向土建議開放達達尼爾海峽。

英國照會土耳其政府，建議早修改蒙特婁條約，開放黑海通地中海要道達達尼爾海峽。

△伊蘇糾紛未已，蘇聯拒絕伊朗軍增援伊朗北部。

△國際婦女會議一月閉幕，成立國際婦女民主聯盟，會址設在巴黎。

十二月五日

△甘蔗收買價格公布。

一、三十四年至三十五年期，甘蔗收買價格每千斤六十七元。二、甘蔗栽培面積爲五七〇五四甲，其中二六六〇〇甲由各製糖會社自營農場辦理，餘由農民栽植。三、蔗苗二萬甲，由各製糖會社負責一萬甲，其餘由農民栽植。

△英在九龍籌建機場，我方望其終止此議。

△麥克阿瑟元帥下令加緊逮捕日本戰犯。

自九一八事變以來所有戰犯均須逮捕。

△國際勞資會議二日閉幕。

△日本共產黨宣布六項黨綱。

日本共產黨第四次大會已於三日閉幕，對國內、國際闡明如下之態度：一，安定人民生活。二，為勞働者農民、貧苦者及小市民推行增產政策。三，對阻止所述政策的資本家實行罷工及其他鬪爭。四，防衞反對黨。五，打倒天皇制。六，組織人民共和政府，參加國際機構。

十二月六日

△行政院第七二三次會議於四日上午舉行，討論並決議卅五年度預算案等。

△蘇聯拒絕美國建議。

美國務院宣布，蘇聯已拒絕美國所提議伊朗境內，盟軍於一月一日前全部撤離之建議。

△蘇積極進行保持戰後軍力。

蘇聯亦正如其他大國，期望維持武裝部隊，足以實現其已宣布的確保國家安全及在保持世界和平中居領導地位之政策，空軍方面將製造新式飛機，研究原子能工作亦頗緊張。

△聯合國籌備會，首屆代表大會將於明年正月召開。

△英美兩國政府商談進行已達十二週，數日內可圓滿解決。

十二月七日

△中等學校名稱改定。

本省各公立中等學校一律改為省立，已經改定校名，全省計有高中一所、師範三所、女子師範一所、中學十八所、女中二十所，與其他各種職業學校總計六十八所。

△英向暹提出新要求。

英國向暹羅提出之新要求，其中要求暹羅被接受聯合國中一員之前，繼續受英國統治，英國有權管制暹羅一切銀行企業等等之要求均極強硬。暹政府一部閣員表示英暹新約如經簽訂，彼等將提出辭職。

△伊朗政府再次通牒蘇聯。

伊朗政府三日對蘇聯發通牒，主張治安回復的必要，希望不加壓迫於地方住民。

十二月八日

△七日，臺灣省行政長官公署，公布臺灣省漁船登記辦法。

△英美借款最後決定。

英美借款協定，已最後決定借款數目爲四十三億美元，協定於明春實行。

△聯合國籌備委員會。

聯合國組織籌備委員會，六日晚集會，繼續討論有關聯合國組織永久地址之各項問題。又對於舊國際聯盟之任務、活動及資產轉移問題，聯合國已獲得若干協議。

△建設新基隆積極推進中。

基隆爲臺灣重要都市及商埠，在戰爭期中破壞特甚，市府對重建基隆積極努力中。

△內政部公布四項辦法，戒絕國內煙毒。

內政部爲貫徹斷禁政策，肅清國內煙毒，並實行國際禁煙合約，特擬訂修正肅清煙毒辦法、禁煙禁毒治罪條例、收復地區肅清煙毒辦法、查緝煙毒員給獎及處理辦法四種草案，業經行政院例會通過。

十二月九日

△臺灣省省轄市組織暫行規程六日公布。

△蘇聯第四次五年計畫已完成，其中以改善民生爲主。

△印度尼西亞總理舉行記者招待會。

印度尼西亞共和國總理沙利，四日在記者招待會中談稱，請聯合國斡旋印度尼西亞之和平。

△美軍法委員會長，七日宣告山下奉文死刑。

△阿特里首相信任案。

英下院於兩日辯論後，以三百八十一票對一百九十七票通過對阿特里之信任案。

△麥帥命逮捕近衛文磨等。

美軍總司令部外事局發表，六日下午四時半，麥帥下令日本政府逮捕近衛文磨等之戰犯。

△美向救濟總署撥款十三萬五千美元。

美衆院六日下午通過法案，授權政府向聯合國救濟善後總署第二次撥款十三萬五千美元。

△美財政部撤消管制條例，恢復金融及商業自由。

美國財政部宣布撤消與聯合國會員國金融及商務之現行管制案例·，自七日起與中國、義大利、法國、比利時、荷蘭、挪威、丹麥、芬蘭、捷克、波蘭十國之金融及商務，已可恢復戰前狀態。

△伊朗六日發生恐怖運動，警察長被殺害。

十二月十日

△臺灣省行政長官公署，九日公布臺灣省徵購三十四年第二期美穀獎懲辦法。

△六日，行營令平憲機關在平津開始逮捕漢奸。

△昆明發生罷課風潮。

蔣主席對昆明罷課風潮，甚爲關懷。故特派教育部次長朱經農飛昆處理，並發表告昆明教育界書。

△五外長將在莫斯科開會，討論以前在倫敦外長會議未解決之問題。

△美政府向伊朗保證維持主權領土完整，美國極重視德黑蘭宣言。

△越南英印軍已開始撤退，法軍正逐步接代英印原防。

△限制日人携款返國。

麥帥宣布：凡自華北返日之日軍及平民，限帶最少量之現款，以免渠等非法謀利。日士兵每人限帶二〇〇日元，軍官每人五〇〇日元，平民每人一千日元。

△土擬接受英要求之修正蒙特婁公約。

土總理薩拉如格魯稱，土國準備接受修正，控制達達尼爾海峽之蒙特婁公約。

十二月十一日

△臺灣省行政長官公署以署法四一四號，公布臺灣省人民回復原有姓名辦法。

△臺灣省行政長官公署以署財字第四一九號，公布處理省內日本銀行兌換券及臺灣銀行背書之日本銀行兌換券特種定期存款、存戶支取及抵押借款辦法。

△英外務部正式宣布，蘇英美三外長將於十五日在莫斯科舉行會議。

△未來之三國外長會議中要討論之問題：一，德境之統一管理問題。二，最後解決領土爭執及戰爭賠償之和平會議計畫。三，政治問題之解決。四，蘇聯船隻自由通過達達尼爾海峽問題。五，三國軍隊撤離伊朗問題。六，蘇聯之參加管制日本委員會。七，解決朝鮮局勢。

△義新政府業已組成。義自由黨七日同意加入內定由加斯巴萊任總理之新政府，恢復以前盛行之六黨聯合政府。

十二月十二日

△中蘇談判，蔣經國、董彥平九日下午一時重晤馬林諾夫斯基元帥及其參謀長，舉行再度談判，對於空運國軍事已獲協議。

△印度總督魏菲爾與甘地，十日在總督府舉行會談。

△美英加當局聯合聲明：美、英、加人員合組之聯合生產資源局及聯合原料局，將於本月底撤消；聯合糧食局，或可在明年六月底裁撤。

十二月十三日

△行政院十一日上午舉行第七二四回會議，通過蠶絲公司案等。

△關於接收租界及北平使館界，外交部已擬定辦法，十一月廿四日公布。

△總農會籌備會成立各地方會。

農民協會奉命，改組爲臺灣省總農會籌備會後，即成立辦事處，各等分會亦改爲各該地農會籌備會。

△臺灣特有之女人姓名中之「氏」字，可於修正戶籍簿時除去。

△德境美軍當局定明年一月一日起，將美佔領區內之行政，交德人自行負責。

△美國渴望駐伊朗盟軍至遲於明年三月撤退（伊北部，蘇軍約七萬五千人）。

△五年來美對我貸款數。

美商務部報告稱：自一九四〇年至一九四五年六月卅日止，美國共付中國現款九億三千六百萬美元，同期美向世界付款共計一百卅億四千四百萬美元。

△爪哇入交戰狀態，英軍及印度尼西亞軍激烈戰鬥中。

十二月十四日

△經濟總署廣東分署，計劃建設珠江一大堤防。

△美國務卿貝爾納斯十二日離美赴莫斯科，出席美英蘇三外長會議。

△法國制憲會，十二日通過銀行國營案。

△日本建造商船限制五千噸以下。

十二月十五日

△中蘇繼續商談，我國軍事代表團團長梁彥平，十二日與蘇軍參謀特洛曾科中將，繼續商談我軍空運技術問題及行政接收手續問題。

△三外長會議十五日開幕，遠東、伊朗問題為討論主題。

△伊朗總理將赴莫斯科與蘇政府直接談判。

△伊朗北部亞塞爾拜然省之最大都會大不里士，被叛軍包圍。

△前菲律賓日軍總司令本間雅晴，十三日夜被押到馬尼剌受審。

十二月十六日

△行政院各機關首批還都辦事人員一千二百四十人，截至十四日止已大部份到京。

△日本臨時議會通過三種要案。

△日首相幣原首次承認日本為侵略戰爭。

日首相十四日在貴族院稱：「此為侵略之後果，日本國外財產，應為盟國奪取，以為賠償。」

△遠東顧問委員會十四日閉會。閉會時宣佈成立四小組。

△委員會（戰罪委、民主程度委會、修憲委會、在日外籍人民委會）將在美續開討論。

△英拒絕修正英暹和約。

△英美信用貸款協定，十四日通過美下院。

△英法對近東事件，十四日簽訂協定。

△駐韓美軍司令霍奇二級上將，認韓人民共和國爲不合法。

△英軍十三日晨將貝卡西村內所有印度尼西亞人房屋焚燒殆盡，以報復該地民族運動者之殘殺。

△麥帥命令日本政府，含有宣傳毒素教科書應刪除。妖言惑衆之「神道教」即予廢止。分配民衆食物必須人人平等。

△日本農林省發表統計，日皇土地達一萬二千英畝，相當於擁地最多者之三倍。

十二月十七日

△政治協商會議，全國各政黨會於一堂，商討國內統一問題之政治協商會議，如無意外事件發生，本週內可舉行，由蔣主席爲議長。

△聯合國永久會址，聯合國籌委會十五日以三分之二大多數，通過將聯合國永久地址設於美國。

△關於解決暹羅問題，美國務院與英大使館之間，刻正進行商談。英最初對暹羅所提條件，事實上使暹羅降爲半殖民地，然而美對暹立場，係對於暹羅之門戶開放，希望維持暹羅爲東南亞之獨立國。

△立法院十四日舉行第四屆第二九〇次會議，通過修正戶籍、地政等法案。

△近衛畏罪自殺，盟軍總部十五日宣布，日前首相近衛文磨吞服毒力極烈之氰化鉀自殺。

△本日臺灣省行政長官公署以署民字第六五四六號公布「臺灣省日僑省內遷移管理暫行辦法」。

十二月十八日

△行政院令各機關交還被敵強侵佔之財產與業主。

行政院通令所屬各機關，對於前被敵僞強佔之人民產業，於接後屬於漢奸者外，應一律發還業主領管，不得侵佔，否則依法嚴辦。

△杜魯門總統發表美國對華政策。

十五日美總統發表對華政策略稱：要補助中國建立強大統一民主國。美軍在華唯一任務爲徹底清除日本在華潛在勢力，並協助中國走向統一民主大道，促成中國政治團結之詳細步驟，必須由其國人民自行愼重釐訂。

十二月十九日

△聯合國組織籌備委員會設立經濟社會理事會，以解決各國有關經濟社會問題。

△美駐華特使馬歇爾元帥，十六日清晨抵檀香山，定於晚間續飛赴重慶。

△在臺日官兵即遣返日本。

臺灣省警備總司令公報第卅五號稱：臺灣地區解除武裝後之日軍官兵，即將次第遣送返日，利用留日臺胞返省船舶到達後實行。

△食糧禁止私運出省，省內仍可自由流通。

本省自十一月卅日公布，禁止食糧私運出省辦法，但省內依然可以自由流通。

△三外長正式會議開始。

莫斯科當局發表公報謂：三國外長會議已於莫斯科開會，美國務卿貝爾納斯、英外相貝文、蘇外長莫洛托夫，十六日舉行首次會議。

△日臨時議會閉幕。

十一月二十六日召開之第八十九回臨時議會，已延長會期四日，共費時二十二日，於十八日閉會；此次議會在盟軍統帥部監視之下，將選舉法、農地調整、勞働工會等法案通過。

△伊朗自治份子十七日組織臨時內閣。

△國際職工聯盟會開會。

十六日，國際職工聯盟理事會於倫敦舉行會議，我國代表亦出席此會。

十二月二十日

△行政院第七二五次會議，於十八日舉行，通過水產公司等案。

△陷敵各省豁免田賦。

國民政府爲念抗戰以來人民負荷加重，財產橫遭損失，尤其淪陷區同胞所受之痛苦更甚，本年九月三日發布命令，凡經陷敵各省區，豁免本年度田賦一年。

△本省設九個省轄市。

臺北爲一等市；高雄、臺中、臺南、基隆爲二等市；新竹、嘉義爲三等市；彰化、屏東爲四等市。

△三外長十七日開第二次會議。

△美向救濟總署捐獻已達二十七億美元。

△美當局表示不滿伊朗新政府之成立。

美國政府確信最近成立之伊朗亞塞拜然省國民政府，並非由自然而自願之運動所產生。

△十八日在橫濱開始日戰犯審判。

△原定在菲島處絞刑之山下奉文暫緩處刑。

△公署通令本省各地公會堂改為「中山堂」。

十二月二十一日

△美國電力專家二十日抵臺，協助改進本省電力事業。

△貝爾納斯及貝文訪晤史達林委員長，第三次三外長會議在祕密中進行會談。

△伊朗總理將赴莫斯科。

伊朗總理哈基客斯昨日稱：將赴莫斯科呼請美英蘇軍隊儘速撤退伊境。

△聯合國籌委會全體會議，決定聯合國大會將延期。

△英上議院十八日通過布里敦森林協定及英美貸款協定。

△鮑萊委員發表日皇與市民同等將要受賠償之處置。

△日本共產黨總選舉候補者。

十九日決定候補者如下：德田球一、伊藤憲（東京）。須永甫（崎玉）。內野竹千代、中西伊之助（神奈川）。安田德太郎（京都）。志賀義雄、橫田甚太郎（大阪）。長尾有、井口政雄（兵庫）。

十二月二十二日

△馬歇爾元帥二十日抵上海，爲欲謁見蔣主席，由滬出發赴南京。

△行政院令各省市施行緊急禁煙法。

△救濟總署分配食美。

總署明年將分配食美七十二萬噸（合九百萬擔）予我國，於明年一月至六月中能陸續運來。

△美英蘇三國外長，二十日舉行第五次會議。

△美國決允許菲人於一九五四年獨立。

△麥克阿瑟元帥令日本延期總選。

△麥帥發表佔領日本基本目的：

一、實行日本無條件降服及履行波茨坦宣言。

二、建立日本人民自由意志選定之政府。

三、日本之總主權限定於本州、北海道、九州、四國及包含本州附近之千餘之小島嶼。

四、掃除軍國主義及其影響。

五、獎勵建設民主主義之輿論代表機關。

六、恪守最高司令官之命令，建設平和而民需之經濟。

七、保護個人之財產、歷史、文化、宗敎上之物件。

八、在不侵害軍事範圍內認定言論、宗教、及集會之自由。

十二月二十三日

△法制委員會發表臺灣省行政機構組織。

△臺灣警備總司令部，令日俘外出應帶佩證。

△法議會外交委員會要求與西班牙絕交。

△十八日，聯合國籌備會通過設立「麻醉品管理會」。

△麥帥總部令日政府，將其自一九四一年至一九四五年間，曾製造牽引機之數量報告。

△外長會議討論中心。

莫斯科三國外長會議之討論重心，自伊朗至土耳其問題，廿日蘇聯要求收回被土耳其佔奪之史達林故鄉。

△奧新議會兩院，廿日選奧社會民主黨領袖倫納爲總統。

十二月二十四日

△駐華美軍總司令魏德邁呈遞備忘錄與蔣主席，對中國共產黨指責美軍協助國軍襲擊共黨予以否認。

△美英蘇三國外長，廿二日舉行第六次會議，對特殊問題之討論極爲秘密。

△各國均已表示準備簽署布里敦森林貸款及國際開發銀行協定。

△麥帥令日皇室現存財產一併要課稅。

△越南政府主席胡志明，廿日命令總選於明年一月六日舉行。
△本月在菲臺胞八百多名乘夏月號入基隆港。

十二月二十五日

△全省省區劃分八縣。
行政長官公署決定依照原有之五州三廳設立臺北、臺中、臺南、新竹、高雄、花蓮、臺東、澎湖等八縣政府。郡改爲區署，街改爲鎮，庄改爲鄉，街庄役場改爲鎮鄉公所；鎮之下，以二百戶左右編爲一里，設里辦公處，鄉之下以一百五十戶左右編爲一村，置村辦公處，凡一村里不得少於一百戶，多於三百戶。縣府明年一月開始成立。
△美英二國二十二日承認南斯拉夫鐵托政府。
△美英間進行關於英暹協定問題之談判。
△匈牙利議會，廿一日通過蘇匈商約。
△美英蘇三外長，廿二日舉行第六次會議。
△世界職工會，廿三日決定明年三月派遣六人代表團赴日並將訪問我國，促進聯盟與我國職工運動之合作。
△聯合國籌備委員會，廿三日通過聯合國之永久地址應設在美國東海岸。
△伊朗政府軍一部向自治軍投降。
△聯合國救濟總署長李門稱：總署擬定對中國（包括臺灣，臺灣將爲中國救濟計劃十五行政區域之

一）捐款六億七千五百萬美元。

十二月二十六日

△省教育處公告臺灣省各級學校學年學期假期劃一辦法。

△聯合國籌備委員會廿四日閉幕。

△伊朗新政府開始執行任務。

據十六日德黑蘭訊：伊朗亞塞拜然國民政府業已執行任務，十五日阿達比爾城之駐軍已整個向新政府投降。

△蘇聯向土耳其要求將黑海沿岸約一八〇哩之地域割讓蘇聯。

△廿五日在臺日俘五百十二人乘夏月號回日。

△盟國賠償委會開始公開會議，關於德國賠償之分配業已締結協定，應分得此項賠償者計有十八國。

十二月二十七日

△臺灣省行政長官公署，公告臺灣省廢除租稅一覽表，廢除雜稅十二種，如下：一、特別行為稅。二、特別入場稅。三、骨牌稅。四、出港稅。五、特別法人稅。六、建築稅。七、織物消費稅。八、廣告稅。九、資本利子稅。十、利益配當稅。十一、公債及社債利子稅。十二、外貨債特別稅。

△東北國軍越北鎮前進，廿四日上午，完全佔領打虎山黑山。

△關於本省幣制問題。

廿六日在記者招待會，陳長官發表：關於本省幣制問題，奉到中央命令由臺灣銀行發行新臺幣，現在積極準備中，一俟新臺幣印就，即可將現時流通之臺幣收回。

△行政院第七〇二次會議於廿五日舉行，通過續撥農業貸款十億元案等。

△行政院電令各戰區軍隊駐在教堂者，限一個月內退出各地教堂。

△中荷新約生效。

中荷新約於民國卅四年五月廿九日在倫敦簽訂，中荷兩國政府十二月五日在重慶正式互換批准，自此日起發生效力。

△美英蘇三外長發表報告。

三外長會議所發表之報告內稱：對於羅、保及匈、芬之和約獲得協議，並邀請中法兩國加以同意；又預定於一九四六年五月一日以前，召令以軍事力量參加歐洲對敵作戰之各國（即美、蘇、英、中、法、澳、比、白俄、巴西、希、荷加、紐、挪、波、烏、捷、阿、南、南非各國）外長會議。

△日政黨多如牛毛，新成立之政黨達四十餘單位。

△廿六日，在臺日俘二百五十四人乘護航艦四四號回日。

十二月二十八日

△東北國軍進入打虎山後，已進駐東家莊，在打虎山車站東北約廿華里。

△中國陸軍總司令部制定「中國境內日軍部隊公私款項收繳辦法九條」。

△本省各縣縣長派定。

臺北縣長代理陸桂祥，臺南縣長代理袁國欽，新竹縣長代理劉啓光，臺中縣長代理劉存忠，高雄縣長代理謝東閔，花蓮縣長代理張文成，臺東縣長代理謝眞，澎湖縣長代理傅緯武。

△臺灣省警備總司令部二十七日公報第四十二號，規定「民間武器繳收及管制辦法」。

△行政長官公署二十七日公布實施「臺灣省日僑管理委員會組織規程」，民政處長周一鶚爲主任委員。

△對於實現韓國獨立計劃，美蘇兩方之意見。

傳蘇聯主張韓國應付國際託管受治，但美遵守開羅宣言業已許諾韓國應獲獨立之政策。

△麥帥二十七日令日商店呈閱每週統計，使盟軍總部得隨時獲悉日本經濟之內貌。

△伊內長法希美，遵王命於廿五日呈請辭職。

十二月二十九日

△國民政府與中共代表二，七日商談討論停止軍事行動諸問題。

△臺灣省行政長官公署訓令縣市府遵行「臺灣省各級民意機關成立方案」。

△據最近估計，日皇室財產達十五萬萬。

△據華盛頓訊，美法即將進行財政會商。

△美英蘇三外長會議圓滿閉幕。

美英蘇三外長會議，進行迄今已逾二旬，廿七日散會。

十二月三十日

△臺灣省行政長官公署以署法字第七六一號，公布「臺灣省電影審查暫行辦法」。

△臺灣省專賣局，二十七日公告「違反專賣法令私貨登記封存辦法」。

△美英蘇三國外長會議發表公報：三外長對於原子彈運用之非法、日本之管制、朝鮮獨立之恢復及羅馬尼亞與保加利亞政府的武裝擴展，均已獲得協議，決定將遠東顧問委員會改爲遠東委員會，蘇聯亦予以參加。

△遠東委員會組織內容：莫斯科三外長會議中對於遠東各項新組織之遠東委員會，將由蘇、英、美、中、法、荷、加、澳洲聯邦、紐西蘭、印度及菲律賓推派代表組成，其主要任務在管制日本問題。

△韓國設聯合託管制。

朝鮮人民勉強接受此次三外長會議對朝鮮設立聯合託管制五年的決定，希望列強能立即將朝鮮設立臨時委會，準備由朝鮮人民建立的民主政府。

十二月三十一日

△聯合國第一屆全體大會，一九四六年一月一日在倫敦舉行。

△濟南開始逮捕漢奸，百餘人落網。

△英荷關於印度尼西尼問題進行會談已結束，英政府重申協助荷蘭盟邦。

△駐伊朗美軍，決定元旦前撤回。
△日本政府決定月底開徵戰時利得稅及財產稅。
△麥帥總部二十九日發表外長會談公報全文，其中有關於原子能問題，關於遠東委員會問題（包括日本委員會、朝鮮問題、中國問題）。

一九四六年

一月一日

△臺灣省貿易公司公告「基隆、淡水區暫行登記收購食糖辦法」。
△民國三十四年除夕，陳長官廣播三十五年的三大建設（政治建設、經濟建設、心理建設）。
△本日上午十時半，在中山堂舉行慶祝三十五年元旦及民國成立紀念大會。
△「臺北號」命名典禮——本日下午二時半在基隆港第三碼頭舉行。臺北號原名大雅丸，戰時被炸，沉沒在基隆港第九號碼頭，現已修理完畢命名爲「臺北號」。
△長官公署鑑於近來臺北市物價愈高，特命民政處、警務處、市政府平抑物價·;自本日起，旅館、理髮店、舞場、電影館、菜館、食攤等實行公定價格。
△中美英法蘇軍事首領會議。
五強軍事首領，因爲要討論國際軍隊的組織，本年一月中將在倫敦會商。

△國際聯合總會，我國出席代表決定王世杰氏，若王氏不能出席則以駐英大使顧維鈞爲出席代表。

一月二日

△昨日蔣主席向全國軍民廣播，闡示今年的努力方針，訓勉共同完成復員建設，解除民衆痛苦，要儘速實行民主憲政，鞏固國家統一，實行全民政治。

△參政會駐委會二十五日舉行臨時會議六次，審查三十五年度國家總預算草案等：，卅一日下午開最末次會，決定數案，送交國防最高委會參考。

△臺灣省警備總司令部元旦舉行閱兵。

△國共繼續會談。

卅一日下午，張群、王世杰、邵力子、與周恩來、董必武、葉劍英、王若飛繼續商談阻止衝突方案。

△遠東委員會代表四十人因要實查日本情形，飛往檀香山，卅一日乘美船前往東京。

△美國務院稱：簽准聯合國憲草的五十一國已經完成最後的手續，各簽准國都做聯合國組織的創始會員國。

△蘇聯與法國，於二十九日簽訂五十年間通商協定。

△前月卅一日，日本情報局廢止。

△美國務院稱：約值六百萬美元的伊朗境內剩餘鐵路設備，聯合國救濟總署購運我國，以備中

國戰後經濟建設之用。

一月三日

△中樞於一日上午九時慶祝卅五年元旦，蔣主席勗勉文武官員：要迅速復員，講求行政效率，分層負責樹立建國風尙。

△長官公署調查制定本省各縣區署的等級和員額如下：㈠轄區有六鄉鎮以上爲一等區署，四及五鄉鎮爲二等區署，三鄉鎮以下爲三等區署；㈡區署員額一等六十名，二等五十名，三等四十名。

△國民政府一月一日公布「國民大會籌備委員會組織條例」。

△自本年起高山族原有教育所一律改爲國民學校。

△美國邀請十四國（澳洲、加拿大、古巴、比利時、盧森堡、巴西、中國、捷克、法國、荷蘭、芬蘭、南非聯邦、英聯合王國、蘇聯）參加聯合國初步會議。

△麥克阿瑟反對莫斯科三外長會議所決定的聯合管制日本方式。

△蘇聯人民委員會史達林委員長，於上月卅日接見中國東北外交特派員蔣經國，晤談甚久。

△越南民主共和臨時政府（即越南政府），本年元旦正式改組爲越南民主共和臨時政府，主席胡志明，副主席阮海成。

△英暹和約於本年元旦在新加坡簽訂，兩國即將恢復正常關係，並互相派遣外交代表，自一九四一年十二月八日以後暹羅自英所奪的領土權益一律無效，暹羅又請求加入聯合國組織。

一月四日

△國民政府一日令修正懲治貪污條例條款。

△本省臺中縣梧棲鎮的新高港改名爲「臺中港」。

△我國出席聯合國大會代表張彭春及專門委員葉公超，一日飛往印度，轉赴倫敦。

△航空委員會對我空軍的發展正積極推進，近日在上海分別訓練飛行、機械、勤務三項人員；飛行人員七十餘人，機械人員二百餘人，勤務人員五百餘人。又在美國受訓練的飛行機械人員有二百七十人，其他待船出發美國受訓練的我國空軍人員一千二百人。

一月五日

△臺灣省鄉鎮組織規程草案公布。

△外交部次長劉鍇二日宣稱：蘇聯軍撤出東北，擬在二月一日完畢，哈爾濱及遼寧的蘇聯軍指揮官，已經將該兩都市行政權正式移歸國民政府。

△麥帥管制日本報告書——美陸軍部三日發表關於麥帥管制日本的報告書，其中含有關係日本全盤的報告，謂日人已經明瞭民主的意義，並深知戰爭殘酷的事實，日本經濟力愈降下，所以本年必須輸入三百萬噸的糧食，才可以救濟糧食的不足。

△蘇聯駐美大使葛羅美柯，爲遠東委會代表；狄里夫樽柯中將，爲日本委會的代表。

△美國務院四日宣布：至十二月三十一日截止期間，簽字布里敦森林協定已有三十五國，約占全地球各國百分之八十，惟蘇聯尚未簽字。

△法國議會社會黨、共產黨反對國防預算案，戴高樂以總辭職脅迫，成立妥協避免危機。
△日本共產黨決定將參加總選舉，主旨在打倒日皇，建立民主政府。
△二日夜，因爲荷軍意圖奪取印度尼西尼總理沙利的汽車，但因英兵二人阻礙致其計劃失敗，又同夜在巴達維亞美斯特考那利斯區，發生衝突，槍聲劇烈。

一月六日

△行政長官公署舉行縣長座談會，討論今後縣政方針。
△法國領事侵權違法。前法公賣局法籍職員卡可平諾，去年十二月三日被法領事警察逮補拘禁。本月三日法國白爾丁巡洋艦未通知我方，擅自載納粹人犯卡可平諾離開上海，我國外部駐上海辦事處，對法國駐上海總領事，嚴重提出抗議書。
△麥帥四日發布兩大指示，積極解放妨害日人自由及民主主義，驅除發生世界戰爭的機關。
△美政府組成日本財閥調查團，三月從舊金山出發赴日本。
△美國將「泛美軍事聯防條約」的建議，傳達美洲諸國，這項條約將交付定於三月十五日及四月十五日間在里約熱內盧舉行的西半球各國外長會議討論。

一月七日

△五日下午，國民政府代表與中共代表，繼續商談關於阻止軍事衝突，恢復交通問題的方案。
△糧食部令各省市禁止追徵田賦——各收復省市本年度田賦糧已經政府命令全部免納，其在淪

陷期間被敵僞徵享的糧賦，並准由人民持完納憑證向當地主管機關申請登記，以備政府對敵清算。

△四日，聯合國大會已經一切準備完了，維持世界安全及和平的新世界組織，定本月十日下午四時在倫敦開會。

△因麥帥四日指令日政府，驅逐從事戰爭之團體首腦者，在日本貴族院議員中，合於此項而應該被驅出者，與已列入戰犯，總計六十餘名，幣原內閣也被影響，將改組或是被迫辭職。

△聯合國救濟總署巨船五艘，載第一次醫藥物品達十萬萬噸到我國。

△臺灣民衆協會第一次代表大會，於六日下午一時舉行成立大會，該會是由臺灣革命團體、文化會、民衆黨、工友總聯盟、工友協助會等所組成：其目的在協助政府，推行政令，完成地方自治，復興經濟建設：當日到會各縣代表一四五人，來賓十六人，推選張邦傑爲臨時主席。

△青年團中央直屬臺灣區團部籌備處，爲謀與全省婦女界聯誼，本日舉行本省婦女聯誼大會。

一月八日

△政治協商會議辦法公佈。

國民政府爲求和平建國、安定國家統一，實行全民政治，決定於憲政實施前，召開政治協商會議，召集各黨派代表及社會賢達，共商國是：茲公布國民政府召開政治協商會議辦法，會員計三十八人，其中國民黨八，共黨七，青年黨五，國社黨二，無黨派九，其他七。

△國民政府三十五年一月三日公布「修正人民戶籍法」。

△國府外交部宣稱：外蒙古共和國已由人民投票決定獨立，國府已經正式承認其獨立。

△越南歷史上第一次全國總選，六日在越南臨時政府主持下舉行，胡志明所領導的越南獨立同盟會在選舉中獲得優勢。

△美暹邦交恢復——美國與暹羅的外交關係六日起正式恢復，美暹是在一九四二年一月二十五日暹羅對美宣戰以來斷絕外交關係。

△埃及財政部長烏斯曼（前埃及憲政黨員，國家主義者）五日在開羅被人槍擊。

△馬歇爾特使於五日往謁蔣主席。

△國民政府公表：關於停戰問題的國共交涉，在五日的會談已經決定。

一月九日

△政府代表張群，中共代表周恩來，美駐華特使馬歇爾七日晨在怡園會談，對於停止衝突，恢復交通，受降及遣俘等問題交換意見。

△土耳其大學生千餘人，六日遊行示威，反對蘇聯喬治亞共和國，對於土耳其邊省的領土要求。

△遠東委員會訪日團於十日前後可能到日本，我國代表團是朱世明及楊雲竹二人。

△在美國內的日俘，決定至本月十五日全部遣送返國。

一月十日

△政府代表張群，共黨代表周恩來，馬歇爾特使，八日晨繼續商談。

△本省國民學校依本國學制一律爲六年制，一、二年爲低年級，三、四年爲中年級，五、六年

爲高年級，廢除高等科，擴張初中學生。

△美國務院七日稱：今夏預定在聯合國支持下舉行國際通商會議，已經聲明參加會議者有中、英、蘇、法、澳、荷、印、加、古巴、紐西蘭、捷克、南非等十二國。

△本省去年十二月份石炭產量達五萬三千餘噸，比較九、十兩月每月一萬五千餘噸，有數倍的增加。

△希臘七日發表：美貸希臘借款二千五百萬美元。

△臺中、新竹縣政府本日成立，臺南縣政府七日成立。

△澳洲首相七日夜發表：預定二月底要參加日本進駐，占領區域爲廣島，占領軍力陸軍三個旅團，空軍三中隊；但還沒接受美國政府的正式承認。

一月十一日

△行政長官公署以署民甲字第一九三號公布「臺灣省各縣政府辦事細則」。

△本省教育處公表：「臺灣省國民學校暫行教學科目及教學時間表」。

△花蓮縣政府本日舉行成立典禮。

△蘇聯已完成原子彈——阿瓦特博士於八日在倫敦對記者團談話：蘇聯已經完成原子彈的製造，尙且比較美軍在日使用的原子彈，更具有驚人的成就，一粒可能破碎五十三哩。

一月十二日

△英驅逐艦於上週末，砲擊印度尼西亞軍陣地。

△臺灣省行政長官公署，十一日公布「修正臺灣省行政長官公署管理糧食臨時辦法」，自本日起停止配給，任省民自由買賣，禁止輸出糧食出境。

△政治協商會議開幕。

國民政府領導全國軍民抗戰，獲致勝利後，爲求和平建國，實施憲政，而召集各黨派代表及社會賢達，共商國是的政治協商會議，十日上午十時在國民政府禮堂開幕，蔣主席親臨主持，出席會員三十六人（三十八人中，二人缺席。）

△政府代表張群及中共代表周恩來，關於停止衝突、恢復交通，商定辦法，雙方已經分別向所屬部隊頒令立刻停止戰鬥行動，並設立由政府、中共、美國共同組織的軍事協調處執行部於北平。

△聯合國全體大會首次會議。

聯合國五十一國代表，爲防止將來戰爭工作，十日下午四時在倫敦開始第一次會議，其會議課題如下：一、管制原子能問題。二、安全保障理事會問題。三、選任事務總長及聯合國大會幹事問題。四、依第一次大戰的委任統治地設託治理事會與否的問題。五、關於戰地各國難民，聯合國應迅速爲供給居住的問題。六、關於聯合國地址問題。大會出席代表共有二千五百名。

△我國首任駐阿根廷大使陳介定，十一日赴任。

△我國新任駐爪哇總領事蔣家棟，九日夜赴巴達維亞。

△法外長皮杜爾及英駐法大使，九日在法外交部正式簽字，於英法關於重建丹吉爾爲國際區的協定。
△行政長官公署訂定「接收戶籍注意事項」。
△高雄縣政府，十一日舉行成立典禮。
一月十三日
△政治協商會議第二次會議，十一日仍在國府舉行，議決組織軍事考察團問題。
△公署訂定「本省省立各學校第二學期招生辦法」。
△臺灣省警備總司令公報：非軍人禁止穿著軍帽、軍服及類似軍服的草黃色服裝。
△陳長官命令廢止農具統制，任臺胞經營的鐵工廠自由製造。
△聯合國大會第二日會議，進行成立安全理事會。
△美國政府今春欲開世界貿易會議預備會，現已通告，參加者達十三國。
△日本失業者達三百二十五萬人（據去年十二月一日實施的全國臨時國民登錄）。
一月十四日
△政治協商會議，十二日上午九時舉行第三次會議，通過何基鴻、林可璣、王葆眞、章元善、李德全、周炳琳、杜斌等八人爲軍事考察團代表。冷適、林虎、張爰若、任鴻雋四人爲候補。
△行政長官公署，因要成立本省各縣市府及縣以上各級機構，及結束原有機構起見，將訂定各項移接辦法，訓令所屬遵照辦理。

△美國明年度預算額四百億乃至五百億美元左右，比本年度預算九百三十九億美元，僅達其一半。

△聯合國大會十二日開第三日會議，貝爾納斯在大會中首次發言，猛烈反對蘇聯所提議的將安全理事會選舉延至下週一案，同時在會中以三十四票對九票否決此案。

△匈牙利前總理巴多賽，十一日受槍決。

△幣原內閣受麥帥的指令開始改造，到十二日完成改組工作，同夜舉行新閣僚親任式。堀切內相，前田文相，松村農相，田中運輸相，次田國務被追放，松本國務暫時留任。新人閣僚，三土忠造任內務兼運輸相，安倍能成任文相，副島千八任農相，其外有書記官二人。

△日本進步黨十二日表示支持改造內閣。

一月十五日

△政治協商會議第四日，由陳立夫、董必武、陳啓天、梁漱溟、王雲五等會員組成的五人小組，根據本會議辦法第三條的規定，議題分爲政治、軍事、國民大會、憲法草案四類。

△美國船隻大小十一艘，十二日到上海將售予我國。

△阿根廷駐華大使阿斯博士十日到上海。

△本省地方行政幹部訓練團教育係中等學校師資訓練班，十四日起開訓。

△臺灣省警備總司令部公布「軍風紀督察審判團規程」。

△國際聯合國大會第三日（十二日）選舉澳洲、巴西、波蘭、荷蘭、埃及、墨西哥六國爲非常任

理事國。中、美、英、蘇、法五大國爲安全理事會常任理事國。
△美軍司令部十六日發表：認爲無必要的日本機場將改爲耕地，以期糧食增產。
△麥帥指令日本總選舉要在三月十五日以後。
△盟軍總部擬測量日本本土及諸島嶼及製造地圖。
△臺灣省及前旅居祖國一部分臺灣革命志士組成的臺灣民衆協會，於本月六日召開全省代表會議，七日議決協會今後應採取的態度：一、推行三民主義。二、協力建設新臺灣。三、擁護蔣主席及陳長官。四、受臺灣省黨部領導。五、與三民主義青年團聯絡，協力維持地方治安等。

一月十六日

△政治協商會議十四日第四次會議中，提出擴大政府組織方案，王世杰詳細解釋此案的內容。
△行政長官公署公布「臺灣省鄉鎮代表會組織規程」及「鄉鎮民代表選舉規則」。
△國共兩軍自奉停止軍事行動命令以來，各地一律遵照，於十三日上午十二時後均一律停止軍事行動。
△安定收復區的教育——教部對於設在後方專科以上學校籍隸收復區教員的安定，及學生的還鄉轉學，近已分別擬訂辦法，呈請行政院核示。
△財政部鹽政總局總視察曾仰豐氏，十五日奉令飛到臺北，晉謁陳長官洽商重要公事。
△聯合國組織委會十三日舉行全體會議。統籌小組委會，十三日下午集會討論聯合國救濟總署

問題，提交經濟財政小組委會，原子能問題提交政治安全小組委會。

△美海軍部十三日宣稱：美國於戰後時間仍要保持世界最強大的海軍實力，並為建立近代化及最強的作戰力量計，美戰後艦隊將擁有一〇七九艘的戰艦。

△朝鮮人民約一千人，十三日遊行示威，以抗議莫斯科會議置朝鮮於四國託管制的決定，這就是二週來反對託管制的第三次遊行。

△臺灣省警備總司令部一月十五日公報：定一月十六日至二十九日舉行全省漢奸總檢舉。

一月十七日

△臺灣省行政長官公署，十四日公布「臺灣省查禁私運食糖出省辦法」。

△長官公署工礦處公告「水泥配給暫行辦法」。

△政治協商會議於十五日上午九時舉行第五次會議，討論施政綱領問題，各黨派及無黨派代表提出正式提案，交換意見。

△政治協商會議第四次會議中，青年黨代表曾琦等五人，提出改革政治制度、實行政治民主案。

△蔣主席十五日指定政治協商會議分組委員會（政治組、軍事組、國民大會組、憲法草案組）委員名單。

△監察院閩臺監察使楊亮功氏、閩省府顧問陳公銓、我國文化界鉅子黎烈文，十六日乘輪到臺。

△聯合國大會十四日晨投票，決定經濟與社會理事會十八理事國的任期，我國獲票最多，任期為三年。

△世界各少數民族，紛紛提出意見要求聯合國大會解決關於西班牙、印度尼西亞、猶太、北愛爾蘭等諸問題。

△東京各小政黨陣營，展開民主共同戰線。

△臺灣省縣市村里大會，開會規則公布。

一月十八日

△政治協商會議第六次會議。

第六次會議於十六日上午九時舉行，到會的會員是王雲五等三十人，議題以軍事問題爲中心。

△臺灣省警備總司令部，一月十七日公布「人民檢舉告發日軍官兵罪行辦法」，其內容是臺灣受日統治期間內，曾受日軍官兵的非法侵害者，都能向軍審訊機關告訴。

△臺灣省行政長官十七日令廢止「臺灣石油專賣令」，「臺灣總督府專賣局管制」，「臺灣總督府專賣局分課規定」等。

△中暹談判——十四日下午由我代表李鐵錚與暹羅代表溫惠泰耶公，在暹外部談判，著重樹立中暹外交關係問題。

△聯合國安全理事會，十七日下午舉行首次會議。

△蘇聯籌謀極東計劃——致力開發庫頁島（樺太）及千島列島。

△台北縣政府成立——台北縣長陸桂祥因未到臺，十六日派連震東氏爲代理縣長，在台北州接管委員會原址成立縣政府。

△美國第七十九議會十四日開第二屆會議，會議中心是內政問題。

一月十九日

△政治協商會議十七日開第七次會議，討論國民大會問題。

△日本貴族院將改稱上院或是參議院。

△美國對日賠償使節團自去年十一月七日到日以來，實地調查日本本土及中國、韓國、菲島各地，已經完成任務，一月十八日離開東京赴華盛頓。

△麥帥十七日聲明，不支持日本國內特定的政黨，聯合軍最高總部只是希望日本各政黨都是民主主義。

△法新任駐華大使栖理靄，十七日上午十時在國府謁見蔣主席，呈遞國書。

△日本在東北十四年來的建設，全部精華都在瀋陽，其工廠達三千餘所以上。

一月二十日

△政治協商會議於十八日舉行第八次會議，繼續討論國民大會問題，軍事組、政府組下午開會討論各屬問題。

△聯合國組織大會十六日舉行全體會議，對籌備委員會報告，進行一般性的辯論，伊朗代表請聯合國大會干涉伊蘇爭端。

△中暹外交談判十六日開第三日的討論，本日談判將締結兩國近兩世紀來所無的中暹友好條約。

△澳洲及紐西蘭政府提出戰犯名單，其中日皇也在內。

△日本一老人熊澤廣道（五十六歲）自稱渠乃日皇室正統，現在日皇祖先是在五百五十四年前，以陰謀及暗殺篡奪其祖先的王位。

△美蘇現在進行秘密會談，其會議議長及委員會名稱都不發表。

△杜魯門大統領最近對新聞記者稱：美國由日奪取的太平洋諸島嶼將要委國際聯合信託統治，但軍事上重要島嶼將由美國單獨施行信託統治。

一月二十一日

△政治協商會議第九次會議，於十九日上午九時舉行，討論憲章問題。

△政治協商會議分組委會施政綱領組，十九日在國防最高委會開會。

△麥帥令日政府設置由管理人組成委員會，由最高司令指導處理舊殖民地廿三銀行的事務。

△聯合國大會自十日開會以來至十九日晚上第十四次全會爲止，有經過三十一國首席代表的發言，茲因加速進行各項辯論，十九日決定於晚間舉行特別全會，定於廿一日正式進入小組委會。

△澳總理吉天萊十九日宣稱：澳洲準備與聯合國大會談判，協定將新幾內亞及那蘆二島置於國際託管之下。

△中暹談判——我國代表李鐵錚與溫惠泰耶公的談判，已進入最後階段，談判的主要問題：一、華僑教育問題；二、中國人民入暹問題；三、暹羅華僑選擇職業及住地的自由問題。

△美貸華三千三百萬美元，以復興我國紡織工業。
△盟軍總部十九日又令捕日軍官百餘人。
△法議會十八日一致決議與西班牙斷絕國交。
△自日本投降後，救濟總署已運來我國的種子達二百五十噸。

一月二十二日

△行政長官公署，十九日公布「臺灣省專用電氣通信設備申請裝置辦法」。
△美國聲明以唐吉依、喀麥隆及突谷蘭三地，置於聯合國託管制。
△美國務省遠東司長廣播：韓國欲免託管統治，宜早建立以代表主要各政黨的韓人所組織的臨時政府。
△匈牙利首相十九日呼請全國民如下：匈牙利在過去三十七年間，爲無君主的君主國，但本月底諒必變成共和國，定次期國會能起草新憲法。
△麥帥十九日頒令保護，自稱日皇正統的熊澤廣道，因盟軍總部當局與日本歷史家進行研討後，已判斷現在日皇裕仁乃爲北朝篡位者的後裔，熊澤乃是南朝日皇室正統。
△據民政處報告，迄至一月十五日，在外臺胞回省數已達一一三一七人（旅行臺胞總數計一〇五八一九人）。
△臺灣煤炭公會爲資供解決目下深刻化的炭業問題，於二十日舉行打開生產隘路的談話會。

一月二十三日

△參政會駐會委員會，二十一日上午舉行第十四次會議，朱教育部長家驊報告教育設施現狀，其後選舉軍事考察團代表。

△政治協商會議分組委會、國民大會組、憲法草案組、施政綱領組，廿一日開會協商各屬問題。

△朝鮮人民廿一日在東京遊行，要求撤消軍政及託管制度。

△據馬德里外交界稱：美英兩國與佛朗哥政府將要斷絕外交。

△法國臨時政府首席戴高樂將軍，於二十日向國民議會呈請辭職。

△菲島將於四月舉行下期總選。

△我國派赴倫敦參加聯合國參謀團會議的代表團定於本月廿三日出發，團長爲商震。

△日本陸軍省被擇定爲審判日本戰犯的國際軍事審訊法庭。

△臺北市警察局義勇消防隊，廿二日舉行成立大會。

一月二十四日

△行政長官公署公布「臺灣省公民宣誓登記規則」。

△行政長官公署令廢止日政府制訂的戰時法令四十八種。

△民政處衛生局公告「臺灣省衛生人員登記辦法」。

△行政長官公署廿三日舉行記者招待會，趙處長報告今後本省農林建設中心工作，其要點如下：一、恢復食糧生產；二、挽救蔗糖生產；三、籌劃肥料來源；四、修復灌溉地區；五、復興外銷特產；六、加強造林保林；七、復興海洋漁業；八、恢復養豬事業。

△美聯合糧食局本週向美農業部報告，估計世界缺乏食料一百萬噸。
△聯合國大會經濟及社會理事會，廿三日舉行成立大會，我國代表張彭春被派參加此重要會議。
△廿二日在巴黎舉行航空法專家的國際技術委員會，該會成立於一九二五年，目的在制訂一完備的航空私法，此次大會目的係改組該委會。
△伊朗總理哈基密斯廿日提出辭呈於國王。
△希臘十九日發生暴動。
△法議會共產黨與社會黨，建議組織一新聯合政府以繼戴高樂執政，共產黨建議以共產黨秘書長卓瑞爲總理。
△臺灣省警備總司令部，廿三日公報逮捕臺灣地區日本戰犯四十名。
△美鋼業工人廿一日要求抬高工資實施罷工，參加人員達一百二十七萬。

一月二十五日

△行政長官公署公布「臺灣省鐵路警察署組織規程」。
△行政院廿二日舉行第七三〇次例會，派周一鶚兼任臺灣省縣政參議員選舉監督。
△政治協商會議綜合大會，廿三日舉行第一次會議，對各項問題作一通盤的檢討。
△本省工礦處爲促進工廠生產，統籌電力燃料石炭的供應，並爲實施計劃經濟的初步措施起見，特舉行全省工廠總登記。
△聯合國經濟及社會理事會，廿三日舉行閉幕式。

△英美蘇三國發表聯合聲明，平均分配德國艦艇。

△中暹條約廿三日簽字，此條約係彼此互相尊重主權爲原則，共分十條，有效期間爲十年。

一月二十六日

△臺北市政府公告臺北市新舊街道名稱。

△全國一百六十五個人民團體向國府及政治協商委會議提出如下意見：一、軍隊國家化；二、國民大會代表改選問題；三、軍令政令統一；四、政府改組問題。

△本省縣市區署行政人員任用標準及任用辦法於一月十七日公布。

△法領事在上海擅捕法戰犯卞可平諾一案，經我政府嚴重交涉結果，法大使十九日提出正式覆文，自本月廿一日起在華法領事法庭一切停閉，該案遂解決。

△美軍佔領區中，德國里森數城市於廿一日舉行選舉，社會民主黨獲票百分之四十，共產黨僅占百分之四。

△英駐美大使哈里法克斯辭職。

△聯合國大會經濟及社會理事會廿三日正式宣告成立，此理事會由十八國組成。

△法國選舉業已揭曉，社會黨領袖古恩，獲選票五百五十票中的四百九十七票當選。

△麥帥總部民間情報局，廿四日指令日政府廢止公娼制度。

△本省因物價暴漲，火車票價自二月一日起抬高五倍。

一月二十七日

△政治協商會議各分組委會，連日開會，對各項問題已獲協議。

△監察院對於告發漢奸，曾發現有挾嫌誣控，或有其他企圖者，故爲防範此種誣告，特向中央建議三點。

△交通部頃舉行公路會議，歷時九日，討論運輸及車輛問題，廿五日全部議案已告完成，圓滿閉幕。

△修訂本省縣市公職候選人檢覈實施辦法公布。

△我國代表顧維鈞於聯合國大會託管小組委員會議中致詞稱：託管制下人民應獨立。

△聯合國政治安全委員會爲人類共同福利，通過組織原子能委員會。

△新選暹羅議會廿四日正式成立。

△日本大藏省廿五日宣布：盟軍佔領日本迄去歲十二月底止，已使戰敗的日本耗費七億餘萬日元。

△盟軍總部廿五日又令逮捕日本戰犯五十八人。

一月二十八日

△太平洋學會廿六日在美舉行會議，討論太平洋學會戰後政策問題，我代表團胡適博士任團長。

△聯合國安全理事會廿五日議決軍事參謀團，於二月一日召開首次會議。

△政治協商會議分組委會、政府組織及施政綱領組廿六日舉行會議，討論各組問題。

△臺灣省警備總司令部爲顧及農民生計，保持民間獸力起見，特發表「發還耕牛辦法」。

△廿六日在東京日比谷公園舉行，日本共產黨最高指導者野坂參弎氏的歸國歡迎國民大會。
△聯合國第十八次會議通過選舉程序修改案。
△美海軍部預定五月間將在馬紹爾群島舉行原子彈對艦隊的試驗，特以四十七艘爲犧牲，共值二萬萬餘美元。

一月二十九日

△美駐華陸軍總部廿六日宣布美軍回國條例，本年二月開始運返，每月回國美軍約二千人左右，同時來華替代美軍約四千人左右。
△臺灣省行政長官公署爲防止奸宄混跡入境，及人犯潛越出境起見，特訂「本省沿海進出口檢查辦法」，凡出境入境須要帶護照及證明書。
△聯合國救濟總署臺灣分署，與本省長官公署工礦處，爲救濟失業工人，並重建全省都市起見，將聯合發動都市復舊及清除工程，頃已經開始試辦。
△臺灣省專賣局爲改善販賣專賣物品業務起見，特訂「臺灣省專賣品販賣辦法」暨「查緝違反專賣法令辦法」。
△美國佔領日本島嶼及太平洋內委任統治託管問題，將與關係國直接談判。
△出席聯合國大會的伊朗代表廿七日再度申請安全理事會，調查蘇伊事端，並斥責蘇聯干涉伊朗內政。
△審理日戰犯檢察長季楠，宣布蘇聯決定要參加審訊。

△美國工協會長宣布，美繼續二十萬人罷工。
△日內相三土忠造廿七日撤除廿八縣縣長。

一月三十日

△國防最高委員會廿八日開會，通過對於人民身體、信仰、言論、出版、集會、結社的自由等有關法令的廢止及修正事項，經予詳細討論。
△本省長官公署農林處，鑒於目下糧食的緊迫，特於本月廿四、五日在中山堂召集全省有關農田水利人士一百三十多名，開全省水利事業討論會，通過「臺灣省農田水利辦法」。
△行政院卅五年一月十二日以節參字第零三九七號訓令，臺灣自卅四年十月廿五日起，一律恢復我國國籍。
△政治協商會議政府組織及國民大會兩分組委會，廿八日下午舉行會議，討論各屬問題。
△聯合國大會廿九日及卅一日將開全體大會，安全理事會亦在此兩日開會，中美英蘇法五國軍事代表所組織的軍事參謀團定二月一日開幕。
△英國新近成立經營太平洋航運的史丹航輪公司，欲獲得舊日日本專有的航運事業，另一方美國亦早思獲得此點，其戰後航運計劃，尤注意太平洋區的發展。
△伊朗新首相格葛砂爾搭廿六日就任，宣稱欲與蘇聯開始直接交涉。

一月三十一日

△軍事調處執行部徐州小組，連日進行調處停止衝突辦法，國共雙方廿八日獲得協議。

△希臘通知安全理事會，呼請英蘇兩國避免因希臘而生誤解。

△聯合國大會社會文化慈善小組委員會，廿九日開會討論難民救護問題，會議中猶太代表要求受納粹殘害的猶太人重返巴力斯坦。

△因麥帥一月四日發布請除命令，致廿八日日本貴族院議員六十九人決定自動辭職。

△在馬尼剌的太平洋方面，美陸軍總司令部自廿八日開始移師於東京。

△日本總選舉定於三月卅一日舉行，於四月二十日左右開始總選舉後第一次的特別議會。

二月一日

△行政院及軍委會因要紀念抗戰八年的艱辛，特規定本日起，每星期的上午九時全國各地同時發放警報一次。

△我國獲聯合國救濟總署撥款達七千五百萬美元。

△政治協商會議國民大會分組委員會卅日開會。

△國民大會代表聯誼會定於五月五日召開，關於修訂憲章及建國實施方案等問題，事前要交換意見，特定於四月四日在京先召開國民大會準備會。

△前月三十日聯合國安全理事會討論關於蘇伊爭議問題，並一致推薦挪外長賴伊，任聯合國秘書長職務。

△美政府定三月八日在喬治亞州薩那附近的威敏頓島，舉行國際貨幣基金及國際建設、開發銀行之首次會議。

△暹羅納康巴棠發生排華事件，我國代表李鐵錚提出抗議，暹政府保證此後要保護華僑。
△昨日警備總司令部公報：本省檢舉漢奸文件達三百件。
△印度總督前月廿八日傳達對議會擬定設置憲法制度會議。
△法國前月廿九日新成立保守黨（自由共產黨），該黨是反對共產黨、社會黨、人民共和黨結成的三黨共同戰線。

二月二日

△交通處航務管理局船運處公告「各航線客貨運貨表」。
△政治協商會議圓滿閉幕。
政治協商會議卅一日下午舉行第十次會議，討論政府組織、施政綱領、軍事問題、國民大會、憲法草案等五案，結果均獲得一致通過，經蔣主席致閉會詞後圓滿閉幕。
△聯合國安全理事會舉行討論蘇聯、伊朗爭端問題，英外相貝文主張盟軍應撤離伊境，支持伊朗的完整。
△新加坡卅一日以來舉行空前罷工，罷工數達廿萬人，全市一切停頓，貼「打倒英帝國主義」的標語，遊行示威。
△管制日本委員會本月中將在華盛頓舉行。
△蘇聯政府聲明不願派兵前往佔領日本。
△原臺北商業專科學校改爲省立法商學院。

△遠東委員會表明日本佔領要廿年間。

二月三日

△本省財政負責人發表本省金融機構總數，計有銀行七家，信託公司一家，產業金庫一家，保險二十六家，信用組合四百餘單位。

△盟軍總部聲明，英駐日佔領軍先遣部隊，將在近日到吳港。

△伊朗首席代表達奏沙德與蘇聯首席代表維斯基，對伊朗問題開始初步會議。

△四強管制日本委員會蘇聯代表一行六十人，前月卅日到日本。

△猶太人前月卅一日在慕尼黑舉行會議，通過決議向聯合國要求，一、組巴力斯坦爲猶太自由邦；二、停止殖民恐怖政策；三、廢除入境購地限制。

二月四日

△前月卅一日在國府禮堂舉行國民政府委員會議，檢討卅四年內國民政府所辦各重要事項。

△一日，聯合國安全理事會討論希臘問題時，蘇代表維辛斯基長要求英軍撤出希臘，謂英軍駐希乃危害世界和平；英代表貝文痛責蘇聯宣傳共產乃世界最大的禍害。

△聯合國訂定一九四六年的臨時預算，總計二千四百九十七萬八千美元。

△聯合國行政及預算委員會一日舉行會議。

△出席聯合國經濟暨社會理事會的我國代表，一日正式向理事會提出草案一件，建議召開國際衛生會議。

△聯合國軍事參謀團二月四日舉行首次會議，將討論規律軍備的制度、軍需品的分配、計劃如何建立軍事參謀團區域分團等事宜。

△匈牙利國民議會通過採用共和制案，及選任索爾坦・鐵爾底爲新大統領。

△韓國非常國民會議一日起開會。

二月五日

△政治協商會議於三十一日閉幕時已決議國民大會案全文，大會在五月五日舉行，代表總數二千零五十名。

△陳孔達四日就任臺灣省警備總司令之職。

△我國開始逮捕暹羅漢奸。

△行政長官公署爲促進地方自治、健全民意機構起見，特訂定鄉鎮民代表講習辦法。

△新聞界同人因要互相聯絡感情，發起臺灣記者公會。

△英蘇在安全理事會席上爭執希境駐軍問題，英外相對蘇聯事先未與英國做任何正式諮商，即以希臘問題提交安全理事會頗表不滿，稱英駐兵希臘是合理行動，且英國決定若完成任務，軍隊即將撤出希臘。

△聯合國大會統籌委會二日舉行會議，檢討各委會及小組委會已完成的工作。

△杜魯門二日在白宮與政府官員及主要工業代表舉行會議，以謀解決美國經濟及勞工問題。

△暹羅新總理亞拜橫二日發表新閣僚。

二月六日

△中央宣慰特使李文範氏，四日自滬飛臺，代表蔣主席宣慰臺胞，並與地方人士多多交換意見。

△軍委會代表張部長治中，暨中共代表周恩來，美駐華特使馬歇爾，自兩週以來進行關於中共軍隊整編與駐地及技術問題，預計近日內可能獲得初步結論。

△本省長官公署教育處訂定「國民教師待遇辦法」，自卅四年度第二學期起施行。

△日本靖國神社，計劃設置遊戲場的設施。

△國際參謀會議開幕。由中美英蘇法五強海陸空軍代表組成的聯合國安全理事會軍事參謀團第一次會議，於四日上午十一時在倫敦舉行。

△聯合國秘書長（前挪外長）賴伊，四日在聯合國廿二次大會中，就任聯合國首任秘書長。

△參議員戴丁斯稱：美國已發明某種大破壞性的武器。

△美國於一九四五年對十一國的貸款，共達廿四億四千八百萬美元。

△大公企業股份有限公司，五日下午三時於臺北市中山堂舉行創立總會，出席股東九百五十名，該公司股本總額爲臺幣五千萬元，股東數一五三八七名。

△伊朗著名政治家在倫敦言明：若蘇聯軍至三月二日以後仍駐在伊朗，計劃併合阿塞拜然，伊朗雖是一國，也以實力追放蘇軍出境。

二月七日

△臺灣高等法院公告「臺灣省辯護士整理暫行辦法」。

△行政院五日舉行第七三二次例會。

△蔣主席五日在官邸接見外國記者，言明我國各政黨將開始合作，共同建設國家，中共私有軍隊必能國家化。

△考試院考選委會爲應司法行政部之請，定於四月一日起，在全國十二處舉行司法人員高考及普考。

△臺灣貿易公司改做貿易局。

△聯合國大會安全理事會五日開會，對蘇聯指責英軍駐希臘是威脅和平一事，經過七小時的會議仍未得協議，定六日晚再續討論。

△希臘代表阿特耐弟斯，四日於安全理事會中發表聲明，謂英軍留駐希臘國境是應希臘政府的招請，英軍駐希境內實屬一幸事。

△敍利亞首席代表古霍利，及黎巴嫩首席代表福朗雪，四日以照會一件直呈聯合國秘書長賴伊，指責英法軍隊於對德日戰爭結束後，仍駐敍黎境內，實危害敍黎兩國的主權，並要求理事會建議此等外國軍隊全部同時撤離。

△史達林委長電覆伊朗總理賈氏，表示希望兩國友誼可獲增進，英首相阿特里亦有覆電致賈氏。

△美衆院海軍委會主席文生，五日向政府提出議案，建議供給中國軍艦及海上顧問團，以協助中國海軍的建立。

二月八日

△長官公署公告「歸國韓僑在臺財產處理辦法」。

△七日下午三時於臺北第一劇場舉行李文範宣慰特使歡迎大會，到會各界代表計有二千餘人，情況熱烈，在會中李特使發表訓話稱：蔣主席時刻關懷臺灣民衆的痛苦，並希望將臺胞提出的意見轉達政府。

△東北行營經濟委會主委張嘉璈五日稱：東北九省經濟接收工作，將由東北行營組織東北敵僞產業接收委員統一接收。

△英蘇關於希臘駐軍問題爭執已久，五日、六日繼續在安全理事會討論，但未及決議。

△美衆院海軍委會五日一致通過，政府所提出以軍艦及海軍顧問團，供給中國的建議，准許軍艦及訓練所需要物資移交中國，使中國能促進本國和平，及對國際負擔維持和平的責任。

△英法將在本週內會商，決議關於對敍黎兩國間提出安全理事會的要求、英法駐軍撤退問題，會商採取共同態度。

△聯合國大會與安全理事會，於六日舉行國際法院法官的選舉，我駐土大使徐謨獲得最多數，當選法官。

△七日上午九時繼續在省都中山堂舉行全省農業會議，討論關於臺灣省農業會設立問題。

△長官公署民政處公告「臺灣省乙種醫師登記辦法」。

二月九日

△政治協商會議，決定設立憲章審議委員會，茲該會委員人選已決定，與會外專家十人共計有卅五人，定於十四日下午三時於國民政府舉行第一次會議。
△宣慰特使李文範氏八日下午在省都中山堂招待與會男女士紳百餘名，舉行談話會，市民代表提供意見，特使允許設法解決。
△杜魯門七日頒布防止歐亞人民遭受飢饉，而訂定糧食節約辦法九項，特別指明小麥的節約，並加速裝運糧食至各收復地區。
△希臘駐軍問題，已於安全理事會七日夜會議中順利解決，英蘇雙方同意安全理事會所作的聲明。
△聯合國大會及安全理事會，七日分別推選聯合國最高司法機構國際法院法官。
△聯合國組織六日晨舉行第二十八次大會，一致通過法律委員會所提議於國際法院法官待遇的議案。
△猶太人強硬分子向巴力斯坦英駐軍宣戰；其宣戰目的在㈠爭取猶太人移民權利，㈡不斷攻擊英軍，㈢應懲英國壓迫者，㈣組織不服從運動。七日晨猶太人攻擊英軍營目的是奪取軍火。

二月十日

△三民主義青年團臺灣區團部籌備處公告「三民主義青年團復員期間團員轉移辦法」。
△臺灣省商會聯合國，九日於省都中山堂舉行歡宴李宣慰特使文範大會，席上李氏指示實業界重任，需與政府科學家合作。

△陳長官鑒於近來因爲奸商囤積，美價上漲，頃已命令各縣市長，切實遵照食美在省內准予自由流通的規定，嚴禁囤積。

△奧參議員駐委會議，通電與中央，主張根據各國互惠原則，收回香港、九龍、澳門。

△日本中央聯絡事務局八日向麥司令部提出報告，去年八月六日在廣島受原子彈被害者，總數達三十萬六千五百四十五人。

△關於召開聯合國國際新聞會議的新聞自由提案，前被蘇代表反對，然被列入九月份聯合國大會議程內。

△太平洋學會下屆會議，定明年五月六日至二十日在倫敦舉行。

△伊拉克抗議英政府允許猶太人移入巴力斯坦。

△英外相貝文稱：英軍駐印度尼西亞不危及世界和平。

△我代表張彭春於聯合國經社理事會五次會議中，提出召開國際衛生會議的建議，經兩小時討論後，一致支持我代表的建議。

△杜魯門稱中國可獲得物資供應優先權。

△日本銀行總裁九日下午發出警告，稱日本的通貨膨脹愈趨入重大化，並要求各金融機關的協力。

二月十一日

△根據政治協商會議通過的和平建國綱領附記第二項，決定設立人民自由保障委會，九日下午

舉行會議，推邵力子等廿七人爲籌備委員。

△聯合國經社理事會議，通過中國代表所提出的國際衛生組織。

△紐約罷工工潮仍繼續澎湃，拖船工人已罷工五日，致紐約六百五十萬市民的糧食及燃料供應中斷。

△馬歇爾、張治中、周恩來組成的三人會議，五日舉行討論各問題。

△參政會駐會委會，八日上午舉行第十五次會議，農林部長報告農林事業接收情形及農林施設狀態。

△考試院爲配合全國各機關復員的實際需要，調整考試及格人員的工作志願起見，特制定「考試及格人員復員辦法」。

△聯合國救濟總署李門九日稱：疫癘將流行中國，故急需大量的醫藥來救治；並稱：救濟總署於去年九月卅日前運往國外的糧食、衣料、器具共二百十二萬六千二百二十二噸，值三千三百八十一萬六千美元。

△越北各地的越南革命分子，最近對我僑胞常加不法行爲，又五日我駐軍於距河內五十公里的富民莊執行任務時，被越南臨時政府武裝分子襲擊，對此越南主席非常遺憾。

△九日安全理事會復會時，烏克蘭反對英軍駐印度尼西亞，但聯合國組織各代表認爲此抗議根據微弱，且英軍駐印是奉麥帥的命令。

△臺灣民衆協會臺北市分會，十日開成立大會。

二月十二日

△臺灣省糧食局本日公告「臺灣省糧商登記規則」。
△臺北市長十一日召集區長，討論對於糧食不足的救濟辦法，決定組織平糶委員會。
△臺灣省黨部本日在中山堂商討民食問題。
△雅爾達會議秘密協定內容，十一日由英蘇同時公布，此協定是一九四五年二月十一日，史達林、邱吉爾、羅斯福三人簽訂的。
△美中英法四強，向聯合國大會提出聯合建議，要求立即採取強力行動，使食糧產額增至最高程度。
△中國政府向聯合國救濟總署要求美一百萬公噸，以應其在一九四六年收穫前的需要，總署經調查後減至七十二萬零九百公噸。
△邱吉爾定十日飛到華盛頓，以私人身份與杜魯門會談。
△聯合國大會十日舉行第二十七次全會，一致通過，保證各會員國履行國際託管制度，並協助世界各地非自治人民謀得獨立，以從事完成聯合國憲章所訂目標的工作。
△聯合國預算委會十日通過小組委會關於預算及財政措施的報告，該報告稱截至一九四六年底爲止，聯合國組織臨時預算的經費總數，應定爲一二一五〇萬美元，設立流動基金二五〇〇萬元。
△菲島前日軍司令本間雅晴十一日被判槍決。

二月十三日

△長官公署十一日公告，原則八項查禁敵人遺毒的書籍。

△長官公署工礦處本日公告「石油類及燃料酒精配給手續」。

△馬、張、周三人會議會前協商，十一日積極討論執行停止衝突命令或發生的臨時問題，商談解決辦法。

△聯合國十日召開特別全會，通過儘速召開國際法院第一次會議的議案。

△臺灣省黨部十二日在省都中山堂，召集地方各界商談民食救濟事宜，到會地方士紳百餘人，通過救濟運動方案，成立民食救濟會。

二月十四日

△國防最高委員會議，近日通過關於人民享有身體、信仰、言論、出版、集會、結社之自由等有關法令之廢止及修正事項，現經國府照案辦理。

△臺灣貿易局規定以糖一斤換白美半斤之辦法。

△太平洋學會下屆會議，定明年五月六日至廿日在倫敦舉行。

二月十五日

△長官公署公告關於金融方面應予廢止之日方法令。

△十四日上午十時，本省警察訓練所舉行第一期講習生畢業典禮。

△長官公署於十一日，制訂公布本省合作組織調整辦法。

二月十七日

△十六日，長官公署公告「臺灣省處理境內撤離日人私有財產應行注意事項」。

△中國陸軍總司令部召開之軍事復員會議，於十五日上午在總部會堂舉行。

△憲法草案審議委員會，十四日晨假國府舉行首次會議。

△聯合國首屆大會第一次會議，於倫敦工作五週零一日後在十五日舉行閉會。

△美駐蘇大使哈里曼提出辭呈，後任是史密斯二級上將。

△暹羅議會於十四日一致表決批准中暹友好條約。

二月十八日

△憲草審議委員會十五日晨舉行第二次會議。

△聯合國組織臨時總部暫設在紐約恩派亞大廈。

△世界最大保險會社之一，紐約大都市人壽保險公司，十六日發表二次大戰死亡軍人總數一千餘萬名，最多者爲軸心國家。

△臺北市婦女會十七日舉行成立大會，會員三百名，大會主席爲謝娥。

△全國體育協進會臺灣省分會，十七日舉行成立大會。

二月十九日

△長官公署轉令各縣市遵行實施戶口淸查辦法。

△原子彈秘密在加拿大洩露，加政府人員多人被捕。

△中暹協會十七日於曼谷成立，巴諾美讓爲名譽會長、拉戈培爲會長。

△國際聯合安全保障理事會於十六日再會。

二月二十日

△憲草審議委員會，十六日上午舉行第三次會議，討論中央政制問題。

△本市兼市長黃朝琴奉令毋庸兼任，遺缺派臺省游彌堅兼任。

△聯合國安全理事會十八日閉幕。

△馬歇爾將軍、張治中部長、周恩來，十八日在國府參軍長辦公廳舉行軍事三人小組第四次會議。

二月二十一日

△軍事復員會議閉幕，蔣主席致詞「建國比抗戰還要艱苦，復員比動員更加困難。」

△憲草審議會第六次會議，十九日下午討論人民之權利義務、選舉、基本國策及憲法之修改權等問題。

二月二十二日

△韓北人民政府於本月初成立，主席爲金民權，政府人員均爲共產黨員。

△臺南市婦女會於二十日下午在中山堂舉行成立大會。

二月二十三日

△國立中央大學教授會暨助教會於廿一日舉行會議，對東北現趨之嚴重情形，決議致文與蘇、

英、美政府及上文與國民政府及各黨派。
△長官公署限令各縣市政府，於本月內將區鄉鎮民代表及縣轄市市民代表全部選出。
△關於在加拿大洩露原子彈秘密一事，蘇聯政府於二十日聲明，蘇聯特務並未受命於加境活動。

二月二十四日

△參政會駐會委會，二十三日舉行十六次會議，決議請蘇軍退出東北。
△陳儀長官本日飛滬轉渝，出席下月一日之二中全會。
△美國務院二十一日宣稱：美英蘇之雅爾達協定或中蘇簽訂之條約中，俱未規定予蘇聯以任何優先賠償，或允准蘇對東北境內日本資產之要求。
△山下奉文於廿三日在馬尼剌處絞刑。

二月二十五日

△甘地於二十三日向全國呼籲，印人應以非暴力行動爭取自治。
△遠東委會將於廿六日在前日本大使館內舉行第一次會議。
△我國各團體人士反對東北特殊化，請蘇聯立卽退兵。

二月二十六日

△軍事三人會議第六次會議於二十二日舉行，經四小時之商討，業已獲得全部協議。
△阿根廷於廿四日舉行大選。

二月二十七日

△蔣主席廿五日出席國府紀念週，昭告國民謂：東北問題必獲合理解決，盼望民衆勿作過激行動，來保持中蘇友誼並須繼續增進。

△軍事三人小組會議，關於軍隊整編及統編中共部隊為國軍之基本方案，已獲最後協議，政府代表張治中、中共代表周恩來、顧問馬歇爾，於廿五日下午四時在國府參軍長辦公廳簽字。

△本省報界鑒於東北局勢日趨嚴重，激昂陳詞，要求蘇聯尊重條約撤兵。

二月二十八日

△駐東北之蘇軍馬林諾夫斯基司令總部，於廿六日發表聲明，稱蘇軍自一月十五日起卽開始撤退，刻在繼續撤兵中，中國境內之示威運動，乃中國反動及反民主份子所製造等。

△蘇聯成立軍事人民委員會，史達林任委員長兼陸海空軍最高統帥。

△日本共產黨正式要求廢除天皇制。

△第二屆聯合國安全理事會，定三月廿五日於紐約舉行。

三月一日

△中國國民黨第六屆中央委員第二次全體大會，於本日上午在重慶開幕。

△中墨條約於二月廿六日在墨京外交部簽換。

△渝國民外交團體通電與聯合國各外交團體，抗議去年二月十一日英美蘇三國間秘定之雅爾達密約為破壞我主權及領土完整，中國未與其事故不受拘束。

三月二日

△陳長官到渝參加二中全會開幕典禮。
△中法關於法國放棄在華治外法權及其有關特權條約及中法關於越南之協定，於二月廿八日下午四時在渝外交部，由中國外交部長王世杰代表及法國駐華大使梅理靄代表簽字。
△美國務院於二月廿八日稱：美英法三國將發表聯合宣言，不承認西班牙佛朗哥政權。

三月三日

△二中全會第一次大會於三月二日上午九時半舉行，熱烈討論主席團之報告。
△新近成立之遠東委會，現以前日本大使館館址爲辦公總部，委會已於其總部舉行首次會議，草擬管轄佔領日本之政策。蘇代表亦與會，指導委會定於明日集會，擬定遠東委會今後致力問題之方案。劉師舜將任我出席指導委會之代表。
△日政府廿七日發表第二次整肅令，所有職業陸海軍人員、特務警察、陸海軍省官吏，從事日本擴展工作之經濟開發機構人員，以及佔領地之長官及高級官員均受影響
△倫敦華僑於二月廿四日創立中國商會，旨在促進及發展中英商業。

三月四日

△二中全會三日舉行第二次大會，陳誠報告軍事復員問題，又檢討財政經濟外交。
△英美對於蘇聯繼續駐軍伊朗將共同提出抗議，抨擊此事係違反英蘇伊協約。
△印度尼西亞議會全國委會，一日於激烈爭辯後，表決執行委會最近所提重建印度尼西亞政府一案，以一百四十票對六十七票通過。

△杜魯門總統，一日午後與前總統胡佛會同召開糧食會議。
△美國務院一日宣稱：長時期內將不准許日本與美國以外之任何國家貿易，雖與美國之貿易，亦將受密切之監視。

三月五日

△瀋陽區蘇軍司令高夫堂少將宣布，東北方面之日軍已有五十萬至一百萬人運往蘇聯。
△二中全會第三次大會，四日上午十時於總理紀念週後舉行，由財政部部長俞鴻鈞作財政金融報告。

三月六日

△二中全會五日上午九時舉行第四次會議，由孫科主席繼續討論改進金融及經濟問題。
△自二月五日軍事三人小組會議，簽定關於整編及統編中共部隊爲國軍之基本方案後，共產軍突於二月廿六日大規模向政府軍隊攻擊。
△美國務院四日發表，美英法三國聯合宣言，促西班牙人民推翻佛朗哥政權做西班牙加入聯合國之條件，並保不干涉西內政。
△英法政府各在倫敦、巴黎宣布，英法軍將自三月十一日起自敍利亞撤退。

三月七日

△加總理金氏，頃宣布調查間諜等案之皇家代表團，目前所獲之報導，據稱：蘇聯駐渥太華大使館，係按照莫斯科之訓示而領導間諜等狼狽爲奸，以諜獲取原子能與雷達之秘密，及探得

太平洋區美加軍隊行動情況。

△蘇聯對伊朗所提要求：一、伊應與蘇簽訂同盟條約；二、伊中央政府應承認亞塞拜然自治政府；三、伊外交政策應循蘇外交政策而有所調整；四、伊應以油田讓與蘇聯等。

△埃總理五日請英軍立卽撤離。

△印度尼西亞新內閣，六日報告建立民主設施。

△二中全會第五次大會於五日下午三時十五分舉行，由外交部長王世杰作外交報告。

△二中全會第六次大會於六日上午九時二十分舉行，繼續對外交問題報告之檢討。

三月八日

△越北法方於與我商討接防越北技術問題時，突於五日晚深夜以兵艦五艘，在海防強行登陸並砲擊我港口，守軍雙方發生衝突至六日午始停。

△中法雙方六日商定法軍接防越北辦法，自十七日起法軍可在越北登陸，唯不准携帶武器，其宿營地點亦由我指定並加保護，至十六日起我正式將越北防務移交法方。

△設立國際開發復興銀行及平準基金會之會議，定三月八日在喬治亞州薩凡納附近之維爾民敦島舉行籌備工作，刻正在加緊進行，然蘇聯仍不擬參加。

△美英法三國意圖推翻佛朗哥政府之壓力，五日遭遇佛朗哥本人之強烈反對。

△法越談判六日下午結束，四時越南臨時政府主席胡志明，與法駐越專員森泰尼簽訂法越協定。

△日內閣通過新憲法，將日皇降爲無實權之統治者地位，以政府權賦與民選之衆院議員。

△英外相貝文於下院答覆問題時：曾明白涉及東北問題，渠稱「關於日本在東北之工廠及機器問題，英政府認為日本資產之處理，應由對於日本均有要求賠償權利之各盟國共同討論解決之，對於此事尚未獲得協議以前，英政府認為日本資產若在某國領土之內，即應由其監管權留在該國。」

△二中全會於七日上午九時十五分舉行第八次大會，孫委員科做關於政治協商會議之報告，內容分：(一)、政治協商會議召開之目的及其經過，(二)、開會經過，(三)、協商結果。

△今日為三八婦女節，省婦女會舉行紀念典禮。

(二) 座談記錄

編按：蘇新在〈自傳〉中提到，他在《政經報》期間曾經整理過「政治經濟研究會」召開的三次討論會的記錄：〈台灣經濟政策〉（應是〈糧食問題對策〉）與〈台灣金融政策〉（〈金融問題對策〉，討論兩次，分三次刊完。）

這裡收錄的兩篇座談記錄，即是。

糧食問題對策

政治經濟研究會第一次討論會記錄

最近省內的糧食問題非常緊迫化起來，各地都有「米的騷擾」事件發生，省政府對於此問題也非常憂慮，已在十月三十一日布告「管理糧食臨時辦法」了。但此問題非常重大，不單是政府的幾條佈告文就可解決的。今日臺灣的糧食事情，會這麼樣緊迫化起來，大部分的人都說因爲政府的接收工作遲遲不進，而在來的官吏和公務員，故意的或不故意的放棄了他們的職務，使行政或其他一切事務停頓，故其罪過都在新政府與舊政府。

不錯！新政府的接收工作遲遲不進，也是一個原因，舊政府的無責任也是一個原因。但我們人民也不可不負其責任之一半。八・一五以後，一般民衆的消費狀態如何，試看！戰爭結束後，各地方的料理店和飲食店，都像雨後春筍一般，米粉和酒的製造是怎麼樣多，所有的製造都是消費的；所有的買賣，也是消費的。只有消費，沒有生產，在這種狀態之下，糧食事情，若不會緊迫化起來，這是不可思議的，是奇蹟的。

因感覺著，對於這個問題我們人民的責任，同時爲要協力政府急速解決這個問題起見，政治經濟研究會，於十一月五日在該會本部，開了一個「糧食問題討論會」，當日的出席者十數名，這一篇記錄是藉該討論會的速記編成的。故文責都在記者身上。關於此問題，該討論會的結論，雖與政府的政策有些不同之點，但我深信：這種討論會是很有意義的，同時對於此去政府的施策也能供給一點半點的參考資料。（因該會的要求，不便發表發言者眞名，請讀者原諒）

一、現在的保有量與第二期的收量，能否維持到明年五、六月？

甲「最近米價漸漸高騰起來了。聽說：南部一斗米最高已到九十多圓，而且因米的問題惹起許多不詳事件，我們可說臺灣的糧食問題，已經進入不可樂觀的時期了。這個問題，若不早一日解決，本省的社會秩序一定會弄到不可收拾的田地。幸臺灣省行政長官公署，已在十月三十一日，佈告「管理糧食臨時辦法」，但這種辦法，能否收效，尚有討論的餘地。第一：在現在的物價水準，所定的價格（糙米每百公斤壹百叁拾貳圓捌角，食米之零售每百公斤壹百陸拾陸圓），是否適當？第二：供出制度和配給制度能否順利繼續？第三：現在的保有量與第二期的收量能否維持到明年五、六月？」

乙「我最近接見過數位的米穀專門家，他們殆都說現在的保有量和第二期的收量，絕不能維持到明年五、六月，到二、三月就會進入飢餓狀態，到四、五月就會愈深刻化起來，假使對策不好，會生出二十萬左右的餓死者也未可知，我們對此問題，絕不可輕視。」

丙「到底，現在的保有量和第二期的收量，有幾百萬石？這是先決問題，倘若供給能應付需要，萬事都解決了。不知列位有統計沒有？」

甲「現在的保有量，不過是推想，第二期的收量，不過是預想。我們是絕不能得到一厘一毫也不差的統計。總是，我最近由某權威者得著的統計是有相當正確的計算基礎，是可信的。據他說：

1 現在民間的保有量　二十萬石
2 日軍部保有量　七萬五千石
3 第二期米的收量　二百五十萬石
合計　二百七十七萬五千石

這二百七十七萬石米，能否維持七百萬人的糧食到明年五、六月？這是問題的中心。」

丁「假使一人一個月需要四分之三斗，今年十一月起至明年五月止，七個月間，七百萬人需要三百六十七萬五千石（¾斗×7,000,000×7=3,675,000斗），既然不足一百六十萬石（3,675,000石−2,775,000石=9,000,000），不能維持到明年五月，這是明顯的。」

二、米不足的原因

戊「臺灣是東洋的穀倉，歷年，每年輸出到日本，差不多有數百萬石，這一、二年來，對日本的輸出已中止，爲何米會不足？」

甲「雖中止對日輸出，但在臺日軍的消費頗多，而且今年遭了三次的颱風，此期的減收是可想而知。農民們說：今年的收成，不達歷年的四成。又八・一五以來，一般的消費絲毫不節制，糧食以外，米粉與酒的製造，不計其數，自八・一五至今日，所消費的米，可斷定必須要量的數倍，米會不足是應該的。」

丁「米不足的原因，如甲先生所說，減收而消費過多，此外還有幾個原因。一是：因日本帝國主義剝削農民過酷，不管農民會死會活，強制他們供出，致使他們喪失了生產意欲；二是：因日政府要使臺灣要塞化，強制勞役，致使農村的勞力不足；三是：因交通斷絕，不能輸入滿州豆粕和日本硫安，致使肥料不能應付；四是：因戰中一切力量集中於戰事，不能顧及水利施設的管理及其修復，致使其不能充分灌漑等。」

三、「管理糧食臨時辦法」能否收效？

乙「要討論這個問題，我要先指出這次政府的『臨時辦法』有三點特徵。一是：繼續過去的供田制度和配給制度；二是：改訂公價；三是：暫禁輸出省境。關於第一點和第二點，尚有討論的必要，但關於第三點，我想是很適當的措置。若無禁止出境，無論甚麼政策都無從說起。」

丙「第一點的供出制度和配給制度的繼續，在我的見解，是不能收效的，因爲一般老百姓，對於供出制度，已抱了非常的憎惡。八年間的戰爭，農民所出的犧牲是絕於言語，對於過去的配給制度，臺胞都無不抱不平的，日人食『甲』臺胞食『丙』，如此差別配給制度，我們的政府如何再繼續下去？『暫由食糧營團按照原配給額及配給辦法代辦食米零售』，這句佈告文，要如何解釋？」

丁「不過是臨時辦法，將來一定會再改吧！」

戊「一般老百姓，對於供出制度抱了非常的憎惡，這是事實。但過去命令供出的，是日本帝國主義者；這次命令供出的，是我們自己的政府。其間，農民的感情，有些不同之點。如我們地方的農民都說：若是我們政府的命令，我們是忍耐的云云。」

乙「由農民的愛國心和對政府的信任心，供出也許可能，但八・一五以來，供出機關的機能大都失却了。現在被民衆包圍的，是不是農業會和街庄役場，被毆打的，不是農業會和街庄役場的公務員是誰？供出機關若不再確立，供出機關的人事若無革新，恐怕供出制度不能收效。」

丙「不但供出機關喪失了他的機能，配給機關的機能也已喪失了。八・一五以後，食糧營團各級機關，大都停止配給工作，而各自買占食米，擅自提高米價，圖謀巨利。可說，食糧營團在八・一五以前，是剝削農民的強盜團，在八・一五以後，是戰時利得者，是搗亂經濟秩序的漢奸。叫強盜團辦配給工作，叫漢奸做不勞而利的生意，我們的政府若是要以德服人，此種辦法是不可做的，但若是要以威服人，此種辦法是可做的。」

甲「假使若不得不再實施配給制度，我們很希望政府徹底的革新食糧營團的人事，不然，不但配給制度不能收效，而且省民會吃著不少的虧，政府也會失了威信。」

乙「其次，是公價問題，一斤一圓，在米本身說來，不得說不高，但與他種物資比較起來，不能說是高。二斗米換一斤魚，三斗米換一斤肉，農民焉得維持其生活？而且現在一日工資，不下二十圓，小作條件大都五五（地主一半、佃人一半），肥料一包一百四五十圓，因此，米一斤一圓的公價，連生產費也不能回收，如何能談到農民能活不能活，農民既然不能活，農民的生產意欲何從振起，農民的愛國心何從喚起？」

丙「單抑壓米價是不可能收效的。一尺布三四十圓、一襲洋服千餘圓、一日分藥水二三十圓、一泊宿泊料五六十圓、一包肥料一百四五十圓、一枝鋤頭五六十圓、一隻牛二千圓左右，在這物價普遍的高騰的時節，如何能單抑壓米價呢？『臨時辦法』已發佈了四、五天了，但照公價發售的米店，到底有幾人？巷間米商，不管「臨時辦法」如何，他們協定一斤三圓，這些事實，可以證明，公價制度已不能成政為策了。」

四、糧食問題對策

丁「供出制度也不能施，配給制度也不能行，公價制度已不能成為政策，那麼，有甚麼政策可以解決這個糧食問題，來防止將要到的糧食飢饉呢？」

乙「第一：禁止輸出省外。但不是單以法令就能收效的，最要緊是實際的在各港口防止，監視其出入。」

丙「第二：單制定最高價格。使一般自由買賣，不必採用供出和配給制度，若賣過最高價格的，要嚴重懲罰。」

戊「第三：禁止酒的製造，或限制米粉和餅類的製造。」

甲「第四：打破地方圈的經濟，使物資自由交流。」

丁「第五：打破輸送的隘路。物資不能交流的原因是在於交通機關的不備，趕快修復火車和汽車，增發運轉回數，而優先的輸送糧食。」

乙「第六：計畫代用食（蕃薯、豆類等）的增產。尤其是南部，蕃薯、豆類的播種期已到了。假使今年中，若不計劃雜穀的增產，明年的糧食飢饉是難免的。」

甲「第七：展開糧食節約運動。八・一五以來，我們所消費，絲毫不節約，在這二個月間所浪費的糧食，料可維持半年份的生活。」

乙「第八：希望政府設法，輸入豆粕或硫安，來應付今年的雜穀及明年的第一期米作。假使在年底，外國肥料若能到，也許得免糧食飢荒。」

丙「第九：趕快接收一切水利事業，修復水利施設，使其充分灌溉。」

丁「第十：假使米的最高價格，能定到一斤二圓，一般薪津生活者及貧民是難得生活。故對於一般薪津生活者，須要提高薪津到某種程度，對於貧民，需要實施社會救濟。」

戊「第十一：政府應收取日軍所藏的食米。所謂除隊兵的「自治部」，大都隱藏數個月的糧食，而且日籍人民，預先受日政府的暗示，每戶都有買留一、二袋米起來，政府應糾察沒收。」

甲「大概若能實施這些政策，雖不能立刻解決現在的糧食事情，也許能夠緩和其緊迫狀態」

原載《政經報》第一卷・第二期
一九四五年十一月十日

金融問題對策㈠

政治經濟研究會第二回討論會記錄

日　時　民國三十四年十一月十八日下午二時

場　所　政治經濟研究會本部

出席者　陳（逸松）會長外十數名

一、問題的提起

陳會長「前回的糧食問題討論會，得了很多的結果，已經發表在《政經報》第二號了。第二回的討論會，是以金融問題爲中心題目。在我的見解，金融問題是所有的政治問題中，最重要的問題。在目前，糧食問題像是最緊急最重要的問題，但是金融問題是解決所有的問題的基礎。假使金融政策不能確立，任何問題都不能解決。關於金融問題，這次中央特派最有權威的專員，來講究對策，而且背後又有美國人顧問，所以如我們這個小小的政治經濟研究會討論這個問題，像有些過分之嫌。但是，政府有政府的方針，民間也有民間的見解。我們大家把我們的見解盡量發表出來，也許對政府能夠供給一點參考資料，這也是協力政府的一種方法。

要討論以前，我且說明這個問題所包含的範圍。金融問題範圍很廣泛，但在目前待緊急解決的，有次記三個問題。

一、通貨基本問題。
二、通貨膨脹對策問題。
三、金融機關把持問題。

而各問題之內容的大概是：

一、通貨基本問題——
1 日銀券和臺銀千圓券的處置問題。
2 法幣臺灣流通券所謂鄭成功票兌換問題。
3 整個法幣流通於臺灣之問題。

二、通貨膨脹對策問題——
1 如何縮少目下的通貨膨脹？
2 整個臺灣經濟需要幾何通幣？

三、金融機關把持問題——

1 所謂某某財閥臺灣進出問題。

2 本省人如何能把持金融機關？

我提起的這些問題，是否適當？此外，又有什麼問題，請大家不要客氣提出來討論。」

乙「將來省外與省內的貿易是一定會開始，而且要開始的，故法幣與臺幣的匯率，也不可不解決的問題。」

甲「是，這個問題也有討論的必要，那麼，將這個問題插入通貨基本問題之一項來討論。」

二、日銀券和臺銀券的處置問題

甲「由結論先說——這次政府對於日銀券的處置，是妥當的，但對於千圓券的處置，在目前是出於不得已，但對本省人需要斟酌其實際，不可一律款待。因這次千圓券的凍結，本省人受吃虧的不少，實有苦無可訴。」

丙「不但臺人，且臺人有受益方面也要考慮，例如：日人要送金或還債給臺人之時等……。」

乙「因對本省人沒有特別的考慮，現在省內經濟各界都停頓，事業不能進行。」

丁「雖然如此說，到今把持臺灣經濟界的實權的，不是臺人是日人，故縱對臺人有點特別考慮，也不過是九牛之一毛而已，不成問題。」

戊「聽說，千圓券雖然凍結，特殊方面，還可以偷換。這種風說，我們不可輕信，但假使是事實，我們很希望當事者凡做事要一律公平。」

己「到底，有什麼必要，非凍結日銀券和千圓券不可？」

甲「自然是有必要的，其主要的理由大概是：

1 日人由琉球偷輸入多量日銀券來臺灣，其用意在那裡，我們可想而知。

2 有由大陸和日本方面，流入多量日銀券的危險。

3 日軍的保有量不知多少，假使容許日軍在臺使用日銀券及千圓券，其結果如何？這點我們是不必多說的。聽說，海軍方面差不多保有九千萬圓，至於陸軍方面，不能稽查其實數……」

丙「以外還有，第一是戰勝國沒有使用戰敗國的貨幣的理由，若是未接收以前，是不得已的，但已經接收了，當然不可使日銀券依舊通用。第二，現在的物價太高了，要抑壓物價的高騰，需要吸收那些不要的浮動購買力——所謂過多的紙幣。」

乙「臺銀券發行額（含千圓券）約三十億，流通的約二十八億，（印了而未發行的約二億），據《新生報》的報導，因這次的凍結，約抑留七億餘的千圓券。結局現在流通的，約二十億乃至二十一億，抑壓的約全額之四分之一。」

丁「日銀券不知抑壓幾多起來？」

甲「不過是推定而已。有的說三、四千萬，有的說七、八千萬。」

戊「凍結日銀券和千圓券有發生什麼效果？」

己「防止由琉球、日本、大陸方面流入日銀券，芟除在臺日軍的蠢動，這二點是有相當的效果。戰勝國不用戰敗國之貨幣，所謂面子問題，也已解決了。但是至於抑壓物價這一點，能否收效，我有疑問。政府這次的處置，已凍結了全幣額之四分之一，但不知物價有跟著低下四分之一沒有，若有，就有效果，若無就無效果。我們可以這樣說。」

丁「物價不是單被貨幣（money）左右，左右物價的主要因素尚有一條 quantity（量）的問題。通貨雖縮小，若使生產界停頓，生產減退的時候，物資不足，有時物價反高騰起來，故相對的反促進通貨的膨脹。

我們可以物價的方程式來計算。

$pq = mv \quad p = mv / q$，即 p 與 mv 正比例而與 q 反比例。

註——p = price（價格） q = quantity（量生產量） m = money（貨幣） v = velocity（速度）

由這條方程式看來，很明顯的，若不是不減 q 之範圍內來減 m，p 是絕對不能低下的。而且減 q 的比率較減 m 的比率大的時候，p 是反高騰起來。所以對於生產方面，須要特別處置，不可使其減退。要凍結的是在消費方面（例如：飲食店、酒店、跳舞場等），不是在生產方面。」

己「關於這點，已在「辦法」第八條設其特別處理，故我們可以相信政府對於生產的停頓還有特別的考慮。我們只期待其徹底的實行而已。」

丁「凍結後，實業界受影響到某種程度，這點還有研究的必要，而現在流通的貨幣差不多二十億左右，這二十億左右的貨幣，在本省實業界有夠用沒有？」

甲「此問題，我們在討論『整個臺灣經濟需要幾何通幣』時，再來討論。」

丙「一般實業家平素所保有的大都千圓券，所以這次的處置，受著影響的是實業家，不是一般消費者。」

庚「丙先生說，一般消費者沒有受著影響，但在我的見解，還有受著些小的影響。從前官廳方面，已經發到明年三月的薪水及退職慰勞金，這些大都用千圓券發的，故這方面的影響是不少的——在行政方面，因公務員的生活問題，還會惹出停頓的危險。」

丁「我又這樣想：這次的凍結，也許是賠償問題的準備。」

甲「流通於臺灣的日銀券和臺銀券，需要叫日政府賠償，這是難免的。所以省政府需要設法回收日銀券和臺銀券，這次的處置也是回收日銀券的一種辦法，將近臺銀券也會收回的——所謂鄭成功票問題是由此生起的。」

乙「日人將來要回到日本的時候，日銀券的帶回一定會受限制，所以有錢的日人，大都會自暴自棄，亂用浪費。故日銀券和千圓券的凍結，對於防止日人之浪費，也許有相當的效果。」

庚「臺灣土著資產階級的一部分，對這次的處置批評說，這次的處置是某某財閥要壟斷臺灣整個的經濟界，所以先下手凍結臺灣土著資產階級的活動資金，使其不能活動，而其間某某財閥可悠悠地準備它的獨占計劃云云。我們不管這種批評對不對，臺灣土著資產階級對這次的處置是不抱著好感，這也許是事實。」

丁「聽說，某企業公司已準備解散，這也許是這次處置的影響吧！」

甲「最近官廳方面的薪水有過高之嫌，一個很低級的公務員也能得一千圓左右。官廳方面的薪水高，自然民間經濟界的薪水就不得不跟著抬高起來，那麼，雖凍結日銀券和千圓券，物價的低落是不能期待，反有高騰起來的危險性。再有一項重要問題，就是法幣的暗買賣。有法幣的人是誰，我不用詳說，這班無廉無恥的奸詐之士，利用田莊農民的無知，說什麼將來臺銀券一定不能使用，將法幣一元換臺幣一圓。而且在火車內也公然買賣，總久，法幣的買賣已成爲臺灣的投機事業了，政府對於這種行爲若不取締，恐怕臺灣的金融界會因此混亂也未可知。」

乙「關於這個問題的討論已足夠了，我們要來整理一個結論和對政府的希望。」

甲「我且列舉幾條結論和對政府的希望——

一：這次政府對於日銀券的處理，根本上是妥當的。

二：對於臺銀背書的千圓券的處置，在目前的客觀情勢，雖不得已，但對本省人須要斟酌其實際情形，不可一律款待，因千圓券的流通是前政府的陰謀，不是本省人的罪過。

三：尤其是對於生產方面須要特別寬大，不可使生產停頓。

四：巷間所流布的「特殊方面，還可以偷換」之說，假使事實，我們很希望當事者，需要體得長官的心情，辦事要一律公平，不可使政府的威信墜落。

五：為要抑壓物價的高騰起見，官廳方面的薪水不可過高。

六：徹底的取締法幣的買賣，尤其是特別注意防止不良官員和兵士搬入法幣入臺。

三、法幣臺灣省流通券所謂鄭成功票兌換問題

甲「這個問題，因政府尚未正式發表，不能得到詳細的材料，故我們不便討論，現在所得著的消息，只有次記幾點而已：

1 鄭成功票已在重慶印了二億圓。

2 這二億圓在臺灣全省是不夠用的，聽說，在繼續印刷中。

3 兌換的比率是一對一。

為要對日追償之必要，政府也忙著準備鄭成功票，可早一日收回臺幣起來。」

乙「其兌換的比率果然一對一，那麼，流通於臺灣的紙幣，仍舊二十億乃至二十一億。在我的意見，兌換時，像有特別施策的必要。臺灣整個的經濟需要的貨幣，在我的推測，不必過六億，那麼，至少也要再控制三分之二起來。」

甲「最好是兌換時，強制其存款三分之二，那麼，抑壓到六億左右，是很容易的。」

丙「但是，對生產事業方面，還要特別考慮，不然，就變做為要得角而來殺牛一般的愚策

了。」

四、匯兌問題

甲「在目前匯兌問題是不能速急決定。因兩方的政治情勢尚未安定，而且國內各地的物價區區不一，國內與本省的物價水準差得太多。」

乙「但是，本省與國內的貿易，最近一定會開始而且要開始的，故其匯率雖然有多少不自然，政府也非早解決這個問題不可。」

甲「聽說有貿易公司之設，大概是國家管理下之民營組織。那麼，我們希望股東需要自本省人募出，才沒有獨占之弊。」

丙「既然有國家管理下之貿易公司組織，匯兌也會在國家管理之下，自由匯兌恐怕不能實行，由國家認有必要之匯兌才能許可——這是必然的趨勢。」

乙「我們希望決定匯率需要立在妥當公平，不可使本省人吃虧。」

五、整個法幣流通於臺灣的問題

甲「此問題是比任何問題更加重要，本省經濟會破壞不會破壞，全在此問題解決之適否。」

乙「我想至少也要三、四年後，整個法幣才可以流通於臺灣。其理由是與匯兌問題略同，即雙方的貨幣整理尚未完了，國內的政治情勢尚未安定，國內與本省的物價水準尚未平衡等等。」

丙「同一國家而用兩種貨幣，這是很不便的話，故我們是很期待早一日國情平靜，政府儘快整理貨幣，使全國能夠使用同一貨幣，以減少國民在經濟界的不便和麻煩。」

原載《政經報》第一卷・第三期
一九四五年十一月廿五日

金融問題對策㈡

政治經濟研究會第三回討論會記錄

日　時　民國三十四年十一月二十五日下午二時

場　所　政治經濟研究會本部

出席者　陳會長外十數名

一、討論題目

會長「今天的討論會是前回的繼續。金融的基本問題已在前回討論過了，今天的討論題目是：一、如何縮小目下的通貨膨脹？二、整個臺灣經濟需要幾何通幣？三、所謂某某財閥臺灣進出問題，四、本省人如何能得把持金融機關的問題。」

二、如何縮小目下的通貨膨脹？

甲「現在本省的物價雖比日本或國內較低，但在本省本身看來，比降伏前，有的高得數倍，有的高得十數倍。物價高騰的主要原因大都是物資過少而通幣過多，所以要解決這個通幣膨脹問題，非對通幣和物資兩面著想不可。」

乙「在前回的討論會已經說過，從前在臺灣流通的紙幣，臺銀券差不多二十八億，日銀券差不多三、四千萬，但自千圓券和日銀券凍結後，已減到二十乃至二十一億了（凍結七億餘的千圓券）。此後如何回收這二十乃至二十一億的通幣，這是由通幣方面看來的解決方法。」

丙「聽說，最近政府方面的官員或公務員的薪水像有過高之嫌。例如，運轉手（司機員）的薪水一個月差不多一千五百圓，通譯一個月八百至一千四百圓，像這樣無標準地提高薪水，這也是促使通貨膨脹的一種原因。」

丁「聽說，普通的兵士，一日的食費需要八圓至十圓，警察一日需要二十圓（一個月六百圓），將校一日需要三十至五十圓。所以祖國的官員和國軍抵臺後，本省的物價急速地高騰起來，這不是無理由的。」

甲「假使丙先生和丁先生剛才說的話是事實，我們可以說現在政府的政策是促進通幣膨脹的，純然不知道臺灣的物價水準的。政府不應該用那高的薪水來促進通貨的膨脹，希望政府要緊急匡正，照本省的物價水準，照過去用人的標準來用人。」

戊「因政府方面的薪水過高，受影響最深刻的是金融機關。金融機關的商品是貨幣，利息日步不過二錢至三錢，用貨幣做生意的人，是不能加二倍或三倍的人事費的，將來一定不能雇人，連資本都不夠人事費。金融機關倒了，全體的經濟界就不得不跟著而破壞了。」

丁「獎勵存款，這也是抑壓通貨膨脹的一種政策。」

己「但是因一般民衆對於金融機關，抱着不安，大家不敢存款。」

乙「民衆對於銀行沒有信用，不願存款，這個問題，是不可不解決的。」

甲「民衆不信任金融機關的原因，大概是因他們憂慮銀行的將來。所以若要使民衆信用銀行，政府需要發聲明：政府必定保障銀行的將來，最好是對人民告示政府的銀行經營方針，以安定民心。人民對銀行若有信用，自然他們就安心存款起來。」

戊「因爲人民不肯存款，把紙幣死藏起來，故當局者也不能推測貨幣流通的實數。」

丁「因爲銀行的將來不安定，一般事業家也躊躇存款，這是應該的。存款了後，一旦銀行被停止起來，他們的事業也就不得不停頓起來。凍結千圓劵的時候，他們已吃了一遍虧，故他們不但對銀行抱了一點懷疑，而且對於臺銀劵本身也懷疑著：紅字號的臺銀劵不得使用的流言、法幣的買賣等，都是根據於這點心理的。」

戊「政府對臺銀有什麼特別指示沒有？」

己「監理委員檢查營業狀態以外，有命令停止國庫金的開支，抑壓消費方面的貸付。雖然對於生產方面允許貸付，但也不是無限制的。至於臺銀將來要怎樣繼續，機構要怎樣變更，政府本身也許有什麼方針，但對臺銀並無指示。聽說，中央對於本省各銀行的處置，尚未確立方針。」

乙「這不過是我個人的料想——接收工作結束後，政府也許會許可現在本省各銀行繼續其營業。」

己「現在銀行界有一種很有趣的現象，就是舊政府銀行（臺銀）的信用漸漸墜落，而民間銀行（如商工銀行、華南銀行、彰化銀行等）的信用反而漸漸抬高起來，這是現在眞正的民情。在這裡，我雖然不能呈示詳細的統計，但是由近來的預金狀態看來，臺銀的預金一天減少了一天，最近已激減到從前最高時的三分之一。」

乙「這不過是人民的愚想，其實商工銀行、彰化銀行等所有的預金，結局也要存入臺銀，所有的民間銀行離開臺銀是不能存立的。」

丙「人民既然對銀行抱了不信任，叫人民自由存款，這是不能收效的；所以要叫人民存款，需要首先確立銀行的信用。但是政府若無闡明銀行政策，銀行的信用是無從確立起的。」

丁「要縮少通幣是非叫人民定期存款不可的，但因銀行缺少了信用，他們不願意存款，那麼，最後的手段，不如強制他們存款。這個政策在臺銀券與鄭成功票兌換的時候可以實施。例如臺銀券三圓換鄭成功票一圓，二圓強制存款起來等。」

乙「鄭成功票與臺銀券兌換的時候，其比率若一對一，結局二十一億臺銀券換二十一億鄭成功票，其通幣的數量絲毫不能減少。縱令如丁先生所說，強制存款三分之二起來，這三分之二的貨幣，不過是暫時停止其流通而已，決不是從此就沒了。故強制存款不過是一時的辦法，決不是拔本塞源的縮少通幣的辦法。若要絕對的減少通幣，只有二條辦法，一條是：「切下平價」，但是把臺銀券的價值切下到鄭成功票的三分之一（卽臺銀券三圓換鄭成功票一圓），本省人所吃的虧不少；所以本省人是不贊成「切下平價」的。另一條是：使臺胞買入日人私有財產。這個辦法，像有不少的複雜性，但不是辦不到的，只是政府的決心如何而已。我且說明其辦法的內容：

第一段工作是：前進指揮所已用臺進字第二號禁止本省人買日人之公私財產，但單禁止其買賣，是不能收效的；再進一步，須要考究買收日人財產的方法。這些財產原來是吸我們的血造成的，故我們是不必出錢買收，只有沒收而已。倘使我們的政府直接對日人個人沒收的時候，在臺的日人就不得不吃虧，故我們不必直接對個人沒收，我們可以叫日政府對他的人民買收（代金將來回到日本始領出），而我們只對整個的日本政府沒收這些財產就夠了。

第二段工作是：政府要組織一個特別機關（委託農業會也可以），來整理和販賣這些財產給本省人，那麼，充滿在市上的這些過多的貨幣（臺銀券），自然很容易地收回。貨幣收回來，流通的貨幣就少了。

第三段工作是：這些臺銀券是日政府發的，故我們可以叫它賠償。賠償的方法，換金也可以，以收回的臺銀券換日貨也可以。若以這些臺銀券換日貨再來賣本省人的時候，流通於本省的貨幣就愈減少起來，但這是不可在本省使用法幣的話。」

丁「貨幣過多的問題已解決了，其次是物資過少的問題。物資過少，物價一定高騰，這是需要供給的法則，無論任何經濟政策，都不能脫離這個法則。爲要解決「物資過少」這個問題，我們必須企圖增產。爲要企圖增產，我們不可不究明其不能增產的原因。」

乙「我且在農產方面着想，來說明不能增產的原因——第一：戰時，日本帝國主義對農民要求犧牲過酷，故農民喪失了生產意欲。第二：因鐵的統制過度，缺少了農器具。第三：因交通斷絕，滿洲的豆粕，日本和美國的硫安不能輸入，致使肥料不能應付。第四：因戰時一切力量集中於戰事，顧不及水利施設之管理及其修復，致使其不能充分灌漑。」

丁「由工業方面，尤其是由基礎產業方面看來，煤炭、洋灰、石灰等減產得很。其主要原因，第一是工資過高、工員不足；第二是建設資材不能入手；第三是販賣價格不安定。因此，各工場主或鑛主都四苦八苦地不能進行工作。」

乙「所以我們若要企圖增產，不可不清算上述各條減產的原因，我且由農產方面來說——第一：我們希望政府斷不可像日政府那樣無人道的剝削農民。需要以三民主義的精神，平均地權，解決土地問題，使「耕者有其田」，而且要提高農產物的價格，以振揚農民的生產意欲（事實上，過去農產物的價格，都比他種物資較低。）。第二：絕對不可禁止鐵類的使用，使其自由製造農器具。最好是獎勵農器廠製造價廉的農器具，輕減農民的生產費。第三：儘快輸入滿洲豆粕，及美國硫安，最好是在本省計畫製造硫安及其他種種肥料。第四：接收現在一切的水利事業爲省營，而且水租不可過重（日本統治下的時候，水利事業可以說是一種資本主義企業，榨取農民不少，此轍不可復蹈）。」

丁「在工業方面說來，第一：要解決工資過高的問題，政府要決定勞資協調的政策。第二：要解決勞力不足的問題。我們希望政府利用日解除兵，來協力工場主或鑛主，其報酬不必與一般工人同樣款待，只能維持其日常的生活就夠了，因爲他們可以看做一種的俘虜。第三：政府要對工場主或鑛主特別考慮其建設資材的入手問題。第四：政府要保障其販賣價格的安定。」

丙「要抑壓通貨膨脹，在物資方面要考慮的，尚有一層，就是交通機關的問題。現在本省的交通狀態，可以說是交通地獄。所以我們希望政府趕快修復機關車，增發運轉回數，使各地物資能順利交流。因物資不能順利交流，物價不能平衡，故投機商人，暗中活動，越加惡質地提高物價。」

戊「關於物資交流的問題中，最重要而且最被人忽視的，就是所謂日人財產移動禁止問題。臺進字第二號，雖說經常的慣習上的買賣例外，但是經常的慣習上的買賣是在什麼範圍，不甚明白。現在本省人在日常生活上與日人無關係的很少，所以我們可以說，現在我們大家都犯著臺進字第二號的佈告文而生活，故我們希望政府關於日人的財產問題要明示一個方針。」

丁「要縮小貨幣膨脹，人民大家自發的起來節約物資的浪費也非常必要。因物資的浪費過多，自然，物價就高騰，貨幣就膨脹起來。」

乙「叫人民節約，不如叫政府的官員節約，因爲現在浪費物資的不是人民，是大官小官。試看！在各市街庄，接收員一到，料理店是何等盛況！」

己「關於這一點，我們可敬的長官，屢次禁止他們接受個人或團體的酬酢，但他們都馬耳東風，聽說，他們時常被土豪劣紳包圍著，暢飲到上午二、三點鐘，使一般市街民顰蹙。」

乙「我們很誠懇地希望他們要體貼長官的心情，不可忘記長官的訓詞中的『我們是來臺灣服務的，不是來做官的』這句話。但是他們來做官我們是很歡迎的，我們只希望他們做個我們的好官，千萬不可花費散財，教壞了我們的子弟而已。」

原載《政經報》第一卷・第四期
一九四五年十二月十日

三、整個臺灣經濟須要幾何通幣？

甲「戰前，在臺灣全島流通的貨幣，差不多七、八千萬圓乃至一億圓，可見，那時整個臺灣經濟，一億的貨幣就夠用了。但是，現在與十二年前的客觀情勢已大不相同，一億圓的貨幣是一定不夠用的。」

乙「在前回的討論會，我已言及這個問題說，臺灣整個的經濟需要的貨幣，不超過六億（記錄本報第三號、第十一頁）。」

丙「這個問題，還須有什麼算出基礎，才能決定。」

甲「不錯，但是直感有時比具體的算出基礎更正確，事實上，舉種種的算出基礎和具體的數字，來說明整個臺灣經濟需要的貨幣，是非常困難的。」

乙「工業的規模，產業發展的程度，人口的增加狀態，現在和將來要着手的事業的多少——這些可看做決定貨幣需要量的算出基礎，不過如甲先生所說，是直感，不是具體的數目。」

甲「六億大概就夠了，但是對臺灣人若特別考慮的時候，八億至十億也可以。多少有 Infusion 的傾向，反能刺激產業的勃興；若引起 Deflection 的時候，產業是會衰退的。」

所謂浙江財閥臺灣進出問題

甲「所謂浙江財閥的進出，這個問題，在新政府未到以前，就已惹起全島民——尤其是臺灣大小事業家——的關心。因爲過去日本資本家在臺灣把一切事業壟斷，使一般臺灣人的大小事業家，不能與他們競爭。故八・一五昭和親身廣播降伏的時候，他們都以爲自今以後，在臺灣可以自由做事業了。但是不久，所謂臺灣代表由南京回來，組織『大公企業公司』的時候，其代表言及浙江財閥的臺灣進出問題，引起一般人的關心。到底浙江財閥是否已經進出臺灣，以甚麼形態進出來，其具體的內容，是鮮少人知道的。對於浙江財閥出臺灣，我們要研究的，像有次記幾點——

1 浙江財閥的進出，對於臺灣整個經濟界有什麼影響？

2 浙江財閥的進出，對於本省一般大眾的生活有什麼影響？

3 浙江財閥的進出，對於本省人的事業家有什麼影響？

4 我們能否阻止浙江財閥的進出？」

乙「所謂浙江財閥，不過還是中國民族資本的一部份，臺灣既是中國的一部份，浙江財閥進出臺灣，那裡有不當的地方？可以成爲問題的，只是日本資本去，而浙江財閥入，來代替日本資本壟斷臺灣一切的重要事業這一點而已。」

丙「在過去，臺灣整個經濟簡直可說是在日本少數資本家獨占支配下，臺灣土著資本家若離開日本資本（尤其是國家資本），任何小規模的事業都不能做。不但一般工農大眾被日本資本所苦，連土著資本都被侵略的日本資本主義所束縛，不能伸展它的資本力；現在他們大都不夠稱爲資本家，不過是一種小資產階級而已，所以一旦日本資本主義資本退場了後，臺灣土著資本家單獨的力量，是擔不起戰後臺灣的復興建設這個重大任務的。因此，爲著戰後臺灣的復興，浙江財閥的進出臺灣，是必然的趨勢，而且在臺灣整個經濟本身看來，也是必要的，我們是沒有反對的理由。」

丁「一般臺灣土著資本家有排斥浙江財閥進出的傾向，這是事實的，但是這個傾向不過是所謂「同業者的仇視」。浙江財閥的進出，對於他們的將來的經濟活動是一種的威脅，所以他們不得不起來反對，不得不起來排斥；是純粹立脚於他們的利益上的，不是立脚於整個臺灣民衆的生活上的。」

戊「臺灣的土著資本家或是臺灣的工農大衆是沒有辦法可以阻止浙江財閥的進出，事實上，任何什麼階級的人，都沒有反對浙江財閥進出的根據；只有鬥爭能夠阻止他們的進出——臺灣的土著資本家可以盡自己的力量與他們鬥爭（資本與資本的鬥爭）臺灣的工農大衆也可以拚命與他們鬥爭（勞資的鬥爭）……。」

甲「國內的資本家來臺灣，與臺灣的土著資本家競爭事業，我們既肯定資本主義的存在，這是不可避免的，因爲資本主義的原則是自由競爭。但是我們很希望他們斷不可像日本資本家那樣，利用政治權力來壓迫臺灣的土著資本家，覊佔一切事業，還要留使土著資本家能伸展的餘地。」

乙「同時我們很希望政府，斷不可像日本政府那樣，犧牲臺灣工農大衆的生活，來擁護浙江財閥的權利。」

丙「希望儘管希望，總是我們不可過期待，因爲期待過大，失望就愈大了。聽說，大官的背後都跟著大資本家，小官的背後都跟著小資本家，個個都相關相聯像形影相隨一般的。」

丁「最近大官小官開口就說：我們來臺灣不是來做官的，是來做事的；不錯，他們不是來做官，是來做事的；但是他們所做的事，是事業的事。而且他們所做的事業也不是慈善事業，也不是公共事業，是賺錢的事業；所以較明白地說，他們不是來做官，是來賺錢的。」

乙「最近國民黨到處開什麼三民主義的宣傳大會，但是三民主義是不必宣傳的，三民主義是要實行的，口裡所說的與手裡所做的若不一樣的時候，無論任何宣傳工作都沒有成效。我們老百姓最希望的是實行國父的民權主義和民生主義，所以若不抱著不純的動機來壓迫我們的民權，來開發臺灣的經濟，以解決臺灣民生問題的時候，不管浙江非浙江，我們都歡迎的。我們中國到今無不因爲民族資本過少所苦，所以發展民族資本以建設強富的國家，這是當前國家經濟建設最緊要的任務。凡事須要以國家民族的建設爲先，決不可拘於個人的眼前之小利。」

五、本省人如何能得把持金融機關

甲「日本治下的時候，臺灣人對於金融機關，殆都沒有權限；一部份的臺灣人對於各種金融機關雖然有出資，但是其主要的幹部可說全部是日本人。把持金融機關，結局就是把持臺灣的經濟界。臺灣已經光復了，假使本省人今後若不能把持金融機關的一部份（我們不是說要把持全部），本省人在本省的經濟活動，也是與在日本治下的時候一樣，會受著種種的束縛。」

乙「不知現在臺灣有幾種金融機關？對這點先說起。」

丙「臺灣銀行以及各種民間銀行、農業會、漁業會、信用組合、中央產業金庫，這些可以說是臺灣重要的金融機關。」

丁「這些金融機關，將來還可以存在，這是一個問題。」

甲「臺灣銀行一定是會繼續存在的，其他的銀行也許有些變更，至於農業會和信用組合縱暫時存在，將來一定會整理改爲合作社，這不過是我們的料想。」

丙「從來本省人不能把持金融機關的原因，是因爲金融機關的中央集權，所以本省人若想要把持金融機關的時候，必須確立金融的地方分權。」

乙「丙先生的意見未必是對的。因爲地方銀行，規模小而資金不多，不能得著一般人的信用；將來臺灣工業化的時候，各種事業需要的資金一定多，若不利用中央銀行，事業資金一定是不能圓滑。」

甲「中央銀行與地方銀行的差別是不成問題，主要的問題是金融機關的民主化；不論中央銀行或是地方銀行，我們希望政府斷不可像日本政府那樣專以日人爲幹部，需要採用本省人參加銀行的經營。」

己「銀行比較的不是民衆的金融機關，甲先生所說的金融機關的民主化也是必要，但是更加必要的是金融機關的民衆化。金融機關民衆化的第一步就是合作社的建設，現在的農業會和信用組合是非常官僚的，不能說是合作社。我們希望在最短期間中，把全島一切的農業會和信用組合，都改爲合作社。但不是單換名就算完了，現在的幹部（大部分是日本政府時代，由日本地方官廳任命的，不是民衆的眞正的代表）一切退場，重新由民衆公選新的幹部，那麼，合作社的營運可以期待了。」

甲「對於這個問題的結論是：

1 我們希望政府，不可以一部份的特殊財閥來壟斷臺灣的金融機關，需要採用本省人參加經營。

2 要求金融機關的民主化和民衆化。

3 展開合作社運動，在最短期間中，建立各地方的合作。

4 合作社的幹部不可由政府任命，須要徹底的民選。

那麼，我們本省人也許能得把持金融機關的一部份。」

原載《政經報》第一卷．第五期

一九四五年十二月廿五日

㈢ 編輯後記

編按：蘇新掛名《政經報》主編是從第一卷・第一期到第二卷・第四期；其中第一期因爲回南部搬家的關係，由王白淵代理；而我們看到在「編輯後記」署名「新」者，就只有以上三期而已！雖是「編輯後記」，可裡頭也隱藏了一些那個年代的訊息，値得參考。

第一卷・第二期

△本報創刊號，不期而與長官蒞臺同日發刊。我平素不信世間有偶然。但本報創刊號發刊日與長官蒞臺日，不期而同，這不得不說是偶然。此偶然好像暗示本報的將來。那一天，我們同人有雙重歡喜，一重是歡喜臺灣的新政治開始，另一重是歡喜我們的《政經報》創刊。同時有雙層覺悟，一層是覺悟與同胞一同爲建設健全的新臺灣奮鬥，另一層是覺悟與同人一同爲造成革新的言論界努力。

△本報的目的是搜集國內國外的關於政治、經濟、社會、文化等的資料及徵集各界同志的建設的意見，以資各界的施策。故我們深信，本報一定對於新臺灣各方面的建設，能夠做個好指南針，同時對於從事於各界的同志們，也能夠做個好伴侶。

△本號受著賴通堯先生的好意，得登賴和先生的遺稿《獄中日記》又賴和先生的「竹馬之友」守愚先生，爲此「日記」特寫一篇「序」來。茲對兩位先生深謝。本來「日記文」大都屬於文學，但此種日記文，是與普通的日記文不同（是有包含著很深的政治的意義的。）賴和先生，如衆周知，是臺灣解放運動最偉大的指導者，是臺灣革命家中最罕見的人格者。我們由此「日記」可以窺見其人格的片鱗。

△林金莖先生的〈新臺灣如何建設〉，雖用文言寫的，頗有魄力。只因所包含的問題過多，對於

各個的問題，不能詳盡，但現在我們要希望政府做的問題，大部分都有提起，而且有簡單的答案。「提起問題」就是「解決問題」的第一步，假使若沒有人提起問題，問題是永遠不能解決的。提起問題，換句話說，就是喚起輿論，輿論雖不能說是民衆全體之聲，但至少也是一部分的民意。

常言道：「當局者暗、旁觀者明。」尤其是新來的一般官員，對於本省的客觀未必精通，故我們在臺的同胞，需要個個都像林金莖先生那樣，大膽地把自己的意見發表出來。一來，對政府官員報告些情報，二來，喚起一般省民之政治的關心，這是有良心的智識份子應該做的。

△「糧食問題對策」這一篇雖是我自己記錄的，但不是單我個人的意見，而是政治經濟研究會員十數名熱烈討論的結果。我相信，這種討論會的記錄，一定對政府或對各界的同志，能提供很好的參考資料。第二回的討論會，已定本月十八日，在該會本部開會，題目是「金融問題對策」，請讀者大家期待！

一九四五年十一月十日

第一卷・第三期

△這號受著連謀先生（現任高雄市長）的好意，得登我們的指導者謝春木先生的玉稿〈光明普照下的臺灣〉對於好久沒有見過春木先生的一般同志們供給一點好消息，這是我們同人無限的光榮。我們一見此文，我們就知道春木先生如何愛我們臺灣，如何痛疼我們臺胞，如何在國內替我們努力。春木先生向來爲著臺灣的解放運動犧牲了半生，光復了後又時常掛念著臺灣，憂慮臺灣的將來。所以先生勸告到臺灣的軍政負責人「不要喪失了信心，不要將政治的光明前途斷送官僚手裡，一切爲實施憲政，一切爲完全地方自治而努力」，希望他們「愛護臺灣人、尊重臺灣人、幫助臺灣人達成他們的政治願望」，希望中央政府「立刻要成立民意機關，以尊重臺灣的政治願望來實現我們的新政，立刻開放言論、出版、集會、結社的自由。」一時日人散布春木先生在上海被暗殺了的惡宣傳，其用意在那裡，我們可想而知。但先生現在還健在重慶，據最近他的私信，他現任「國際問題研究所」主任，所以他在最近的將來是不能回來的，但我們大家都很盼望他早一日回來收拾臺灣現在的混沌狀態。

△現在本省人最關心的問題，是金融問題。金融政策若確立得不好，無論任何政策都無從談起。可以說，金融問題是政治問題中最重要的問題。政治經濟研究會第二次討論會記錄，一面是解決現在政府的金融政策，對本省人明示或暗示這個政策此去會跑到那裡去；一面是對政府

陳情我們本省人現在所處的環境，祈政府對我們要特別考慮。金融問題是非常複雜而廣泛的，不是我們這個小小的政治經濟研究會一次兩次的討論就能達到很正確的結論。我們研究會員的見解也許有不對的地方，故我們希望各位同志不要客氣，把我們不對的地方盡量批評，盡量指摘，互相討論、互相研究，那麼，我們一定會達到最好最正確的結論。

△現在我們臺胞最失望的是最近的人事問題。過去替日本帝國主義壓迫民衆的，都個個登場起來，而過去替一般民眾反抗日本帝國主義的一大批所謂「錚錚的鬪士」却個個按劍不動。這個事實，雖其中必有故，但不得不使一般人猜疑。事屬人事，有人說是小節，但凡做事都以人事問題爲先，我們不可輕視。這個問題會發展到那裡去，是值得注視。

△林金莖君的〈四書五經之眞義〉是對許傑銓氏的〈論臺灣社會之改革〉的反駁（登在《臺灣民主評論》第三號）。許氏主張：若要革新臺灣社會，非先打倒孔孟的封建的思想不可。但林君主張：若不根據孔孟思想，新臺灣的建設是不能健全。他引用四書五經之句，來證明國父的「大同主義」是立腳於孔孟思想的。關於三民主義與孔孟思想的關係，在倫理上和道德上，是有研究的必要，同時要改革臺灣的社會，是否要打孔孟思想，也有論爭的價值。

一九四五年十一月二十五日

第二卷・第二期

△臺灣光復後不上五個月，就惹出本省人和外省人的種種糾紛，使本省人和外省人無意中發生感情上的隔膜，這個問題雖小，但在建設新臺灣的觀點上，是不可輕視的。

從來，本省人最痛恨的，是日人的優越感，日人侮辱本省人的時候，他們都慣用「清國奴」這句名詞。

現在，本省人最感不快的，亦是某種外省人的優越感，這些外省人時常說本省人是「奴化」，把「奴化」這個名詞當做「臺灣人」的代名詞。

若因被日人統治五十年，我們就是「奴化」，那麼，你們被滿清統治二百餘年，你們是「什麼化」？

我們不要多說，我們只要對你們外省人諸公明顯地宣言，我們的口號是：不法日人，要剷除！腐敗臺胞，要打倒！貪官污吏，要趕回！

△楊毅先生現任臺南縣秘書兼教育科長，先生赴任前數天，在臺北與我談論臺灣現在的政治問題，因爲我有點憤慨口氣，先生就安慰我說：

「這個現象，不是臺灣獨有，是整個中國普遍的政治頹風」，於是先生就馬上寫一篇〈論目前中國政治頹風〉給我。

先生平素最痛恨的，是「官僚主義」和「貪官汚吏」。所謂「官僚主義」就是分派別、鬧人事、爭意氣、對事敷衍、對人拉攏、重表面、不重實在、重形式、不重內容、專空論、不力行。許多貪官汚吏，都以為做官是發財的捷徑，機關是謀利的階梯。（借用楊先生語）我相信楊先生這一篇不上一千字的文章，可說是斬「官僚主義者」和「做官發財主義者」最銳利之劍。

一九四六年一月二十五日

(四) 譯稿兩篇

編按：蘇新在《自傳》中提到，他在《政經報》期間翻譯過一篇〈台灣物價問題〉和一篇〈台灣農業與米作的前途〉。

關於「物價問題」，遍翻《政經報》，除了林金莖的〈物價問題〉（第二卷・第四期）一文，以及陳逢源與陳逸松的對談：〈解剖物價問題〉（第二卷・第五期）之外，就只有署名「懷青」的這篇〈光復後台灣的物價問題〉（第一卷・第四期）。

我們找不到蘇新所謂「翻譯」的、有關「台灣物價問題」的文章，比較接近的就只有「懷青」的〈光復後台灣的物價問題〉一文了。至於「懷青」，據我的推測可能是「施懷清」的筆名。按：施懷清是台灣抗日志士施至善的兒子，留學廈門集美中學時，曾是活躍的反帝學生運動的領導人之一，戰後據說曾任台灣糧食局局長。

另外，蘇新所說的另一篇譯稿：〈台灣農業與米作的前途〉，唯一比較接近的就只有同期刊出之石錫純的〈米作與糖業㈠——農業政策的一考察〉（沒有續文）。

有一個可能是，誠如蘇新所說的，這兩篇文章是由蘇新翻譯的（日翻中？）；因此，我們大膽收入這兩篇「疑稿」，留待有心的史家查個「水落石出」。

光復後臺灣的物價問題

懷青

一、日本當局的物價對策及光復前臺灣的物價狀態

戰爭必然地在通幣方面致出莫大的資金放出，在物資方面致出莫大的消費。前者的結果就是通貨膨脹，它會招致購買力的擴大；後者的結果就是勞力及其他原料、材料等的生產的降下，而會招致物資的不敷，兩者合作起來即成爲通貨膨脹，致使物價上漲，幣價跌落。所以戰時經濟的最大問題，就在如何阻礙通貨膨脹成了惡性的通貨膨脹傾向。另一個問題，就是如何供應莫大的消費。對第一個問題的對策，就是那些爲避免通貨膨脹所推進的消化國債，及爲吸集浮動購買力的獎勵儲金和節約運動；對第二個問題的對策，就是以加強生產爲目標的增產運動，尤其是重要物資的生產增強，並確立限制消費的配給制度，以及圖求供相對的物資計畫等有關的政策，那麼戰爭中的物價問題應由這兩個觀點而論的。

在臺灣的日本當局也不出例外，站在第一觀點堅持著低物價政策，站在第二觀點，採用追從時價的政策。

以九・一八價格停止令、公定價格制、暴利取締令、低金利政策等的低物價政策，爲順利地堆進預算及防止惡性通貨膨脹的對策。又採用了加強生產，及爲促進物資流通的二重價格制，

並補償制或是申請特別價格制的政策。

但是以順利推行預算及防止惡性通貨膨脹爲目標的低物價政策，及以生產，促進物資流通爲目標的追從時價政策，意圖這兩個包含互相相反著的日本當局的物價政策，表面上雖然像得到了成功，卻倒招致物價的凸凹現象。

又因國債推銷不良，莫大的軍事支付專靠臺銀發行券，使之避不得隨時增加（戰前只一億內外，光復前即提高至十三億），而以吸集剩餘購買力爲目標的儲蓄獎勵也不能得到如意的效果；結局通貨膨脹所致的購買力的增大日趨厲害起來，和因生產諸條件的惡化而低降了的生產合成一體，只叫幣價日趨跌落。

幣價跌落，一方面滋生了換物思想，而另一方面則引起囤積物資的流行，結果致出物資偏在，阻礙物資交流，求供不順應，甚至驅使黑盤市場隆盛；這來幣價跌落又更加其速度，進入不斷的惡循環的地步。

民國三十三年十月，第一次大轟炸以後，因累次的轟炸，交通就亂了，生產也降落了。最低的生活物質，不僅停了配給，甚至陷落到告極度的不敷，逐次減少的配給米量，竟到了不能配給的田步。

那麼，除了軍官等一部特定階級，因生活物資的不敷，只使各層人士對於糧食不得不靠於黑市。這麼來黑市就變了公然的秘密了。加之，因軍事狀勢的緊迫，日本軍隊就不顧著價格問題，公然地以黑盤價格獵買了物資，所以公價的物價指數的上漲雖很少，但黑盤昂漲就太凶了。

比如說光復之前的價格，較了戰前均漲至五十倍至一百。

總而言之，在光復之前的臺灣整個的物資至工資等都有公價，然而事實除了很少部分的配給品以外，可說是沒有能夠以公價購進的東西；不過是在危機的一步前橫豎地用強權強攔住著而已。

二、光復後的物價狀態

日本一旦降伏了，臺灣的日本法律就失掉了其一切的權威，尤其是關於統制經濟的一切的法規概均權威落地，而且已經沒人要遵守公價制度，集荷機關，配給機關也就擾亂起來，喪失其機能了。

一切的經濟秩序紊亂極了，物價也混亂了。由統制經濟的一切的桎梏放出來的人們，由死界脫逃出來的人們，知道了光復的確報就興奮至極了。在這裡消費的意欲就提高了。物資的流動活潑化了，商人都將囤積了的貨色排在鋪面了。簡易食堂、料理店、特殊飲食店在一瞬之間泛濫在市面了，向來凸凹不平衡的價格中，屬在凹的，尤其是未曾進入黑盤的剃頭錢啦，公共汽車賃啦，整個種類的賣藥的價錢等，一齊都暴漲了三倍乃至十倍之鉅了。

向來在黑盤界排在頭一位的米、蔗糖卻反跌落了本來黑盤價格。譬如說，米從一斤十元跌至二元許，蔗糖從一斤八元跌至一元五角了。

消滅了黑盤上的危險的負擔，軍用米的售出，糧食營團的舞弊，以及對於光復的心理影響，可算是這些物價急跌的原因吧。

然而，就一般物價的大勢而論，概可說較光復前的黑盤有相當的跌落，卻距公價還差得甚，而且雖然黑市交易最盛況的物資跌落了價格，黑市交易較少的東西倒反漲其價。換言再說，需要的伸縮性較少的食品等必須物資降落了價錢，反而便宜品及贅澤品反升漲了價錢；所以以必須品爲重點而算出來的物價指數，當然只顯示著降跌的與事實不同。

然而事實消費是愈加厲害，尤其是對於糧食品可稱是到了濫費的程度。

但是狂喜一般的興奮所致的消費是沒有經濟基礎的。

戰爭中整個的工廠都爲了戰爭目的被動員著，所以光復後這些工廠若非閉鎖即是停工了。鑛業也不出其例；只就鐵工業而言竟出了一萬以上的失業者。統制經濟所出產的各統制會、統制會社，統制組合已殆盡解散。又島內各日人官衙商社因要復雇退伍日人士兵，卻淘汰了本省人，而省人被日軍召用者亦復員回家，這應就發生了多大的失業者，但是光復的歡喜卻可補充失業所致的不安。

但是臺胞的購買力漸趨減退，隨了興奮的漸薄，社會的不安也緩步地顯現了。而且臺幣的發行，自光復之後的十三億至十月底已達到二十八億，且其差額十五億元，大都化爲陸海軍的支付，其支付內容，則軍需工事的結束清算，軍官的退職津貼，一年份的先付薪金等是。而其金款所流進的地方，無外是軍官及軍需關係會社，另言稱之，則是向來臺灣統治階級的日本人們。加之歸國日人，只允攜帶一千元以下之報一傳，日人自敗戰以來的自暴自棄的濫費更加其厲害，那麼這裡就可見臺人減退購買力而日人反擴大購買力的怪現象了。然而日人已自榨取者的地位跌下來了，他們從前那樣的收入不能再繼續了，他們的購買力當然容易看透其末日的。光復當時街頭巷尾常看見的日人醉漢，也漸減少，至十月中旬減至極少數，他們的濫費也就減退了。

雖然十月初旬以降，陸續到臺來的祖國軍官們化了不少的錢，從全面底立場看來，購買力卻趨減退的傾向，市場時生停頓，交易也緩慢起來。總之，九月下旬以後的物價，在臺灣在庫多的或能夠自給的，好比蔗糖、青菜都自跌落以來未曾漲價；反之，本島不能自給的，或很少在庫的，好比麥、米、麵粉都漸次昂漲。可是交易仍在不振的狀態。

總之，八月十五日以後，主要的物價概傾向跌落的趨勢，直至九月下旬以後又重度慢慢地漲起來。當然這只是就大體而言，在八月十五日以後的跌落期間，前述的交通演戲等的價格反而上漲，而在九月下旬以後的上漲期間，青菜、蔗糖仍然便宜。

光復後物價的另一大特點就是各地區不等，據我們的經驗，即在各地方甚至在各村落，一樣的東西有了差得太多的價格，並且在一個村裡，可見依貨主論價之現象，而其差亦不少的樣子。其原因，一則因交通困難及治安紊亂所致的物資交流的停滯，造成地方圈兒化，另則因商人的恣意。

三、結論

我們在前述已沿著臺灣物價大約的傾向看過來了，那麼我們可自其中得到了物價問題的對策。

免說我們若要回復這個失掉了的物價的均衡而阻止通貨膨脹的傾向，我們應先吸收剩餘購買力使通貨縮收。第二則需要打破地方圈兒化，使物資能圓滑的交流。第三需要重開停止操業的各工廠，鑛山等事業場，實現恢復生產。第四努力消滅個人的姿意。

爲達到第一個目的，需要開始存款運動。其能見效果的方法，即藉舊臺銀券與臺灣省新通貨兌換的時候，使之在特定期間內（好比一個星期日內）讓各戶除一定限度的少額兌換之外，盡數撥於金融機關的存款，然後等到一個星期後，才讓他們放款新通貨。那麼在特定期間內，全省的資金，除了少額外，都集合於整個的金融機關，而且前已說過，光復後所發行的通貨的去路，殆在日人手裡，而擴大了購買力也是日人，所以在這裡把日人的存款凍結著，除了允許一定限度的生活資金及生產資金放款。十月三十日現在臺幣發行額，大約二十八億，其中日人的所有推定約有二十億元，所以一下子可以縮收二十億左右的通貨。

第二的打破地方圈兒的問題，莫不急於緩和輸送難，在火車汽車等種種輸送器具中，由其施設、輸送力量、速度等看來，最成爲問題的焦點的就是火車。

所以輸送難的解決殊靠在鐵路輸送的促進。而要促進鐵路輸送即需增加開車次數，那麼火車所需要的煤及機關車以及其他的車輛就成了問題了。

爲了要確保煤的供給，需要停工中的鑛山再開始復業。爲了整備車輛需要鐵工業的再度操業。這麼就成爲連連綿綿地引起一連串工業再活動起來。所以增加開車次數，若超越過某一個可能的程度，那當然需以生產恢復爲前提，但是在可能的範圍內，努力增加車班是應當的。

還有另外一個問題，就是各地方自警團等私設團體，只能夠看著眼前，超過程度地阻礙物資的轉運，這可說是物資偏在，地方圈兒化的最大原因。破獲惡德商人的囤積，阻止日軍人的走私出售物資也算可以。但這是會阻擋正常的交易及扼制物資的交流，假使雖是日人企業的交易，如果是正當的，何必阻礙。

就是在十月十五日前進指揮所「臺進字第二號」佈告裡，雖有嚴禁了日人公私財產的更動，可是也允許「與中國人的商舖慣習的正常營業的」。

因爲企業是召集原料、勞力等做出商品，而出售換錢，又再以得來的錢買著原料、勞力再做商品，再付予出售的。換句話就是在G—W—G循環過程中增殖財富的。所以這個循環過程若被中斷了，那麼企業就停了生產，使企業破壞。

倘且很抱憾的，在過去五十年日本帝國主義在臺灣經營的結果，臺灣大部份的企業都握在日人掌裡。而這些企業若完全停止（現在大半都休止的狀態），所有的生產就成爲沒有。這不只對於臺灣而且是對於國家算是不少的損失。且現在臺灣的生活已是受著威脅的狀態了呢。所以我們不可使企業的生產，在接收結束以前有所停頓。

對於私設團體也盼望政府妥當的開發領導，又提緊配置警官恢復治安才是捷徑。

第三個的恢復生產問題，首先再復工基礎產業，尤其是鑛業爲先決問題。致使了這些工鑛業停止操業的原因，則是過渡期的不安、工資太貴及原材料的隘路的三點。社會的不安，若待接收進展即自可解消，那麼就不用談論它了。但還有工資太貴和原材料的隘路的問題；對於前者，若採用那些有了最低限度生活費和一些零錢就得過活的繳械日軍人，使生產費能夠不虧本而能生產就解決；對於後者，即不問官民的所有，將各機關、各工廠、各事業場的保有重要原材料預以禁止移動及買賣，而將其物資配給於妥當的工廠，使之負責生產數量。另一方面，爲維持臺灣必須重要品的生產，其所不可欠的物資，須考慮當今及呈將來的配給不會致出斷絕的程度，謀從海外獲得其不足物資。

第四就是個人的恣意問題，若圖消滅之，可考慮如次的方法。

1 取締奸商，查緝商社的囤積，飭之強制出售。

2 提高商業道德的發揮，設立自治價格。使各商工團體展開商業道德發揮的運動，如可能的話使各同業團體，在政府允許之下設自肅的政治。

3 還有一個問題，就是對於經濟政策不安所致的換物思想，爲了要掃盪這個不安，除緊急推進接收工作外，政府亦須要在不妨害的範圍內，爲安定民心計應有宣傳聲明。

十月三十日

米作與糖業㈠

農業政策的一考察

石錫純

一、引言

我們若要論新臺灣的經濟建設，首先需要提起「砂糖與米」這個問題，因爲砂糖與米是臺灣所產的二大商品之故。從前年由臺灣輸出到日本的米，差不多有五百萬石，即一千二百五十萬擔，由此可以證明臺灣是米的豐產地。但是在這個「米倉」的臺灣，現在人民將要傍徨在飢餓線上了！

在過去，每年的七、八、九、十這四個月間，所出口的米，平均有二百萬石，即五百萬至六百萬擔以上。然而今年這四個月間，因戰爭或其他種種的原因，殆無出口。既然沒有出口，今年本省至少尚有五百萬至六百萬擔的剩餘米，但是現在各地的倉庫都空虛，這是什麼原因呢？我們很切實的痛感，關於前資本主義的生產品底這個米的問題，有徹底的考察的必要。

一方面，資本主義的生產品底砂糖，雖受了燒夷彈的洗禮，現在尚且充滿在各製糖會社的倉庫裡或市上，這就是臺灣農業經濟的現狀！

我料想到明年四、五月，臺灣的食糧問題一定會愈深刻化起來，故此次政府的食糧政策，不但是六百多萬省民的生死關頭，而且是爲政者的手腕的試金石。

要考察米的問題以前，我想要來考察「米作與糖業的相關關係」。因爲要解決米作問題，非同時解決糖業問題不可。

二、糖業在臺的獨占的支配

臺灣的製糖業是臺灣底代表的資本主義產業。它在日政府的經濟的及行政的援助之下，急速地成長起來，而今日已成爲一個獨占的產業部門。它的經營不止於製糖一部分，由農場經營起，至耕地白糖之精製、開設鐵道、配合肥料、製造酒精、製果、經營鐵工場等，縱横相雜，竟成爲混合企業，把握臺灣所有的產業部門。臺灣的製糖業在國家強力底經濟上並政治上的援助，完成了其迅速的成長。而在現在它本身已成爲一個獨占的產業部門，來誇示其政治的、經濟的勢力之臺灣代表的資本主義產業了。

換句話說，它的地位，是以研究用什麼法子來榨取農民，用什麼法子來使異民族做耕牛役馬，而來確立的。即它全把甘蔗以外的競合作物看做一種「敵作物」，發動強權，無視他種作物的自然的和經濟的適應性，而不斷地強制農民蔗作的。

三、對「適地適作」看來的糖業的將來

若要繼續糖業，站在自然的立場看來，在臺灣，需要限制濁水溪以南爲蔗作區域。以製糖工場所有地，爲模範農場，適用近代的技術，才能達到集約的合理的經營。

將這自營農場爲主要區域，來復興製糖工場。倘自營農場不能充足供給原料的時候，還可以與農民自由契約買收。若採用「適地適作主義」和「自由契約」，農民就免得犧牲，可以繼續蔗作了。

臺灣糖的生產原價比玖瑪糖和爪哇糖的生產原價更高的原因，是因製糖業者在國家的絕對保護下，不能忘記獨占利潤的快感，把自然的和經濟的都不合蔗作的濁水溪以北的地區，強制農民蔗作。

假令撤廢濁水溪以北的全部，也還可得一年九萬甲的收穫面積。那麼產糖的數量，依昭和十一年至十二年（民國二十五年至二十六年）的平均看來，還能得生產一千三百五十萬擔。

四、由臺灣糖的市場性看來的糖業政策

臺灣糖的市場是臺灣省內與內地各省而已，日本已經變成了外國。所以臺灣糖的生產原價，若不能與玖瑪糖和爪哇糖同等，日本是不能爲臺灣糖的市場了。

中國全體所需要的砂糖，若不可不維持一千三百萬擔的時候，我們相信，要多少施行像日

本的保護關稅。但是，我們所盼望的——是確立沒有這個保護關稅，而能送臺灣糖出去世界市場；不壓迫農民，只以自由契約的耕作，而能繼續生產的農業政策。

糖業政策是現在農業政策底重要問題，把糖業資本變爲國家資本，這不是把日本人資本變爲中國人資本的意思。連在日本殖民時代，各方面都有論過這個糖業的國家經營。因爲日本全體切實地要求主要糧食的米，故提倡糖業的國家經營，斷不是立腳於臺灣農民的幸福的著眼點上來提倡的。我們所主張的國家經營，當然是一方面考慮著米糧生產，一方面考慮著農民生活的。

五、因米糧的切實性致糖業必然的後退

砂糖的重要性是第二義的，我們眼前的切實問題是米糧問題。中國米糧問題，不是一時的現象，是每年都要由安南暹羅方面進口大量的米糧和對外國買入許多的小麥的狀態。常言道：「民可百年無貨，不可一朝有飢」，我們要知道糧食不足是切實的問題。中國本土對臺灣要求的不是砂糖，是米糧，昔時日本也是一樣的。日本將來一定也會對臺灣輸入日本種的蓬萊米，大概會以進口爪哇糖，來代替臺灣糖；這是必然的趨勢。

由中國全體的需給和整個國際經濟看來，臺灣依然是個米的適作地，而糖業應該要退到能抵抗爪哇糖的地點，這也是必然的趨勢。

二、《台灣文化》

(一) 論「教育平等」

編按：蘇新在〈自傳〉中提到，他在《台灣文化》時期曾寫了一篇〈批評台灣教育〉的文章。可在編輯《未歸的台共鬥魂》期間，我們卻沒有找到這篇文章，後來我們還特別請教了史料研究者秦賢次先生。秦先生可說是藏有《台灣文化》最多者之一，他查閱各期目錄之後並沒有看到這篇文章。因爲這樣，〈批評台灣教育〉一文就在《未》書中暫時存目；今年（一九九四）年初，我在《台灣文化》覆刻版的說明中看到，秦先生確認蘇新在《台灣文化》時期曾以「周再來」的筆名寫過〈論「平等教育」〉一文；秦先生的根據爲何？他並沒有說明。不過，我們還是決定把它收錄進來，提供讀者諸君參考！

論「教育平等」

陳長官蒞臺第一聲就說：教育第一。不久以前，他在某一日的國父紀念週，亦曾經說過：就業、醫療、教育三項需要平等。可見陳長官對於教育如何關懷，如何重視。

實際上，無論要建設任何事業，其第一要著是人材。倘若人材不好不足的時候，任你如何計劃，那個計劃就永遠在「計劃中」，沒有實現的一日。要政治好，需要有好的政治家，好的公務人員；要全體國家好，需要全體的國民好；但是這些好的政治家、好的公務人員、好的國民由何而得？不消說，是要靠教育造成的。

教育最落後，無知與文盲最占人民中多數的國家裡，有時也會產出少數優秀的政治家、思想家、技術者；但是這些少數優秀的政治家、思想家、技術者，對於國家全體是無濟於事的。若不能打破無知與文盲，提高全國人民的教育水準，那個國家的繁榮，是絕對不能期待的。

有一些人時常誇言說：中國是文字的國家，世界中最文明的國家之一。這也許不錯。但是在另一方面，是教育最落後，無知與文盲占最多數的國家。對於我這種說法，恐沒有人敢反對。最好的證明是現實。臺省可說是全國教育最普及的省份，而臺灣省民的教育水準如何，據民國三十三年的統計（昭和十九年的臺灣年鑑），臺灣省民曾受過初等教育的，占全體人口的七十五％；受過中等教育以上的，僅占十六％；至於受過高等教育的，雖然沒有具體的統計，但恐一千人之中不上一人（〇・一%）。這就是在全國教育最普及的省份的教育狀態。比臺省教育更落後的省份的教育狀態，由此可推而知。

關於臺灣光復前的教育狀態，在上面我已提出一個值得注意的統計，就是：「臺灣省民受過初等教育的，占全體人口的七十五%；受過中等教育的，占十六%；受過高等教育的不上〇・一%。」追究其主要原因，大部份的外省人與一部份的本省人，都歸於「日本政府的在教育制度上的差別待遇」。例如：潘之華先生在十月二十七日的《人民導報》說：「在日本統治臺灣時期，教育機會是不平等的，不但高等教育的對象完全以其本國人民爲主體，即臺胞由小學升入中學也受到相當限制，光復後此種現象當然絕對沒有了。」（提倡自學運動）又如范壽康先生在同日的《人民導報》，〈一年來之教育〉裡面說：「日本人時代過去在臺灣的社教設施，除圖書館、博物館有充分設備，以供其本國人士享受外，對臺灣同胞，所灌輸的，純粹是『皇民化』思想……」這種看法和這種說法未必然是正確。日本政府在教育制度上，並沒有什麼限制，沒有什麼不平等，日人可以入的學校，臺人亦可以入。至於圖書館和博物館，也不是如范壽康先生所說，只「供其本國人享受」，日本政府也不曾禁止臺人入圖書館或博物館去讀書研究，日人可以利用，臺人也可以利用。但是事實上，正如潘之華先生所說：「在日本統治臺灣時期，教育機會是不平等的」，也正如范壽康先生所說：臺灣的圖書館和博物館，只供其本國人士享受而已。

其主要原因，卻不是在於教育制度上的平等不平等，限制不限制；只因爲大多數的臺灣人沒有教育子弟的經濟能力。臺省人多受過初等教育的原因，是由於若不受過初等教育，除非在家耕農或做他人的奴僕以外，絕沒有謀生的機會。所以爲著生活，無論如何貧苦的家庭也都不得不把其子弟送入學堂，受些初等教育，學些日語；而很少數人受過中等教育的原因，正如藩之華先生所說：「許多有志青年爲了個人生活或家庭負擔，不能不出去做事。」所以大多數的青年小學畢業後，就出去社會謀生，沒有再受中等教育的機會。而日人的子弟呢？他們的父兄若不是高級官吏，就是「會社的高級社員」，那裡有家庭負擔，有「爲了個人生活不能不出去做事」的必要。在臺日人子弟受過初等教育的有九九．六五％；受過中等教育的有八〇％；而受過高等教育的有七〇％以上。我再提出一個值得注意的統計給大家做參考：光復前，臺灣人口差不多有六百四十萬，其中日人占四十萬，臺人占六百萬；而臺灣總財產，四十萬日人占其七〇％，六百萬臺人僅占其三〇％而已，在日本統治臺灣時期，教育機會不平等的根本原因正在於這一點。

臺人在日本統治時代，在教育方面所受的痛苦，是如此深刻。光復後，省署所施的教育制度，由表面上和形式上看來，學校的門戶是無不開放的，無論男女貧富，均有就學的權利。但是在實質上，教育機會的不平等，在教育方面所受的痛苦，是比日人時代更加深刻。因爲，當局事事採取高物價政策，致百般物價日日飛漲，人民的生活日日低落，迄今雖有些餘裕，保送子弟就學的人，也就不能顧及子弟的教育了。至於教科書、文具及其他學用品，多漲至百倍以上，使其家庭不能負擔，致已就學的兒童青年也不得不離開學校。近來在街頭販私煙的，排攤的兒童，大都是因此原因而失學的。這種現象在農村更加顯著，有的地方，因其家庭貧苦，不能維持一家生活，又負擔不起學校經費，致全校學生大半離開學校，歸家從事農耕，或赴私煙工廠捲煙。此風如再長去的時候，除生活富裕的家庭少爺小姐以外，大多數勞苦大衆的子弟，恐永遠沒有就學的機會。

所以，談「教育平等」的時候，若忽視一般人民的生活，而只空談「權利」和「學校門戶的開放」，那就程序顚倒了。「權利」與「門戶的開放」固然必要，但若沒有享受權利的機會，那個「權利」不過是「壁上的一個畫餅」。

我在上面已經說過：我國現在在所謂五強之中，是教育最落後，無知與文盲占人民中最多數的國家。我們若要建設一個名符其實的強盛國家，要樹立一個眞正的民主國家，我們必須要對於無知與文盲這個黑暗狀況鬥爭。一方面徹底的解決民生問題，把人民與小孩從勞碌中解放出來，使每一個人民均有就學的機會；另一方面，必須實行普遍的、強迫的、免費的教育，且爲高等學校及大學的最大多數的學生，建立國家津貼的制度，以保障一切人民都應有同等機會享受教育之權利。

其次，在本省現在的客觀情勢之下，要採取甚麼步驟，才能做到普遍的、強迫的、免費的教育，我且提出若干參考意見。第一：現在的國民學校是六年制，即七歲入學，十三歲畢業。十三歲的小孩除升入中等學校以外，在社會是沒有甚麼用處。所以我們要主張提高離校年齡到十七歲。每一個國民學校裡面，須要設讀到十七歲的初級中學，無論如何不達到十七歲絕不可離校。第二：光復前畢業國民學校而現在尙未滿二十歲的，亦須要盡量收容到這新設的初級中學，使其得受免費的中等教育。第三：對於成人的教育，每一個已在工作的公民，不論他是公務人員、工人、農民，都須要在工作的地方，由於特別施設的夜課，受到中等教育，取得升入大學的資格，後來成爲全部時間的大學生，在大學裡的期間，也同樣可以接受經常的政府津貼。第四：至於校舍問題，因戰禍，各校須待修的時節，恐怕有些困難，但是這並不是不能克服的困難。我們一方面，須要積極建築新校舍，另一方面須要充分利用現有建物。現在各鄉鎭的各里，都有所謂「集會所」，這些建物可盡量利用爲校舍。夜課亦能利用政府各級機關的辦公處，尙且不夠的時候可以分晝夜兩班輪用。

對我這種意見，一定有人駡我是狂人。因爲現在政府財政極其困難，連敎員的薪水都不能照月支出，那有經費辦到你這個似狂人的烏托邦的教育理想？但是我要說：假使不能辦到普遍的、強迫的、免費的，對大學生支出國家津貼的教育，「教育平等」是永遠不能實現的。「教育平等」既然永遠不能實現，那麼，康樂富強、自由獨立、民主統一之中華民國亦永遠不能建立起來。

（三五，十一，十八）

原載《台灣文化》第一卷．第三期

一九四六年十二月一日

筆名：周再來

(二)音樂與美術

編按：除了〈批評台灣教育界〉一文，蘇新提到，他還寫了一篇〈漫談台灣美術界〉（批評台灣第一屆美術展覽會）的文章，受到台灣文化協進會理事長游彌堅的注意，說是「黨部」對這兩篇文章有意見。

其實，蘇新所提的這篇〈漫談台灣美術界〉（《台灣文化》查無此文），就內容而言，應該是指〈也漫談台灣藝文壇〉一文（第二卷・第一期，筆名「甦甡」）。

這裡補錄的〈音樂與美術〉，則是蘇新以筆名「S・S」所寫的簡單的活動報導。

本會主辦：光復週年紀念音樂演奏會

本會爲紀念光復週年，特聘請本省第一流音樂專家，於十月十九日下午七時，在中山堂舉行音樂演奏大會。聽衆達三千七百餘名之多，陳長官亦蒞場聽演。不僅在光復後一年間，在日人時代五十年間，也未曾有這樣大規模的音樂會。

開演前，由本會理事長游彌堅氏致開會詞，略謂：「本省光復後已一週年，在這一年間，本省到處表演著進步。這屆音樂演奏會也是本省音樂文化的進步的一種表現。臺灣的文化水準很高，尤其臺灣的音樂界水準，比國內任何省份都高得多，譬如今夜，不但演奏者的技術優秀，聽眾的鑑賞能力也很深。」旋演奏開始：

第一部

第一節：XUPA合唱團——指揮呂泉生，伴奏蘇泰肇。

第二節：鋼琴協奏——周遜寬，張彩湘。

第三節：女次高音獨唱——陳暖玉（伴奏陳泗治）。

第四節：鋼琴獨奏——高錦花。

第五節：男高音獨唱——呂赫若（伴奏張彩湘）。

第二部

第六節：鋼琴獨唱——張彩湘。

第七節：女高音獨唱——陳素薰（伴奏周遜寬）。

第八節：小提琴獨唱——林森池（伴奏陳泗治）。

第九節：女高音獨唱——林善德（伴奏蘇泰肇）。

第十節：鋼琴協奏——陳信貞（伴奏陳泗治）。

第十一節：室內樂——交響樂團室內樂隊（鋼琴陳清銀，第一小提琴周玉池，第二小提琴葉得財，小提琴林禮涵，大提琴張水塗）。

至將近十時，此空前的盛會，在興奮裡才告閉幕。

第一屆美術展覽會特選及入賞者

光復後，本省第一屆美術展覽會，於十月二十日午後二時，在會場中山堂舉行記者招待會，同時發表特選及入賞者氏名。據展覽會負責人說：「此屆展覽會，因時間迫促，準備不能充分。但是，此屆展覽會可說是從美術方面清算過去日人統治時代的餘毒，並表示本省美術家的水準的機會，所以本省各地的美術家，都很熱烈、很踴躍參加。綜觀此屆美展，出品件數及成就比日人時代更多。至於各個的作品，在取材、技巧、色彩、光線，都很奔放，自由自在地發揮出來。其中也有連審查員都不及的作品。」云云。特選及入賞者如次：

特選

國畫部

一席　許深洲「觀猴圖」，二席　陳慧坤「賞畫」，三席　黃水文「清秋」，四席　黃鷗波「秋色」，五席　范天送「七面鳥」，六席　錢硯農「黃山始信峯」。

西洋畫部

一席　呂基正「室內」，二席　葉火城「R先生」，三席　陳春德「三峽風景」，四席　廖德政「花卉試作」，五席　金閣作「路傍」，六席　方照然「入德之門」。

入賞者

國畫部

長官賞　許深洲，學產會賞　陳慧坤，文協獎金　黃水文。

西洋畫部

長官賞　呂基正，學產會賞　葉火城，文協獎金　陳春德。

彫塑部

長官賞　無，學產會賞　張錫卿，文協獎金　陳毓卿。

原載《台灣文化》第一卷．第二期
一九四六年十一月一日
筆名：S．S

㈢上海的報紙和雜誌

編按：這篇文章在編輯〈未歸的台共鬥魂〉一書時，由於手邊的影印稿不清楚而暫時存目；這次我們從《台灣文化》的覆刻本影印了清楚的文稿，謹此補遺。

(一)報紙

上海出版的報紙，其種類之多，不僅在國內都市中爲第一，在全世界大都市中亦無其匹。除國文報紙以外，還有英文報四家，俄文報一家（從前曾有法文及日文報各一家，現在已廢刊了）。單就國文報紙而論，大小報共有三、四十種，各黨各派都有，各機關均有它的機關報。

有人說：報紙種類之多，是言論自由之證。但此說卻未必是，因爲種種的不自由的事實，每可見到。但是，可以這樣斷定：報紙種類之多，是表現著其社會生活的複雜和其政治鬥爭的激烈。

茲介紹若干比較著名的報紙，述其性質及其背景，以供參考。

(1)《大公報》——在上海擁有最多讀者的，還算是《大公報》。如眾週知，該報與「政學系」有密切關係，一向標榜著「大公無私」。但國內不少部份人潮的當中，上海人士，卻批評它爲「小罵大捧」「掩蓋人民的耳目」的報紙。是否這樣，各人有各人的看法，不便斷定。可是，我想不管國內人士，怎樣批評它，在臺灣倘若有一家像《大公報》，「相當敢說」的報紙，臺灣人民就十分滿足。

該報因其歷史頗久，各方面的人材都有，所以其「社論」對於世界輿論之影響力相當大。對於遠東有利害關係的國家，或對於遠東局勢關心的人士，大都以《大公報》的「社論」或「專論」來判斷或推察遠東局勢的演變。該報的規模頗大，世界各大都會，都有它的特派員，所以情報靈通，取材廣泛，資料豐富；尤其是該報印各種副刊，是不許他報追隨的。而且該報記者中也不乏自由主義份子，當五月間的學潮，該報各地的記者亦被捕了七、八人，該報本社亦被包圍，險些兒就被搗毀了，原因說是《大公報》煽動學潮。

今年五月末，也正是鬧著學潮，三家民間報紙——《聯合晚報》、《文匯報》、《新民報》——被封的翌日，《大公報》的發行份數，竟增加了一萬份。

(2)《申報》、《中央日報》、《新聞報》——這些報紙，雖有其小派別，但就其系統說，是國民黨的。正如臺灣的《中華日報》（中宣部直轄）一樣，其性質及背景，無庸贅言了。

(3)《和平日報》——是國防部的機關報，臺灣亦有《和平日報》，其系統、性質、背景相同。可以說：臺灣《和平日報》是上海《和平日報》的「分家」。內容注重「軍訊」，而且比任何報紙都詳盡。

(4)《新夜報》——晚刊，是上海警備司令部的機關報。在上海最先刊登臺灣當局通緝二・二八事變首要份子三十名的消息的，是這家報紙。也許因爲它是「晚刊」，有時能夠把某種消息提前刊出。

(5)《中華時報》——是青年黨的機關報。人家說：青年黨窮了三十年，然卻還能建設一家的報紙，亦可謂「壯」矣！可是，正如人們在貧窮時代有一種作風，而富後又有另一種作風一樣，青年黨，也就是《中華時報》，現在的作風和從前的有點不同了。因爲「國大」以後，不是

「野黨」了。

(6)《時事新報》——是「山西派」的機關報。提起「山西派」，誰都會連想到閻錫山將軍，是的，他從前是「山西」的主人，北伐時代雖然歸依國民黨，但另形成一派，而主張「山西門羅主義」。直至抗日軍興，始堅心與國軍合作抗日，勝利後再回到故鄉，爲山西軍總司令，坐鎮太原，企圖剿滅共匪。他的唯一冀望是恢復昔日的地位，再爲山西之主，但山西的局面已變了，他的冀望恐怕會成爲一場之夢。

(7)《文匯報》、《新民報》、《聯合晚報》——這三報是純粹民間的報紙，帶有「民盟」系統的色彩，其中《文匯報》最爲「左傾」。當五月間的學潮，被政府認爲「煽動學潮」，受「異黨」操縱，「另有作用」，遂被封閉，至今還未復刊。聞《新民》、《聯合》兩報，或者有復刊的可能，但《文匯報》勢必離開上海。據說《文匯報》同仁，一度想搬到香港繼續發行，後來又想搬到煙台，結果如何卻未有消息。

(8)《時代日報》——係蘇商時代出版社之發行。注重介紹蘇聯各種情形，尤其是蘇聯的文化。其副刊「文化版」，時常有蘇聯的文學、影片、音樂、繪畫等專論、研究。

(9)其他小報，如《光報》、《飛報》、《鳳報》、《眞報》等。上海小報，很少有政治色彩的，大都是黃色刊物，十彩五色，氾濫市鎮，其數之多，無暇枚舉。其主要內容：不過是些「伶人百相」、「痴男怨女」、「作孽姻緣」、「萬紫千紅」、「洋場小唱」、「美人關」、「黑寡婦」、「女魔王」等類。

但這些黃色報紙，在這烽火遍地，物價狂漲，人民在飢餓線上徬徨的情勢之下，卻能給市民一點的安慰，正如「鴉片」的作用一樣。所以有些小報，竟能比那些大報擁有更多的讀者。

⑽英文報紙。在上海英文報紙有四家，即：《*Shang-Hai Evening Post*》（大美晚報），與美國大使館有密接的關係。《*North-China Daily News*》（字林西報），與英國大使館有關。《*Shang Hai Herald Tribune*》（上海自由論壇報），國民政府機關報。《*Chian Press*》（大陸報），是孔祥熙系統的。這四家報紙，其立場各有所不同，孔祥熙雖然亦是國民政府要人之一，但他卻有他個人的立場，因而他的大陸報亦另有它的作用。

四家英文報紙中，勢力最大、讀者最多的是美國系的大美晚報，這也就是表現著現在美國在中國的勢力和地位。

㈡雜誌

上海出版的雜誌約有二百種，綜合性、學術、文化、工商、經濟、科學、無電、文藝、音樂畫報、小品、青年、婦女、少年、兒童、醫學、軍事等均有。

不過，上海出版的雜誌雖多，內容充實的不多。茲把幾種著名的刊物，作一個簡單的介紹。

(一)綜合性的刊物

《文萃叢刊》——《文萃》雜誌在上海被停刊以後，該誌同仁搬到香港，繼續發行《文萃叢刊》，形式像「小冊子」的單行本，內容卻與過去的《文萃》相同。有專論、通訊、詩歌及雜文等，尤其是時常有討論國內戰局的論文，這在其他刊物是不易見到的。

《觀察》——是一個自由主義色彩非常濃厚的週刊，不偏不黨，純粹站在「中間派」，一向被稱爲「雜誌中的大公報」。內容偏重時事問題與學術問題的討論。選稿相當認眞，就是通訊與讀者投書之類，也頗多言之有物，不是「無病呻吟」。主筆是自由主義者儲安平。

《時與文》——是一個新出的刊物。每期都有相當有份量的論文，同時還著重雜文、散文與木刻。定價亦比較低廉。

《評論報》——是富有新聞性的刊物。內容有：政治內幕、社會秘辛、經濟解剖、人物速寫等類。

《中蘇文化》——是一個研究蘇聯的月刊。專門介紹蘇聯政治經濟、社會科學、文化各方面的情況。

《人物雜誌》——是以人物介紹爲主，對於青年修養，不無幫助。

《文摘》——過去是專門選摘國內外報章雜誌的精華，現在則完全是翻譯的文章，除時事問題之外，科學的文章也不少。

《世界智識》——從出版到現在，已有十餘年的歷史，最近從半月刊改爲週刊。文字深入淺出，無論是初學國際問題的，或是對國際問題已有研究的人都可以讀。

《時代》——蘇商時代出版社發行的週刊，與時代日報是姊妹關係。是個研究國際問題的，內容偏重於蘇聯的介紹。

《亞洲世紀》——也是一個新出的月刊，內容注重戰後亞洲（尤其是日本）問題的討論。創刊號六月始發行，其中日本問題佔三分之二，有日本新憲法全文一篇，凡欲研究日本問題的人，不可不讀。

其他——綜合性刊物除以上列舉的以外，還有下記各種，不能一一介紹其內容。只羅列其誌名，以供參考。

《時與潮》（在臺灣，有臺灣評論社的臺灣版）、《現代文摘》、《現代新聞》、《再生》、《讀者文摘》、《中央週刊》、《世界月刊》、《民主與統一》、《智慧》、《朋友》、《民主論壇》、《世紀評論》、《雄風》、《自由叢刊》、《光明報》、《國訊》、《現代智識》、《學風》……等。

(2)學術、文化方面的刊物

《理論與現實》——中國學術雜誌中，最有權威的刊物，在香港出版的，本來是不應該在「上海的雜誌」的題目之下介紹的，可是它的主要市場是上海，故把這刊物包括在內亦無不可。它注重於社會科學及哲學問題的研討，尤其是注重當前現實問題。

《中國建設》——雖然比不上《理論與現實》，但也值得一讀的。不過，比較偏重於財政經濟問題的研究。

《讀書與出版》——雖然偏重於讀書方法、介紹優良讀物這一方面，但解答學習上的各種疑問、促進聯繫及計劃學習、調查學習情形與條件、發表讀者的自我介紹等，對於青年學習有很大的幫助。

其他有：《東方雜誌》、《大學》、《新中華》、《活教育》、《民衆週刊》、《國文月刊》、《社會月刊》、《讀書通訊》……等。

(3)工商經濟方面的刊物

綜合性的「經濟雜誌」不多，只有《經濟週報》、《經濟導報》、《經濟評論》三種，其餘的都是金融、工業、商業、農業等的專門性的刊物。這三種雜誌，注重於一般經濟問題，時時刻刻報導世界各國的經濟動向，討論中國經濟界的現實問題。但我們在(1)項所舉的「綜合性的刊物」中，如《文萃叢刊》、《觀察》等，倒能發現更正確更有意義的，有關經濟問題的論文，所以這三種經濟雜誌，雖然有很好的資料，卻不能說是討論經濟問題的權威。

關於金融方面的刊物有：《中央銀行月報》、《銀行通信》、《銀行周報》、《證券市場》等。這些雜誌不是重理論和研究，是重統計及報導，所以不能以其所發表的論文的正確與不正確來定它們的好壞，須以其所發表的統計和報導的正與不正、速與不速來定它們的價值。無論如何，這些雜誌是金融方面的專門雜誌，所以從事於銀行界及證券市場的人是不可不讀的。

關於工商業方面的刊物有：《上海工商》、《工商天地》、《工程界》、《纖維工業》、《染化月刊》、《紡績染月刊》、《紡績週刊》、《商學研究》等。這些亦是專門性的雜誌，所以對這方面有關係的人是應該讀的，但對於一般人是無甚關係，故毋庸詳盡介紹。

關於農業方面的刊物有：《世界農村月刊》、《現代農民》兩種。前者注重於世界各國的農村問題、農業生產、農民生活的報導。後者係中國農業協會所發行。

(4)科學方面的刊物

自然科學的刊物相當多，《科學》、《科學畫報》、《科學世界》、《科學大衆》、《化學世界》、《電世界》是稱爲六大科學雜誌。其中《科學》是高級的讀物；《科學畫報》和《科學大衆》則是通俗化的刊物；《化學世界》和《電世界》是專門性的刊物。其他還有：《科學時代》、《化學工程》、《無線電雜誌》、《無線電世界》等。

(5)文藝方面的刊物

關於文藝方面的刊物有十餘種,殆都大同小異,沒有純粹「左傾」的也沒有純粹「右傾」的。因爲純粹「左傾」的文藝雜誌，在上海是不能存在的，純粹「右傾」的，不能受民衆歡迎，在上海是沒有立足的餘地。大體上講，文人是比較開明的，比較民主的，所以大部份的文藝雜誌多少帶點民主色彩。茲把比較著名的文藝雜誌介紹於左：

《文藝復興》、《文藝春秋》、《文藝智識》、《文藝青年》、《文藝生活》、《創世紀》、《人世間》、《世界文藝》、《蘇聯文藝》、《文潮月刊》、《生活大衆》、《世界文藝》、《新詩歌》等。

其中最堂皇、最美麗的是《文藝復興》，頁數一百四五十，定價法幣一萬二千元，在一般人民購買力非常薄弱的今日，一本一萬二千元的雜誌，是很少人買得起的。其次是《文藝春秋》，定價八千五百元，亦不能說是便宜，但內容卻頗充實。其餘的大都在五千元以下，不過，頁數也均在五十頁以下。

文藝雜誌社，大部份是沒有後台、沒有靠山的，所以經營上殆都處於困難的境地。如《文藝青年》，因爲經濟困難，曾停刊了許久，最近復刊了，出兩三期，又預告要再停刊至九月才能復刊。

許多文藝雜誌中，比較好的，還算是六月始創刊的《創世紀》，創刊號頭一篇作品是郭沫若的「盲腸炎」題記。

其次，臺灣人、臺灣風物、臺灣問題，一向沒有一個文人提起來作爲「作品」的題材，可是，自二·二八事變以後，國內文人間竟也有人把臺灣爲「作文」的題目了。

(6)畫報（包括攝影、電影、演劇）

畫報也相當多，不過其印刷技術太差，較在臺灣發行的《臺灣畫報》、《新臺灣畫報》等，也沒有什麼優點。如果拿美國的《生活》(*Life*)來比較的時候，不僅其印刷技術較劣，其內容也差得太甚。其主要的有：《藝文畫報》、《中國生活》(是仿「美國生活」的)、《聯合畫報》、《春秋畫報》、《寰球畫報》、《新中國畫報》、《中藝畫報》、《電影畫報》、《青年電影》、《中國攝影》、《圖畫世界》、《中華戲劇》、《半月戲劇》等。

(7)青年的讀物

至於青年問題的刊物，《中學生》始終站在第一位，立論很平穩，能供給青年學生各種新智識，並給青年指示出一條路來。《青年智識》有香港、上海兩版，均注重青年問題的研究和青年運動的報導。最近出版的《學生新報》是報紙化的雜誌、雜誌化的報紙，對各地學生運動的情況。每期都有詳細的報導。其他還有：《中國青年》、《青年生活》、《青年界》、《新學生》等。

(8)婦女的讀物

婦女的讀物比較少，《現代婦女》是最優秀的一種，《家和家庭》也不錯，其內容有：家政、家教、社交、戀愛、擇偶、婚姻、育嬰、保健、兒童等，凡有關婦女問題無不包含，無論《家庭婦女》、《職業婦女》，或《學校婦女》都可以一讀。其他還有《婦女月刊》、《婦女》、《伉儷月刊》、《今日婦女》等。

(9)少年兒童的讀物

少年兒童的讀物亦不能算行，其主要的刊物有《少年讀物》、《開明少年》、《新兒童》、《兒童智識》、《兒童周刊》、《兒童良友》、《兒童世界》、《兒童故事》、《小學生》、《小朋友》等。不過，爲少年兒童師長的人，對於少年和兒童的讀物，須十二分注意，替少年和兒童選擇，不可任其自由閱讀。

(10)醫學保健方面的刊物

我國的近代醫學，比歐美先進國家和日本落後得多，但近來我國當局對於醫學衛生方面也逐漸加以注視，對這方面的宣傳和建設，不能說沒有努力，因而關於這方面的刊物，也出現了不少，其主要的有《醫藥學》、《蘇聯醫學》、《西南醫學雜誌》（這三種是專門性的刊物）、《家庭醫學》、《婦嬰衛生》、《健力美》、《中華健康雜誌》（這四種是一般性的刊物）等。醫學和衛生，臺灣省比國內任何一省份，都進步的多，故在臺灣亦應該有一本關於醫學和衛生方面的雜誌的出現。

(11)英文方面的刊物

英文方面的刊物不多，除《現代英語》、《英文月刊》、《實用英文》（深淺兩級）等的學習用的刊物以外，只有一種綜合性的英文雜誌《密勒氏評論報》（*China Weekly Reviw*），這卻是美國人創辦的，該報自一九一七年由密勒氏（Millard）創辦以來，至今已有三十年的歷史，而成爲世界上權威的刊物之一。有關臺灣重要問題殆都經由該報廣播到全世界。

該報總編輯是J.W.鮑威爾氏，他的父親J.B.鮑威爾氏，繼密勒氏主持該報二十餘年，太平洋戰爭中，被日本逮捕，至勝利後才被釋放出來，回到美國。後來一度到東京聯合國軍事法庭，作證日軍在華的大屠殺，今年二月二十八日逝世。

該報七月五日號，又有一篇有關臺灣的記事，題目是"Old Scandal Renewed"報導二・二八事變首要三十名的通緝消息並附有各人的略歷。

⑿音樂方面的刊物

音樂方面的刊物很少，我所看到的只有《新音樂》、《樂學》兩種，也許因爲音樂在我國尚未大衆化的緣故。

⒀軍事方面的刊物

軍事方面的刊物也很少，只有《中國的空軍》和《中國的海軍》兩種。我們中國最主要的是陸軍，爲何沒有「中國的陸軍」這一類的雜誌。已有《和平日報》、《前線日報》、《掃盪報》等報紙，無需要那些小型雜誌。

㈡出版業者的危機和讀者的厄運

⑴出版業者的危機在這百物漲價聲中，上海出版事業已遭遇空前的危機，印刷費已於上月增加一倍，報紙價格近日又漲起五成，所以各出版刊物紛紛收縮或停辦。《聯合畫報》已由週刊改為月刊，《文摘》已宣佈「憩夏」且也改為月刊，《西風》已由出版中心的上海移到重慶，其他基礎較為薄弱的刊物，也多準備停刊。七月三日《聯合畫報》發行人曾發表談話稱：「上海出版物的定價雖一再提高，然無法保持其最低的成本。恐二、三個月以後，靠發行維持之刊物，勢將全部停刊，書店也將紛紛關閉。展望出版界前途，實不禁不寒而慄！」

⑵讀者的厄運——出版業者的危機自然影響到讀者，因為出版物的成本高，出版物的定價也就不得不提高，每日被「生活苦」所迫的讀者就買不起自己所愛讀的刊物，而且這裡所說的「讀者的厄運」有的不僅是「買起，買不起」的問題存在。

原載《台灣文化》第二卷・第六期
一九四七年九月一日
筆名：林任民

㈣文化動態

編按：蘇新在〈自傳〉中提到，他在編輯《台灣文化》期間，每期都寫一篇「文化動態」，介紹國內文化之消息。

事隔四十幾年後，該刊的「文化動態」與「本省文化消息」兩個專欄的記載，已經成爲研究當時文化活動時不可或缺的資料。

從目錄看，「文化動態」這個欄目，先是從第一卷·第一期（一九四六年九月十五日）到第二卷·第一期（一九四七年一月一日），連續存在了四期；然後中間就斷了兩期。到了同年七月一日發刊的第二卷·第四期時，才又繼續登了兩次。第六期再次空白；第七期（同年十月一日發刊）又再出現一次，然後又空了兩期；最後，在第三卷連續出現了三期（一九四八年一月一日～四月一日），之後即不曾再出現過了。

由於該欄目的編寫者並未署名，我們無法確知這些「文化動態」都是蘇新編寫的？因此，這裡收錄了比較確定的四則（第一卷·第一期至第二卷·第一期），供作參考。

第一卷・第一期（一九四六年九月十五日）

△中宣部中央第二電影製片廠，勝利後第一部出品「忠義之家」，由吳永剛編導，劉瓊秦主演，八月五日上午十時，假上海大光明戲院試映。

△田漢新作「薛爾望」一劇，頃已完成，正接洽出版中。

△曾爲友人戲稱爲「戈倫堡」之戈寶權，近正趕編愛倫堡報告文學選，不久可能出版。

△章伯鈞主編之《中華論壇》於八月六日起在滬出版。

△《新文化》不久可能復刊，並加強編輯撰稿者陣營，經已約定顧西春、丁靜、吳玲、申田、余求、岳光等人寄稿。

△豐子愷主編的《導報月刊》創刊號，業已問世，茅盾、金仲華、熊佛西、石嘯沖等均有著論。

△胡風主編《希望》第二集第三期已出版，內容有紀念民族解放戰士邱東平、蔣弼、石懷池等人之文章，以及舒蕪，方然之論文，冰菱等之散文。

△成都燕京大學同學，已於月前全部抵平，沉寂空乏之古都空氣，已漸爲此新生力量，轉呈活潑。

△柳亞子所作《懷舊集》爲其幾年來在內地所作舊感新拾的文字，已由耕耘出版社印行。

△茅盾近日短褲背心，起座斗室，《團的兒子》僅餘末章，即將譯竣，並趕寫短文多篇。

△新聞界小丑沈逆小雁，曾充任敵情報員，被宣判有期徒刑三年。

△鄭君里之「抗戰夫人」一劇，近已改成主題較爲擴大之「亂世鴛鴦」，即將在聯華拍片。

△上海少年劇團，籌備就緒，正在積極排演包蕾編之兒童劇「雪夜夢」，此外並擬定續演「牛皮阿狼」、「巨人的花園」、「鬍子與駝子」等兒童劇。

△滬激流劇團，於八月十二日起，在蘭心大戲院上演徐昌霖之「密支那風雲」因該劇作者事先不知此事，故向激流劇團抗議其不法行爲。

△爲美國務院邀請出國之周揚，屢向當局交涉出國護照，因已無望，已飛張家口。

△名畫家豐子愷攜眷經由川陝道抵開封，因旅途勞頓，抱病臥床。聞豐氏俟病癒，擬在汴舉行書展。

△暨南大學校長李壽雍對於抗戰八年來，在後方服務而今復員來滬之一百六十餘教職員，僅聘三十餘人，未得聘者之一百二十餘教職員，不勝憤慨，將有所表示。

△北京、清華、南開三大學在滬聯合招考，報名投考者，達八千二百餘人。

△喜劇作家陳白塵，已到滬。

△重慶劇人路曦、洗群、黃若海、孫堅白等，已由公路轉道抵京。

△女作家謝冰瑩，已由漢口飛北平，平市文藝界，聯合舉行歡迎會。

△畫家張正宇夫人，已由渝飛滬，所購黑市飛機票，每張一百萬。

△製片商蔣伯英，居於重慶南岸，日前被匪徒二十餘人入室洗劫一空，損失甚鉅，張正宇夫人

因寄居其寓，連帶遭劫。

△文壇老將熊佛西，近正寫趕一篇三十萬字之長篇小說，已完成十萬字，此次周揚返張垣，佛西老親繪小雞三隻貼以「一哭」。

△中央電影製作廠新片「遙遠的愛」，即將拍製完竣。

△中蘇文化協會文藝叢書，最近收有新書二集，爲蘇聯卡泰也夫著、茅盾譯之《團的兒子》及白俄羅斯詩人庫巴拉著、朱笄譯之《飛吧，我的心！》，將由萬葉書店出版。

△抗戰期中新進作家黃賢俊，近完成其首部長篇小說《雷聲》，已編入新群文藝叢刊，即將出版。

△上海藝術劇社結束後，其中堅份子多數轉入費穆領導之中華實驗影劇公司。

△大風劇社之「黃金魔」於八月廿日、廿一日兩日，假蘭心大戲院上演。

△女作家鳳子，勝利之初，曾作一短篇〈眼睛〉，嗣後有某雜誌刊載〈評鳳子的眼睛〉一文，友人聞訊甚怪，見面時爭審鳳子之目，蓋誤以「她的眼睛出了毛病」。

△田漢之「琵琶行」尚未行出，至爲焦急，近特「避難」友人家，擬靜心著作。

△中國藝術供應股份有限公司現籌備中，該公司以服務劇界，推進劇運爲宗旨，分委托、租貸、服務三部，並擬組織戲劇研究班。

△洪深自下學期起，擔任復旦與市立劇校兩校教職。

△藝苑雙星葉淺予、戴愛蓮伉儷，於日前出國赴美。

△楊村彬之「清宮外史」，前傳將由「苦幹」（劇團名）演員演出說不確定，蓋楊頃方將一二三部

之演出權交與「中國萬歲劇團」，現正在物色場地排角中。

△聯華招考演員，初審合格者六百餘人，聞此次應試者多爲職業青年，一部係學生。

△文藝界爲紀念魯迅，特發起印魯迅全集，經已成立魯迅全集出版社，刻已委託光明書局、三民書局預約，定於十月十五日出版，蓋十月十八日爲魯迅逝世十週年紀念。

△中蘇文化協會上海分會，於八月廿五日起，假八仙橋青年會舉行「蘇聯集體農場照片展覽」，二十四日先開預展，招待新聞界。

△重慶社會大學正副校長陶行知、李公樸光復後於最近逝世，該校首屆畢業生痛悼之餘，決抑悲憤繼承遺志，續舉辦第二期社會大學，現已籌備就緒，本月中可開課。

△茅盾於二月前正式接獲蘇聯政府專函邀請赴蘇聯遊歷，惟以茅公不願聲張，迄未爲外界所知，目前消息傳出後，友好人士紛赴詢問。茅盾出國手續護照，係由蘇方代辦，即將完全辦妥，當在九月間成行，在蘇約有二、三月逗留。

△文學批評家楊晦，年來任教中央大學，深得學子愛戴，近聞以過爲學生歡迎之故，有遭學校解聘說。

△劇作家史東山，近正忙於趕創一新作，係取材於勝利前後一般情形之對比，即可完成，聞亦將由「中電」攝片。

△名音樂家盛家倫，已自東北來滬，聞此次係代表長春電影攝影廠來滬物色人馬，開闢東北電影事業。

△滬伶界聯合會，爲籌募基金，將聯合上海所有名伶，舉行義演，已召集執委會，討論戲碼。
△梅蘭芳病癒後，將於秋冷在中國大戲院作短期演出。
△沈西苓遺作《十字街頭》，係描述青年生活及苦幹情形，戰前風靡全國，現聞大風劇社擬演此戲，由魯恩改編，英郁導演。
△郭沫若現在在寫長篇小說，不久可與讀者相見，郭老說：本人不寫小說久矣！
△武漢大學九月中在珞珈山及京滬二地招考新生，十月初開學，該校機構現成立在珞珈山中。
△復旦大學定九月七、八、九三日開始新生報名，十四、十五兩日舉行入學考試。
△胡風在上海進行檢舉文奸工作頗感困難，蓋當地文化人，均不願負起相當責任之故。
△馮雪峯新作《論民主革命的文藝運動》一書，近已由作家書屋出版。
△滬江大學第二次招生，報名者千人，而錄取名額祇有男生百名，女生三十名。

第一卷．第二期，魯迅逝世十週年特輯（一九四六年十一月一日）

△在滬之一部份歌曲歌詞作者發起籌組之詞曲作者協會，近已正式成立，會員包括全國詞曲作家五十餘人。
△滬上文化界盛傳予倩老「流落廣州」，實係傳聞失實，此老尚在桂林，唯備受迫害，聞即將攜眷來滬。

△蘇聯對外文化協會駐華代表，近已在滬邁爾西愛路覓得房屋一所，籌設蘇聯書報閱覽室，現在積極佈置中。
△上海歡衆演出公司，已於日前正式成立，該公司由張駿祥、李健吾、黃佐臨、鳳子、柯靈、孫浩然（即古巴）分別認股爲董事，姜衍任董事長。基本演員係薈「苦幹」、「中電」二劇團之英萃，有耿震、沈揚、楊華、林榛、蘇琴、莫愁等。
△中華全國木刻協會主辦之「抗戰八年木刻展覽會」，於「九一八」紀念日，假大新公司畫廊展覽。此次木展，搜集抗戰八年來全國最優秀作品一千八百餘件，唯以限於會場，僅能陳列一半。作品均經精選嚴審，且有大批西北木刻參加，益見生色。
△作家邵荃麟，以夫人葛琴待產在即，已離滬返漢口，月後或將雙雙來滬。
△漫畫家廖冰兄，困居昆明有日，近得各方友人匯寄稿費，已得束裝離昆，正在赴港途中。
△中華戲藝社長應雲衛來滬後，連日與友好故知歡敘，洽談甚忙，日前已離滬赴漢口。
△應雲衛歷年來從事話劇運動艱苦折衝，此次來滬略事觀察，認爲話劇在上海大可發展，決使其所領導之中華劇藝社來滬。
△中華劇藝社職演員已全部輾轉抵漢，擬在該地演出「棠棣之花」、「天國春秋」二劇，即以所得充來滬川資，月後可望成行。
△洪深咯血事，友好均甚爲關心，洪老自己亦不大意。近經醫師診斷，知係心臟及胃部病症。
△名作曲家沙梅近應百代公司之邀，將其得意之作「打柴歌」及「豈有這樣的人，我不愛他」，

由國內著名女高音郎毓秀小姐灌唱。

△滬地蘇聯影片，過去在敵僞時期，僅供蘇聯公民俱樂部放映，勝利以後蘇片亦曾打入本市首輪影院。聞最近有大批影片由蘇輪運抵上海。

△美國哥倫比亞大學出版部，新近出版英譯中國小說集三冊。其一爲《魯迅選集》，收有〈阿Q正傳〉、〈狂人日記〉、〈離婚〉、〈魯鎭〉、〈故鄉〉等。另二集爲《中國舊小說集》及《中國現代小說集》。後者收有茅盾之〈春蠶〉，老舍、張天翼、巴金、魯迅、凌叔華、葉紹鈞等人作品二十一篇。

△日本進步作家，近組中日文化協會，擬大量介紹中國作家及作品，頃正由上海中外文藝聯絡社代爲約請各作家寄稿。

△名雕塑家劉開渠，客居蓉城期間，曾窮一年之力，精心製就「農工之家」大浮雕一具，長一丈二尺，高四尺。劉氏近已抵渝，正候船東下。

△數月來以廣州環境惡劣，文化人多紛紛赴港，而在港則生活經濟倍見困難。

△胡愈之在星加坡編刊綜合性雜誌《風下》，由沈茲九、楊騷、馬寧等人執筆。

△港粵文協發表〈港粵文協在廣州的遭遇〉一文，對廣州地方當局對民主文化之摧毀，報告於全國文化界人士。

△郭沫若近甚少外出，在家與兒同桌而讀，正閱民間通俗小說多種。

△茅盾夫人躬腰趕修秋衣，茅盾伏案忙作校對，此亦男耕女織圖耶？蓋茅盾新譯之《團的兒子》

及其雜文集《時間的記錄》，近已排印完竣，均由茅盾親自校對。

△勝利後第三部國產電影，北平中電出品白楊主演之「聖城記」，已在滬公映。

△程及水彩畫展在大新畫廊舉行，展出六十二幅，以在平期間所作宮庭殿堂及北地山景爲多。

△中國歷代貨幣展覽會於十月九日結束，門票所入達六百元，盈餘以充大學貸金。

△香港學餘聯誼社，已開始舉辦第三期文化講座，課程採分科式，聘請千家駒、黃藥眠、思慕、懷湘、陳殘雲、周鋼鳴等爲講師。

△馮雪峯近輯集一九四一年入獄時所作詩稿，編成詩集《靈山歌》，已由作家書屋出版。

△「聯華」甦生後尚在趕製中之第一部新片「勝利前後」，決改名爲「八千里路雲和月」。

△重慶一四劇團自上月底起在抗建堂公演「武則天」，張逸生導演。

△十月十九日之魯迅逝世十週年紀念，滬各藝文團體聯合舉行紀念會，並在各重要雜誌報章出刊紀念特輯。

△重印之魯迅全集亦已發書，共印一千部，每部售價十二萬元，數日中全部售完。

△昆明新中國劇社在復員途中覆車，滬戲劇界方面，特由田漢、洪深等十二人召集各戲劇團體代表，商討慰問援助等善後事宜。

△新進詩人沙鷗，爲戰時陪都農村中一小學教員，近經精選三年來之敘事長詩六篇，輯爲《化雪夜》，已在渝出版，爲青草詩叢之一。

△齊齊哈爾文化教育日益蓬勃，全市小學廿七、中學七所均先後開學，藝術學院亦已開課。工

人俱樂部成立了三個業餘劇團，輪流在各市區演出，一到下午，滿街都是歌聲。電影院、圖書館，男男女女擁進擁出。

△熊佛西與陳白塵，見面即談「袁世凱」，蓋熊前作「袁世凱」被禁，陳擬作之「袁世凱」，又遇各種各樣「勸告」，兩個劇作家所得結論爲：「最好把其中要角楊度，改爲熊佛西或陳白塵」。

△月前與馮玉祥將軍等同船出國之楊云慧女士，即楊度之孫，曾多方托人告陳白塵，請其於描寫楊度時「筆下留情」。

△曹禺自美來信，謂在美苦悶萬分，老舍則因習於幽默，一切以幽默對之，致心情尚佳。曹禺原擬於九月返國，現因故不克成行。

△女作家白薇，抗戰期間丟盡書籍衣物，且丟失未發表之多幕劇十一個。勝利後苦無住所，近在蘇州友人家，唯亦不能久居，不日回滬，尚不知得棲何處。

△薈萃昆渝各地歌舞演員之中國歌舞劇藝社，在香港成立後，曾演出巨型民間歌舞劇「中國人民悲歡曲」。

△名畫家程及，將於最近赴美舉行個人畫展，離國之前，特假大新公司二樓畫廊，預展五天。

△金山領導之長春製片廠實驗劇團，在長春演出「國家至上」後，再上演袁俊之「萬世師表」。

△丁聰在香港淪陷時，遺落大批世界名畫及書籍，最近由葉靈鳳在香港書攤上收到大部，即將托人帶至滬，小丁聞訊，爲之狂喜。

△歷史哲學家何幹之新著《魯迅思想研究》一原冊，已在張家口出版，其中一部分，聞將寄滬分篇發表。

△交大學生自四百餘名驟增至二千餘，原有自來水裝置，已不敷應用，又值連日炎熱，水荒嚴重，自來水龍頭前，面盆排隊，輒達丈餘，蔚爲奇觀。

△交大復員木船，在江西境內沉沒，後遭匪劫，某部長托運之九箱細軟，亦同告損失，唯據目擊者謂：所謂細軟，全係皮鞋之類。

△考取燕大之江南學生，正待整裝北上。目前燕大已非大家想像中之昔日燕大。四百學生中，一百四十人以自助工作維生，八十人賴校外救濟金，四十人賴校內救濟金。日常席間，已無豐饌盛餚。

△耕耘出版社最近出版新書有：楊培遠著《中國經濟動向》、沈志遠著《近代辯證法史》、柳亞子著《懷舊集》、茅盾等著《青年與文藝》、呂振羽著《中國社會史諸問題》等。

△白楊返滬後，忙於聯華開拍「勝利前後」，空閑時尚須讀書、念英語、練鋼琴，因所飾玲玉爲一記者，特別交際上海幾位女記者做朋友，以便探悉劇中人性格。

△田漢之琵琶譜決交「黃金」周信芳演出，周氏因愼重緣故，現交洪深公子研究舞台面及角色分配，決於明春作大規模之演出。

△干伶趕寫「何處不相逢」，預備作「上海劇藝社」的下一個節目，而李健吾爲著「觀衆」，也在將「強盜」拼命加工，已寫就第一幕。

△劇作家宋之的遠遊不歸，簡直是樂不思滬了，夫人名演員王蘋惦念之餘大罵老宋，可是收到春寒的上演稅，還是替老宋留著買板煙。

第一卷·第三期（一九四六年十二月一日）

△我國著名花腔女高音郎毓秀，素有花腔國手之稱。郎女士將出國赴英表演。

△國內作曲家沙梅教授，擬將歷來作品，在滬公開演奏。

△上海劇作家協會於上月二十五日下午假梅龍鎮酒家舉行全體會員座談會。到李健吾、陳白塵、陽翰笙、吳祖光等三十人，由田漢主席，商討該會呈備案正式成立及電影劇本「潤格」等問題。關於籌備正式成立事宜，當推吳祖先、洪深、李健吾、柯靈、李之華及佘上沅、冼塵等七人負責。

△歐陽予倩來滬後各方爭相邀聘，「聯華」欲聘之爲導演，歡衆演出公司想請他幫忙，致力平劇改良方面人士也要把他拉過去，大有應接不暇之勢。

△魯迅全集目前已成珍品，欲得而不可得，輾轉托人相求仍無望者不知凡幾。此次重印之千部，以裝訂費時，日出一百部，約月底即可完畢，全部預約戶可於下月初發完。

△女畫家孫多慈，得上海黨政名流之助，於上月二十七日至三十一日，在慈淑大樓四樓聚餐會舉行個人繪畫展覽會。

△許幸之在蘇州，正著手將郭沫若之史劇「屈原」，改編爲一大型歌劇。

△法國新聞處長甘默項自巴黎返京，攜帶大批照片及藝術品三百幀，除繪畫、彫刻、藝人生活照片外，尚有法國建設及風景之畫片。其中一部係巨幅新色油繪印刷品，如印象派及後期印象派諸大師之作品。現代藝壇大師畢加索、馬蒂斯照片亦復不少。刻正由美術家王琦著手整理，待在京滬展出後，即將在北平、廣州、香港、重慶、昆明各地展出。

△蘇聯對外文化協會及中蘇文協主辦之蘇聯版畫展，已於上月廿五日在南京揭幕。出品一百餘幅，多係蘇聯抗戰時期之木刻作品。

△上海文化界人士爲發揚陶行知教育精神，曾組織陶行知教育事業基金會，募集基金從事進行，重慶文化界人士亦熱烈響應，成立重慶分會，推鄧初民等九人爲委員。

△中華教育電影製片廠，最近成立，由李清悚主持。據李表示，將於三年內拍攝教育電影兩千部。

△上海各報爲充實經濟新聞，多延攬經濟專家主編經濟版，據調查所得，魏友渠、盛慕傑服務《大公報》，秦柳方服務《文匯報》，張一凡服務《正言報》，姜慶湘服務《僑聯報》，朱紹文服務《東南日報》，鄭森服務《聯合晚報》，而《商報》特別著重經濟新聞，特由祝百英任主筆。

△教育部爲充實高等教育參考圖書，特派國立北京圖書館長袁問禮赴歐美捐募圖書，已募到三十餘萬冊，即將運到。

第二卷・第一期（一九四七年一月一日）

△茅盾近譯之《團的兒子》由萬葉書店出版後，該店特為裝幀極為雅緻美觀之精裝本十五冊，茅盾赴蘇時，將此攜贈原作者及蘇聯文化界。

△上海劇藝社「釵頭鳳」之下一劇為陽翰笙之「草莽英雄」，此係寫四川袍哥幫會之革命事蹟。

△「草莽英雄」係洪深導演，洪深自今夏揮汗「春寒」後，曾宣稱決不再導他戲，此次經於一以人情，二因技癢，病體稍康，即慨然出馬任勞。

△柯靈以同時在新聞、戲劇兩界工作，自稱兩棲動物。前日在為劇校裁撤問題招待記者席上稱：「中國的話劇運動，一開始就是一種嚴正的文化運動，新聞界歷來都是贊助和扶植著它的發展的。」他要求新聞界和社會公正人士，同樣仗義執言。

△田漢自遷住虹口後，出入既不方便，居處又無電話，苦死了這位忙人。平日常「逐電話而居」，時在劇校，時在友人家，守候電話旁埋頭寫稿。外間有事電告，即能隨意行止。

△全國木協舉辦之木刻訓練班，已於十月十五日開始，為適應廣大木刻愛好者受學起見，特改為函授學校，並按區指定指導人員，俾學生得就近請教，以補不足。前於展覽會時登記參加該班者七十餘人。

△魯迅先生舊友日人內山完造，曾向木協商請以抗戰八年木刻展全部作品，攜日展出一次。木

協以該部作品，僅此一份，蒐集殊為不易，擬另行徵集複件及新作，以應其請。

△孫青羊教授，於抗戰期內，在川任教投影幾何於交大及工專等校。孫氏原為國內名畫家，教授投影，乃其餘技，前在重慶舉行個人國畫展與千字文諷刺畫展，獲得陪都人士之嘆賞，與外邦使節之爭藏。最近孫氏由渝來滬，上海美術協會特為主辦畫展，作品除自重慶帶來之近作國畫及千字文畫外，尚有留存淪陷區未遭毀壞描寫舊時秦淮之水彩畫及水粉故實畫，盡皆富麗妙曼。

△托爾斯泰之轟動世界名著《保衛察里津》，由曹靖華翻譯後曾在重慶出版，即將在滬由北門出版社再版。此次收集原著中木刻插畫十餘幅，極為精彩。

△劇作家曹禺曾一度赴好萊塢參觀，現又返紐約百老匯。據其來信致滬上友人，謂入秋後之百老匯，戲劇活動甚為蓬勃，許多新戲均陸續演出，故擬在返該處停程一個時期考察。

△文化人士顧頡剛、黎蒙、張志讓、張先辰、傅彬然、吳澤、林煥平等發起組織中國文化事業公司，其業務為印刷、出版新聞及文化服務事業。資金預定國幣一億元，分一萬股，現在開始籌募，主要係向南洋華僑募集，股成後在上海及廣州成立書店印刷所。

△籌備已久之大同文化事業公司，未及創立即迫於高利貸，宣告破產。其中大同書店一部，業經改組獨立，稱大地書屋，由復旦大學教授蔣籌同毅然出而主持，近正積極招股籌款中。

△茅盾所編之大地文藝叢書，現亦改稱大地文叢，最近即可出版者為洪深之《戲的唸詞與詩的朗誦》及茅盾之《時間的記錄》二種。

△蔡力行主編之《現代新聞》已決定為月刊，內容包括短評、專論、新聞概論、採訪術講話、編輯術講話、報紙管理講話、資料搜集講話、新聞記者修養講話、報紙批評、新聞界人物訪問記、國內外新聞事業巡禮、國外新聞紙調查、新聞界消息等欄，每期並擬出一特輯，討論中心問題。

△郭沫若《蘇聯記行》一書，出版以來，遍銷海內外，為各地讀者熱烈歡迎之遊記。前為慶祝蘇聯國慶，特由發行者中外出版社趕印再版本，全部內容由作者再度親自校訂，重排印刷，現已出版。

△名畫家齊白石十一年前曾請于院長右任為其題墓碑一方，文為「齊白石先生之墓」。抗戰期間，齊氏攜此碑文留平，因恐敵偽注意，即將其銷毀。上次齊氏赴京，面請于氏再為題碑一方，唯請將碑文改為「湘潭齊白石墓」，于氏當欣然應允。迄「湘潭齊白石墓」題就後，下款中華民國某年甚難著筆，繼而略思索，乃寫「中華民國萬歲」六字，來賓見之者均稱絕品。

△穆木天、彭慧、陳閑都有離桂林意，惟以路費無著，至今未能動身。

△許欽文執教於福州協和大學，時應該校愛好文藝學生之邀，作文學演講。

△僑胞領袖陳嘉庚為發展南洋文化，發起組織南僑編譯社，設於香港，正編印大批通俗讀物。

△重慶各界人士為紀念民主戰士李公樸、聞一多二先生，特發起籌募李聞紀念事業及遺族教育基金，經籌募委員會決定該項基金由新華日報館、民主報館、育才學校、三聯書店及國府路三百五號代收，俟募集相當數目後再決定動用辦法。

△蔣壽同，近集資創辦大地書店，業已開始出書，其第一炮爲茅盾、郭沫若、鄭振鐸、洪深、葉聖陶主編的「大地文學叢書」。該叢書規模甚大，內容包羅萬象，其第一冊爲洪深教授的得意之作《戲的念詞與詩的朗誦》，第二冊爲茅盾氏的最近雜文集《時間的記錄》。繼此而出者，尚有蕭紅遺著《呼蘭河傳》、西諦著《劫中得書記》等。

△民俗學家黃芝岡，現服務於南京中央社，閒來頗致力於地方戲、巫舞等民俗材料之收集與研究。

△香港晨社出版，美國名記者G・史坦因著之《紅色中國的挑戰》共十小冊（附有精美的畫集一冊）早已出齊，今該社爲便利讀者購買及珍藏起見，已合訂成爲一巨冊，定價七千元。

△美術作家協會以原有理事多已離滬他去，且任期已滿，特召開第四次會員大會，改選新理事。當選者：丁聰、麥桿、劉開渠、龐薰琴、陳秋草、潘思同、沈同衡、李樺、錢辛稻九人爲理事；張正宇、秦威爲候補理事。

△又該會籌備已久之「美術聯展」刻已徵集彫塑、油畫、水彩、木刻、漫畫、刺繡等作品一百六十餘件，參加者共五十餘人。聞該項作品皆爲各作者新近力作，未曾發表或展出者。

△星期音樂院開創以來，薈萃了一大群年輕的音樂工作者和學習者，空氣極爲融洽嚴肅，師生打成一片，近正加緊充實內容，出版校刊，竿頭日上。

△藝術界前輩雖均在清苦中，唯對星音院此一新的創造，均援助不遺餘力。最近洪深、葉以群、吳卿等，均爲該院每月負擔一萬元。

△作家書屋發行馮雪峯著作計有《鄉風與市風》、《論民主革命的文藝運動》、《靈山歌》三種，其中詩集《靈山歌》出版未及一月，即已銷售一空，現正待再版中。

△以四川話寫文言詩聞名之沙鷗，現已抵滬，在某大公司服務。

△蔡楚生編導之「一江春水向東流」劇名已確定，不再更改，將於下月初開拍，據其語記者，因本劇題料太豐富，將寫成前後兩部，前部定名爲「八年離亂」，後部名爲「天亮前後」，均可獨立成一劇本。

△陸續發表於《文匯報》之〈南京印象〉係政治協商會議社會賢達代表郭沫若先生所著，前後經各地報雜轉載，傳誦一時。在「國大」召開期間，更見其先見，現由群益出版社刊出。

△郭氏文集第一輯已出九種，《青銅時代》即可出版，第二輯《鳳凰》、《羽書集》、《自傳》、《茵夢湖》、《美術考古學發現史》、《少年維特之煩惱》、《浮士德》等亦將陸續出版。

△滬市南京東路一九四號華聯同樂會附設聯華圖書館，自七月中發起徵書運動以來，現業已將徵得圖書編目就緒，十二月一日起將新書流通。

△作家書屋發行歷史研究叢刊，第一種爲葉崗著《中國歷史的翻案》，內容包括〈論中國歷史翻案問題〉、〈歷史爲什麼是科學〉和〈怎樣變成科學〉等三篇論文，該書已於昨日出版。

△近來書畫事業蓬起勃興，而天津國華社尤爲箇中翹楚，有悠久歷史，與當代名家齊白石、溥心畬、陳半丁、張大千、黃賓虹、曹克家、田世光、黃均等深相契合，於即日起在河南路三三一號九華堂裕記內舉行展覽。

△薛汕、丁英、袁鷹三人爲研究民歌工作，特向全國各地文化人士公開徵求歌謠。材料不拘多少，各種形式均所歡迎，通訊處爲上海寧波路四七〇弄四號，丁英。

△文生出版社即將出版之新書有陳殘云的《風砂的城》，華嘉的《復員圖》，黃寧嬰詩《民主短簡》。

△《民主短簡》爲詩人黃寧嬰轉變作風後的代表作，沒有優美的情調，沒有個人的憧憬，有的只是時代的熱力，對暴力的衝擊和反抗。其著名者有〈給中國的盲腸專家〉、〈給聞一多先生之靈〉、〈給美國議員魯克斯先生〉等多首。

△宋雲彬在桂林，抑鬱不得志，近因太太在渝生病，由桂林趕往重慶，最近或不再重回桂林矣！

△茅盾夫婦，應蘇聯邀請，於十二月五日，由滬乘「蘇摩爾納」輪赴海參威轉莫斯科。至碼頭歡送者，有郭沫若、葉聖陶、傅彬然，葛一虹等人。

△茅盾出國前，各文化團體，紛紛舉行歡送會。如中蘇文化協會、文協、木協、漫協等。

△茅公去國前特購買俄文讀本數種，擬在舟行期間按日舉習，茅夫人觸景生情，憶及精通俄文之亡女，黯然哀傷，惟低頭趕縫衣物，她說：「在家時馬馬虎虎，到外國去總得安排得像個樣子。」茅公之浴衣晨衣，均由太太戴著老花鏡親自縫製。

輯五／悼念蘇新

迎新春盼團圓

——訪台灣省籍著名人士蘇新

陳國雄

春節前夕，我訪問台灣省籍著名人士蘇新時，一進門，見他的臥室的床頭、案上放著一些海外報紙和幾十位海外台灣省籍知名人士的賀年片、賀年信。蘇新說：「看到這些飛越重洋的春節禮物，我的心情是不平靜的。這不僅給我增添了過節的愉悅心情，更重要的是使我看到廣大海外愛國同胞熱愛祖國，盼望祖國早日統一的心情。」他輕輕唸著其中的一首詩：天增歲月人增壽，春滿乾坤福滿門；一輪紅日似火球，萬道霞光照宇宙。安定下來搞四化，團結起來蓋大廈；光明大道向前進，同喝快樂春節酒。

唸到這裡，蘇新感慨地說：「每年看到台灣同胞從海外寄來的賀年片、賀年信，心中總是百感交集。」

蘇新在一九〇七年，生於臺灣省台南縣。十六歲的時候，他就秘密參加了台灣文化協會，這個組織是「五四」運動在台灣的產物。他後來因領導學生罷課而被開除，於一九二四年去日本留學。以後，蘇新當了台灣文化協會機關報《台灣大衆時報》的主編，積極從事台灣人民反抗民族壓迫和爭取台灣歸回祖國的革命鬥爭。一九二九年，蘇新在台灣北部致力於工人運動。兩年後，蘇新被日本殖民當局逮捕入獄，在監獄裡熬了整整十二年。身繫囹圄，無書可讀，他只好從事閩南方言的研究，寫下了幾十萬字的筆記，從語言的淵源關係來論證台灣是中國的一部分。台灣光復後，蘇新先後擔任《人民導報》、《中外日報》、《台灣文化》等報刊的主編。他利用這些輿論陣地報導祖國大陸蓬勃開展的愛國民主運動，宣傳愛國民主思想。「二•二八」起義以後，蘇新被迫移居香港，主編《新台灣》，並發表了大量文章。這期間，蘇新以「莊嘉農」的筆名撰寫了《憤怒的台灣》一書。這是一部比較系統地介紹台灣人民鬥爭史的專著，在海外愛國台胞中產生了巨大影響。蘇新風趣地告訴我，前幾年，還有幾位海外朋友特地向他打聽莊嘉農是誰。新中國成立後，蘇新返回祖國，致力於台灣歸回祖國、祖國統一的偉大事業。他現在是全國政協委員，台盟總部常務理事兼研究室主任。

去年（一九八〇），蘇新應邀到日本參加旅日台胞懇親會，在日本訪問了東京、橫濱、濱松、神戶、大阪等城市，受到了台胞和華僑組織的熱烈歡迎和盛情款待。台胞們都渴望更多地了解大陸的情況，盼望祖國早日統一。有一天，他不間斷地同八批鄉親會見，嗓子都說啞了。

蘇新離開台灣已經三十多年了。他凝視著牆上的掛曆，深情地說：「人逢佳節倍思親，再過幾天就是春節了。每當過年過節，我都非常想念在台灣的親人，尤其是老朋友。我正在寫有關台灣的文史資料，因此這種感情近來尤爲強烈。」沉默片刻，他又說：「我很希望還活著的老朋友，都來寫自己親身經歷過或自己知道的台灣文史資料。這不僅對於研究台灣近代史、現代史十分有用，而且也可以用來教育我們的子孫後代。告訴他們台灣人民前仆後繼的愛國鬥爭，說明台灣和祖國是一個神聖不可分割的偉大整體，台灣歸回祖國，完成祖國統一大業是包括台灣人民在內的全民族的共同願望，也是歷史發展的潮流。」

原載一九八一年《北京晚報》

編按：這篇訪問稿是在大陸報刊中首次專門報導蘇新先生的作品。

傑出的廣播戰士
——蘇新在台播部的日子裡

汝諧

中央人民廣播電台對台灣廣播部成立三十五周年了，前塵往事歷歷在目。那時的青年人均已兩鬢斑白；而蘇新、李楓、徐森源、胡懋德、薛岫民、王淑琴、孫覺、蕭文龍、許寶全諸同志已永遠離我們而去，但他們各自的舉止言談、音容笑貌卻常常在我心中的屏幕上活躍著。他們爲對台廣播事業作出的可貴貢獻，與日月同在。

原全國政協委員、台灣民主自治同盟總部常務理事蘇新同志長期從事對台廣播工作，更是作了傑出的、不可磨滅的貢獻。

一九五四年八月初，從北京、上海、重慶、廈門、丹東等新聞單位調集來的二十幾位同志，陸續到達西長安街中央廣播事業局，經過緊張的準備，八月十五日，中央人民廣播電台的對台灣廣播便正式開始了。

蘇新同志可以說是最忙碌的一位。他和蔡子民同志原在上海華東人民廣播電台負責對台廣播工作。他們先期到達北京，參與中央台對台廣播的籌建工作，最初的有些宣傳計劃、台灣情況分析出自蘇老之手。他那時擔任業務秘書，雖非台播部的主要負責人，但從熟悉台灣情況、對台宣傳業務來說，恐無出其右者。所以部主任魯西良、副主任譚天鐸、胡懋德都很尊重蘇老。開始時，每天普通話和閩南話早晚各播出一個小時的綜合節目。我和汪振清同志任新聞編輯，蘇老負責編排整個節目。我們最後編排好新聞，經部主任或蘇老過目連同其他專稿、書信或評論目錄，由我或老汪最後送梅益局長審閱簽發。

當時忙前忙後已到中年的蘇老，中等身材，體型偏瘦，衣著整潔，頭髮總是向後梳得整整齊齊；他走起路來腰板挺直、目不斜視，快速而有勁，說起話來則舒緩而沉著，自然也帶著台灣同胞講普通話時特有的鄉音。

蘇老曾負責主持新聞組、調研組和閩南話組工作，我則長期編寫新聞、評論，我也較長時期在新聞和調研組工作，所以在他直接領導下大概有十年時間。論學歷、才學、年歲，蘇老都可用教育的口吻來對待像我這樣參加工作僅僅幾年的晚輩，但蘇老可從來沒有這樣居高臨下的習慣。他的語氣總使人感到他是誠懇地在跟你商量，是發自內心的對你勸導，有時則很有風趣。在辦公室，有五、六年的時間，我和蘇老隔桌相對而坐。我編寫好了的新聞或評論，就隨手遞送蘇老審閱。他改動了你的稿件，常常會說：「是不是這樣好一些？」稿件水平中等，一邊遞給我一邊說「可以、可以」；碰到他相當滿意的，常常是微笑著一邊給我，一邊連聲說「ＯＫ」。時間一長，從他的幾種「符號式」的語言裡，我也就知道自己稿件上、中、下的品等了。

蘇新同志不僅審閱稿件，五〇年代到六〇年代中，在《今日台灣》節目、《對國民黨軍政人員廣播》節目以及《新聞》等節目中，播出了他所撰寫的大量台灣問題評論性稿件。

蘇新可以說是台灣問題的活字典、專家，在台灣情況的研究並爲宣傳服務方面作出了傑出貢獻。他和蔡子民同志以及徐森源、王巨光、黎曉嵐、袁文芳、陳玉琛、王慧琴等同志先後編寫出了《台情調研》、《台灣各階層基本情況分析》、《蔣介石集團內部派系鬥爭及台灣地方勢力分析》等專題研究材料。在蘇老主持下，從一九五六年二月到一九六〇年四月，編寫發行了刊物《台灣近況》一七四期。這對台播部各編輯組及有關單位起了很好的參謀作用，不少單位要求增加《台灣近況》的份數。

培養訓練閩南話播音員，蘇新同志功德無量，也是別的同志所無法替代的。早在一九三一年九月至一九四三年九月，蘇老在日寇監獄的漫長歲月中，曾研究過閩南話。歷史似乎給蘇老開了個令人心酸的玩笑。「文革」期間，蘇老靠邊站了，他又重操舊業悉心繼續研究起閩南話來。到「史無前例」的「文革」快要壽終正寢的時候，蘇老已寫成近五十萬言的《閩南話研究》一書。這部著作分三大部分：一是閩南話的形成和演變；二是閩南話的語音；三是閩南話的語法。有如此豐富的學識，培養閩南話播音員當然更是得心應手，即使是在「文革」年份，蘇老還一如既往，爲當時新來的閩南話播音員小青年講授語法、修辭、發音、語調等課目。辦公室已無他一席之地，便在他家的小平房裡掛起小黑板，定期爲年輕人講課。我屈指算了一下，受蘇老培養的閩南話播音員共有六批十四位同志。首批是：李玲虹、黃清旺；二是：洪永固、呂漢海、吳莉莉；三是：鄭瑩瑩、楊素賢；四是：陳國雄；五是：阮谷森、陳天源；六是：林萬成、傅明月、盛志耘、蔡仁慧。

蘇老無法親自關懷、養育在海峽彼岸的愛女，他將那慈父之心，分給了一批批來台播部工作的年輕人，尤其是對閩南話播音員小鬼，不僅在播音業務上嘔心瀝血傳授；而且在生活上也是無微不至的給與關照。一九六〇年夏季從廈門來的兩位學習播音的姑娘——鄭瑩瑩和楊素賢，現在都是四十開外的中年婦女了。她們離開台播部前曾和我回憶起蘇老，她倆彷彿有一股女兒對父親般的懷念之情。小鄭說：「我們來北京的時候是七月份，在家鄉從未見過雪，來時也沒有帶禦寒衣服。冬季快到時，心細的蘇老不知道什麼時候已爲我倆購置了兩塊布料，要我們拿去做棉衣。」「逢年過節，蘇老總要叫我們到他辟才胡同的家裡；在北京第一個春節就是在蘇老家過的。那時他還是一個人，他和我們一起做飯燒菜，我們高高興興一邊吃一邊看電視，像是一個家庭，蘇老是慈祥的父親。」

蘇老熱愛對台廣播事業，還可以從他參與廣播劇的播出體現出來。一九六三年，閩南話組要廣播《琵琶行》，劇本的主要角色：琵琶女確定由李玲虹擔任，江州司馬白居易一角由誰來扮演呢？正在爲難的時候，五十六歲的蘇老自告奮勇地要擔挑這個任務，樂得大家拍手叫好。當時，大家似乎有些驚奇，但事後思想起來，從蘇老的年齡，爲人謙和可親，名利地位淡泊的學者氣質，加之純真的閩南話，白居易一角，還眞非他莫屬呢。

「文革」期間，蘇老在「五七幹校」呆過三年。我們雖不在一起，不知詳情，但年老又有胃病的蘇老，在那種「史無前例」的境況下，精神上、身體上的壓力和處境的艱難，也是可想而知的。有一點倒是知道得比較具體。我是一九七三年冬上的河南淮陽「五七幹校」，被分配在「菜班」當豬倌。上一期「學員」交接下來的有醫治豬的藥品、器具，還有三本如何種菜的小冊子，翻開來，扉頁上都有寫著我十分熟悉的「蘇新」的簽名。不用說書是蘇老自己花錢買回北京時留給同學的。一打聽，蘇老在幹校時是負責種菜的，他很鑽研，默默地幹活，一如他在辦公室辛勤地寫東西或審閱稿件。全連一百多號人的蔬菜，主要由他老人家供應。十一月份還能吃到老人種植的黃瓜和西紅柿，這以「五七戰士」的科技水平來衡量，是難能可貴的。

一九七八年，蘇新同志調離中央台台播部到台灣民主自治同盟總部工作，但他還是十分關心台播部的工作，熱心地寫廣播稿，愉快地接受台播部李玲虹、陳國雄等同志的採訪。

一九八一年十一月十三日清晨，蘇新同志走完了他一生壯烈、艱險、坎坷的道路，悄悄地離開了人間。蘇新同志的追悼會十二月十七日在全國政協禮堂舉行。我們這些台播部的老人帶著沉痛之心都參加了。當時全國政協主席鄧小平、全國人大常委會副委員長鄧穎超、廖承志等中央領導同志送了花圈。

蘇新同志逝世後，大陸、台灣、香港和海外的報刊時有文章，談論這位與台灣現代史不可分割、爲祖國統一奮鬥半個多世紀，在台灣同胞中享有很高聲望的人物。

蘇新同志從十六歲起就投身於台灣人民反對日本殖民統治、爭取台灣回歸祖國的革命運動。在他近六十年光輝的革命生涯中，有二十四年是在中央台台播部度過的，這也是台播部的光榮，讓我們永遠紀念這位傑出的廣播戰士！

原載一九八九年《廣播業務》第八期

沉痛悼念蘇新同志

蘇子衡

蘇新同志不幸病故，我感到十分悲痛。我們是幾十年的故交，現在都已年過古稀，時時盼望早日實現祖國統一，回到故鄉與親人團聚。更加使人難過。

我認識蘇新同志，是在一九二七年留學日本時，由台灣著名作家和醫師吳新榮介紹的。他們兩人都是台南縣佳里人，積極參加學生運動，是台灣留學生**社會科學研究會**的領導人。那時蘇新還是「台灣文化協會」駐東京代表，主編和發行他們的刊物《台灣大衆時報》。蘇新給我們的最初印象，是一位非常熱情而又精明能幹的青年。他和幾位台灣留學生住在一起，雖然生活很艱苦，却仍然滿腔熱情地忙於開展留學生的活動，使我非常欽佩。我們時常圍繞怎樣學習科學社會主義，怎樣認識現實社會和台灣的前途，怎樣開展進步活動等等問題，展開熱情的討論。

以後，一九二八年我在仙台，經常收到蘇新寄來的日共機關報《赤旗》報，我每次去東京也要給他帶去中共旅日留學生支部的宣傳品。一九二八年末我去東京參加**磺溪會**時，蘇新介紹我參加了台灣留學生組織「社會科學研究會」的集會。蘇新等愛國學生在會上熱情洋溢的講話使我深受鼓舞，對於趕走日本侵略者、使台灣人民重見天日的前途，更加充滿了信心。我也在會上介紹了中國留學生的反帝國活動，揭露了不久前日本當局鎮壓仙台的中國留學生進步活動的事實眞相。

一九二九年夏我因重病離仙台回台灣治療，路經東京時，沒有能見到蘇新，十分遺憾。聽吳新榮講，蘇新已經離開東京回台灣了。沒有想到，從此一別就是二十二年。一九三一年，我從報紙上看到台共組織遭到破壞，許多同志受到摧殘，我心中非常擔心他們的安危，經常惦念他們。蘇新作爲台共領導人之一，被判處十二年徒刑。一九四一年初我離開台灣時，蘇新還在獄中受難。

直到一九五〇年春我出差到上海時，才和闊別二十二年之久的蘇新重逢。這時祖國大陸已經解放，生機勃勃，欣欣向榮，我們和全國人民一樣充滿了信心和希望。經過多年的磨難，蘇新仍然和年輕時一樣滿腔熱情，而又更加堅毅了。我們共訴離別二十二年的坎坷經歷，又一起談到要爲故鄉的父老兄弟姐妹早日重見天日而繼續努力。這時蘇新在華東人民廣播電台負責對台宣傳工作，傾注自己的心血，向故鄉的親人介紹新中國的情況和共產黨、人民政府的方針政策。當時我的夫人甘瑩也經過他的介紹在華東人民廣播電台工作了一個時期，得到他的熱情幫助和指教。

以後我們先後到北京工作，見面就更多了。他仍然負責對台廣播工作，孜孜不倦，一絲不苟。爲使故鄉的親人早日回到祖國大家庭，他辛勤工作幾十年，做出很大貢獻。特別是近幾年來蘇新的身體多病，作過胃切除手術，又患肺氣腫，很虛弱的，但仍以頑強的毅力抱病工作。

離開電台前後，更致力於台灣人民的革命鬥爭歷史、台灣文學和台灣方言等方面的研究工作，還經常與海外回來的台胞見面，他總是那樣親切，那樣高興，侃侃而談，常常使人忘掉他還是一個病人。

蘇新同志時常談起他在台灣的親屬。他離開台灣時，女兒幼小未能同行，幾十年來，他日思月想，而又未能團圓，不禁使我們也都潸然淚下。今天，雖然相見的願望已經無法實現。但蘇新先生一生的努力奮鬥，是可以告慰於故鄉的親人的。我在這裡也謹向蘇新同志在故鄉和大陸的親屬表示衷心的慰問。

蘇新同志雖然與我們分別了，但他爲了人民的事業所做出的貢獻，他那滿腔熱情、孜孜不倦，幾十年如一日的奮鬥精神，是我們永遠不會忘記的，永遠是對我們的鼓勵和鞭策。他沒有能等到台灣回到祖國懷抱的那一天，是極大的憾事，但是，我相信，那一天一定會來到的。我們大家，特別是我們這些離別了故鄉幾十年的人，更要爲實現這一目標而努力，爭取早日與親人團聚，也可告慰蘇新於九泉之下。

蘇新同志安息吧！

一九八一年十二月十六日於北京

「家庭也許不能團圓，但國家一定能團圓」

——悼念蘇新

蔡子民

蘇新先生早年在台灣從事革命工作，到了中年，因參加台灣「二二八」起義，不得不離開台灣來到大陸。他致力於祖國的統一和社會主義事業，直到最近因病而在北京逝世。

有家歸不得，親人不能相會，這是人生的一大憾事。三十多年來，蘇新先生就是懷著這種心情而生活過來的。但是，他把家庭團圓的希望寄託在祖國統一之中而努力工作，奮鬥不息。近幾年來，他因年老體弱，每與我見面，就說：「我的小家庭也許不能團圓，但是咱們的國家一定能團圓。」並對我談他的身後事，家庭的、台灣的、祖國的。因爲我是目睹他在三十四年前與其家屬離別的，又是和他一樣與家庭分離三十多年的人，所以每談起其事，未免互相流淚。但我們同時總要談論家鄉台灣的情況，盼望祖國早日統一。

蘇新先生是我的良師益友。三十五年前，我剛到台北，就認識了他，他那爲人誠懇、誨人不倦的作風，使我能和他交往三十多年。在他的幫助下，我在台北開始從事報紙工作，了解台灣島內外的革命形勢。後來，我們先後來到了大陸，一起從事對台灣的廣播工作。我改做外事工作以後，我們仍常見面，互相勉勵，共同研究台灣的情況、歷史和語言。我之所以懂得革命道理，了解些台灣問題，得到他的不少教益。

蘇新先生的一生是爲愛國、爲台灣人民的幸福奮鬥的一生。他年輕時候就參加共產黨，在日本統治下，坐牢長達十二年之久，但從未放棄他的信念；來到大陸之後，他積極爲祖國的社會主義事業工作了三十多年。他長期從事對台灣廣播工作，不斷研究台灣問題，爲祖國的統一事業做了重要貢獻。他在困難條件下，還寫出了約五十萬字的閩南話研究的鉅著及分析台灣文學等論文。他在晚年，雖體弱有病，但仍與來訪者熱情地談論台灣形勢和祖國統一的問題。

如今，蘇新先生逝世了。他眞的與其在台灣的家屬不能團圓了，但祖國的形勢正好起來。祖國政府對台灣的政策日益得人心，我們要向蘇新先生在天之靈說：「咱們的國家一定能團圓」。

蘇新先生安息吧！你的心願必有後來人繼承，祖國一定能統一。

一九八一年十二月十四日
於北京京西賓館

老蘇啊！你安息吧！

陳文彬

老蘇啊！我的老朋友、老戰友，你這麼突然地離開了我們，甚至來不及見最後一面！

老蘇啊！將近六十年了，你我患難與共，哪怕被迫分離，天各一方，我們總是以兄弟相稱，親密無間。

日本侵略占領台灣的日子裡，爲了解放我們的故鄉，奮不顧身，堅持鬥爭，即使在日本帝國主義的監獄裡被監禁十二年，你始終堅貞不屈。

抗戰勝利後，在國民黨的迫害和追捕下，爲了革命，你又毅然丟下了妻子和剛滿一歲的小女兒，千里迢迢，投奔祖國的懷抱。

在大陸三十二年來，我們倆每次見面，沒有一次不談到故鄉——台灣。對家鄉的無限懷念，對親人的無限思情，把我們的心緊緊地連在一起。記得前不久，你來看我，語重心長地說：「老陳啊！咱們得多活幾年，爲了使台灣早日回到祖國懷抱，爲了使海峽兩岸的親人早日團聚，咱們要多出力呀！不親眼看到這一天的到來，可是死不瞑目啊！」

萬萬沒有想到，今天你却先離開了我！你沒有親眼看到祖國的統一，沒有等到我們的心願實現的那一天，便與世長辭了。一想到這兒，我怎能不悲痛萬分！

老蘇啊！在你的靈前，我有很多話要說。我雖然年老病重，但是我活一天，就要爲台灣回歸祖國、實現祖國統一事業奮鬥一天，爲了實現這個目標，我將不遺餘力。因爲我知道，這才是對你——我的老朋友、老戰友的最好的弔唁。

老蘇啊！你安息吧！

你的老朋友、老戰友

陳文彬　一九八一年十一月

編按：蘇新先生的不幸病逝，對於與他共事多年的老朋友、老同鄉的打擊是很大的，曾經與蘇新在《人民導報》共同戰鬥的前建國中學校長陳文彬先生，就是其中的一位。蘇新逝世的當天，陳文彬先生的家人不敢告知正在病中的他，怕他承受不住這種沉重的打擊，只說，蘇新病重住院了。陳文彬聽了，痛苦地搖了搖頭，悲痛而無力地說：

「年紀大了，年紀大了。」

到了第二天，陳文彬先生的家人才不得不告訴他蘇新不幸逝世的消息。陳老先生悲痛萬分，淚流滿臉，斷斷續續地向他的家人表達了他對蘇新這位同甘共苦半個多世紀的老戰友的深切悼念。這裡收錄的即是由陳文彬先生的女兒所作的筆錄和整理；標題則是編者所加的。

蘇新同志的一生

徐萌山

蘇新同志的一生如何評價呢？

一個人的價值不在於他爲個人做了多少事，而在於對歷史的發展是起了推動呢？還是拉後呢？

蘇新同志的一生是光輝的一生，是爲台灣人民、爲祖國統一、爲社會主義奮鬥不息的一生。蘇新同志的一生在各個階段都是站在人民一邊，而且站在時代的最前列。

廿世紀廿年代的台灣，由於武裝鬥爭的條件已不存在了，因此自從第一次世界大戰之後，台灣人民採取了組織人民團體和政黨向日本統治者進行了鬥爭。在這種背景下產生了台灣文化協會，它是一個反日愛國的文化和政治團體。蘇新同志在師範學生時就參加這個團體，後來成爲該團體的喉舌——《大衆時報》的東京特派記者。後來，他從民族主義者發展成爲馬克思主義者，成爲徹底的抗日派。他不贊成對日本統治者採取妥協的「台灣自治」的主張，而主張徹底推翻日本總督的統治，因而遭到日本統治者的逮捕和監禁達十二年之久。

日本投降後，台灣歸還中國，蘇新同志也和台灣人民一樣歡欣鼓舞，因此他把自己的女兒取名爲「慶黎」。但是國民黨的接管和腐敗暴露出來之後，蘇新同志站在人民這一邊，在《人民導報》擔任總編輯時，積極地代表人民說話，抨擊國民黨的貪官污吏，保護台灣各界人民特別是勞工和農民的正當權益。一九四七年「二・二八」起義爆發後，他積極參加了宣言的起草工作，提出了人民的要求，並負責在《中外日報》報導了「二・二八」的正義鬥爭情況。「二・二八」起義失敗後，他並沒有妥協、投降，而轉移到上海、香港繼續替台灣人民做事，參加了籌建台灣民主自治同盟的工作。他作爲台盟宣傳方面的負責人，積極主張台灣人民的解放必須同整個中國人民的解放聯繫在一起，因此必須打倒「三大敵人」，建立人民民主制度。他積極地反對美帝國主義的侵略陰謀和分裂台灣與祖國的「聯合國托管」、「台灣獨立」等陰謀活動。他寫下了《憤怒的台灣》一書送給了台灣人民。

新中國成立的前夕，他回到了大陸。在大陸三十多年期間，他作爲新中國政府的對台宣傳的第一線組織者，嘔心瀝血，做出了很大的貢獻。他爲了台灣人民的利益，積極地介紹了大陸的新面貌和新形勢，並向台灣人民指出了正確的方向。他支持台灣人民的反帝愛國活動和民主要求，對遭受政治迫害的人民表示同情。當台灣人民受到地震、颱風等災害時，他積極建議政府通過電台向台灣人民表示慰問，表現了他對台灣人民的深厚感情。一九七九年他轉到台盟中央擔任常務理事後，他認爲在現階段用和平的方法來解決台灣問題，用「一國兩制」的辦法實現和平統一祖國是符合台灣人民長遠利益的。因此他在一九七九年的「二・二八」紀念會上發言說：「我是二・二八起義參加者，三十多年前我是主張推翻國民黨的統治，但今天我主張同國民黨談判，和平解決台灣問題，實現祖國統一！」。

以上所說蘇新同志在各個重要階段都是站在社會歷史運動的最前列。因爲他心中始終裝有台灣人民的利益、全中國人民的利益和國家的利益。他是台灣知識分子、文化界人士的光榮代表，是台灣反帝愛國運動的先驅者。

編按：徐萌山，本名許夢雄，台灣雲林人。戰後，以公費生的資格到大陸上大學；其後因海峽封斷而滯留大陸。曾經長期擔任「台灣民主自治同盟」的秘書長。

永遠的望鄉

顏明明

慶黎姐：

妳好，我們從未見過面，可妳對我來說卻不陌生，從小就知道蘇新伯伯有一位女兒。記得小時候蘇伯伯在上海做事，和我父親（顏光，本名顏永賢。詳見〈蘇新自傳〉）是同鄉又是朋友。我出生的時候蘇伯伯給取名為「明明」，對我父母說願我有一個無限光明的前程。後來蘇伯伯被調去北京做事，從這以後我們就再沒有見面，我在小學三年級開始和他通信，直到他過世。一直來受到蘇伯伯的很多疼愛和鼓勵，他教我做一個正直的人，做任何事都要問心無愧。記得，那時大陸台灣人被迫害，我們都不敢在表格上籍貫欄裡填上台灣，我寫信給蘇伯伯訴說這一切的不平，蘇伯伯回信時告訴我：「我們的故鄉是個非常美麗的寶島，你長大後一定會回去，你會為自己是個台灣人而驕傲的……。」

在一九七一年，我被下放去安徽合肥縣農村插隊，一個十八歲的女孩子，第一次離家，到一個完全不同的環境，父親又因台灣關係被關，無處可以訴說，那份徬徨可想而知。那時蘇伯伯也被下放去「五七幹校」餵豬，他那時身體也不好，做重體力活很累，可他卻常常寫信給我，常常寄些書籍給我，有一次還寄了一斤紅糖給我。在現在一斤紅糖算不了什麼，可那時，一個家庭一個月還配不到一斤糖。想想那一斤紅糖是多麼珍貴，放一點點在稀飯裡，是一頓美餐呢！我知道這一斤糖是他不知多少個月積下來的，直到現在我想起來還感到很溫暖。那時我很單純，多少次寫信給蘇伯伯，爲像我父親他們一些爲了理想，放棄了許多個人的利益，回到祖國，卻受到那麼不公平的待遇，很感氣憤不平。蘇伯伯回信說了許多無名英雄的事，同時安慰我說要相信歷史會做出公正的判斷。哪知道蘇伯伯那時也很無奈，看著許多朋友被莫須有的罪名受到迫害。可蘇伯伯始終沒有一點抱怨，一直鼓勵我，不要以體力勞動爲恥，不要看不起沒有文化的農人。說他年輕時養過兎子，現在餵豬雖說很髒、很累，可其中也有很多的學問和樂趣，所以不但要努力去做，而且還要做的好。在蘇伯伯的鼓勵下，我度過了一生難忘的那四年下放的日子，並在艱苦的日子裡學習到許多。

後來我有機會去安徽省立醫院衛生學校牙科讀書，當我寫信告知蘇伯伯這一消息時，蘇伯伯好高興！一再寫信要我好好唸，並開玩笑說老了牙齒不好，要我好好學好了可以幫他看牙。並說學習一技之長很好，很有將來。可我那時很失望，因爲從小喜歡畫畫，希望去讀美術學校。可蘇伯伯眞的好喜歡我學習牙科，還幫我介紹了幾位在安徽做牙醫的同鄉伯伯。那以後的幾年蘇伯伯也從「五七幹校」調返回北京，他開始準備寫一些回憶「二・二八」等的文章，並想致力於閩南話的一些研究工作。同時他也鼓勵我寫，在寫給我的信裡也談及一些寫作常識等。可惜的是，由於每次的運動整人都會怕，父母都一直告誡我小心，所以很多信看完後都沒有留。

以後「四人幫」被粉碎了，比較民主一點、開放一點。我父親和失散了三十多年的奶奶、伯伯、姑媽聯繫上了，準備出國探親。父親去北京辦理簽證，順便去看了一些老朋友，也去看了蘇伯伯，那時他身體已不太好，氣管炎引起肺水腫，一到冬天就會發病。那時他給我的信中常常談及故鄉，一年四季如春，好希望晚年能回老家的佳里鎮度過，說那是一個非常安靜、美麗的小鎮。我還一再對他說等有一天我們一起回去故鄉。所以當我前年第一次踏上台灣的土地時，心裡眞是百感交集，有多少像蘇新伯伯那樣的人帶著永遠的望鄉離去，那一份憾意將留到永遠、永遠！

那些年來，和蘇伯伯的通信，信裡行間可以感到他對故鄉、對伯母和妳的深深地思念！我知道伯母是一位護士長，美麗、賢慧……，多少次我想像著伯母的樣子。記得，蘇伯伯收到妳托人帶去的信和兩吋半的小照片時，妳不知道蘇伯伯是多麼欣喜，他翻印了妳的相片附一張在給我的信中，感慨地寫道：「沒有想到當年出生在雜誌社樓上的女孩子長大了，並踏父親脚印，也在辦雜誌社了，她一定沒有想到她的父親是完完全全失敗了。」他在得知妳的訊息後一方面是欣喜，一方面是擔心著妳和妳主編的雜誌《夏潮》的安危，同時在得知妳離婚的事，也感到焦慮，充分表現出一個父親對女兒的關愛。然而又遠隔重洋，一切愛莫能助的無奈！信裡他又提到「妳將來有機會回去故鄉，一定去找慶黎，她將會是妳的好姐姐。」

以後我去日本讀書，寫信向蘇伯伯告別，蘇伯伯有給我一包他寫的有關「二・二八」的稿件說留給我保存，說這些都是歷史的見證，要我將來有機會回台交給妳。這些稿件現在巴西，六月中旬有人來時我會托他們帶回交給妳。

慶黎姐，妳沒有機會和父親一起，是很遺憾的事，好想把一切我所知道的妳父親的事情告訴妳。我有機會和蘇伯伯通信，他也常有相片寄給我，可始終我們沒有見面，留在我印象中永遠是兒時那模糊的印象。可在那些困苦的日子，在通信中我們分享過各自的歡樂和一份信任。從蘇伯伯處我得到一份父執輩的愛和一份朋友般的友誼。我敬愛他！他的一生是曲折的，老年的時候也是很寂寞的。他看到許多政治的黑暗面，文化大革命中造成了許多家庭子女鬥爭父母、夫婦互相反目。蘇伯伯也經歷了太太、子女對他不能了解，老朋友們又大部分被波及，每個人都猶如驚弓之鳥，大家都不敢說什麼話。

對伯母、對妳的那份愛，我希望妳們能夠了解。

許多事眞不可思議！我還一直以爲蘇伯伯能和妳們團圓的，卻沒有想到，我去日本後，蘇伯伯就過世了。轉眼七、八年過去了，之後我前去巴西定居，也無從找尋伯母和妳，這是這些年來壓在我心上的一件事。前年返台探親三個月，匆匆忙忙地也沒有能找到妳。去年八月回台做事，剛回來時因爲換一個環境，一切都很雜亂，現在總算一切都已上了軌道，開始找尋妳們。當我打電話給伯母，聽到她爽朗的聲音時很激動，好親切呢！也許是常常和蘇伯伯在信裡談及妳們，所以對妳們都不感陌生！好想見見妳們！可我想妳也很忙，我不會講台語，可能和伯母會有一些不太能溝通的地方，好笑的是我會要借助日文和一些老一輩人溝通，看來要趕快加油學習台灣話！

等哪一天有空，可以和妳們好好聊聊！我現在每天下班後也是匆匆忙忙地趕回天母陪姑媽。想到哪裡寫到哪裡，很亂，請原諒！最後

祝康樂！

顏明明

於五月二十五日

編按：這封信是蘇新在《政經報》的同事顏光先生的女兒，寫給蘇新的女兒蘇慶黎的一封信，年份大概是一九八九年。通過這封信，可以從一個側面多認識蘇新的生命片段；因此徵得發信者的同意，收錄作參考的史料。

附錄　蘇新年表

蘇慶黎
蘇　宏　編製

一九〇七　生於台南縣北門區佳里鎮佳里興。
一九一四　入村中私塾。
一九一五　入佳里興公學校。
一九二一　以第一名畢業於佳里興公學校。
四月進入台南師範學校，開始參加文化協會之活動。
一九二三　因反抗日人教師歧視台籍學生而發動罷課，遭師範學校開除。
年底與同遭開除之同學一起赴日本東京留學。
一九二四　考入東京大成中學四年級，開始參加「社會科學研究會」。
一九二六　考進東京外國語學校英文系。
參加日本學生運動，並參與組織「東京台灣社會科學研究會」，被選爲委員。
一九二七　退出學校，正式參加「文化協會」，主編「文協」機關刊物《大衆時報》，並繼續擔任「社會科學研究會」之工作。
在林木順領導下，組織「馬克思主義小組」，籌備「台灣共產黨」建黨工作。

小組成員有陳來旺（成城學院）、林添進（日本大學）、何火炎（早稻田大學）與蘇新。

一九二八　「馬克思主義小組」派陳來旺跟林木順到上海，參加「台灣共產黨」成立大會。陳來旺於七、八月回東京。「馬克思主義小組」成爲「日本共產黨台灣民族支部東京特別支部」，直接接受中共中央領導。陳來旺、林添進、蘇新成爲正式的共產黨員。

一九二九　《大衆時報》被迫停刊。四月，奉台共東京支部之命，返台從事工運。返台後，即進入羅東太平山伐木場當工人，組織「太平山木材工會籌備會」。
十月，調到基隆礦區，與蕭來福等工運份子建立基隆地區黨支部，並負責支部黨務。在支部領導下組織了「台灣礦山工會」，並發行油印報《礦山工人》。

一九三〇　以礦山工會及台共基隆支部負責人身份參加台共擴大委員會會議。

一九三一　一月上旬，王萬得、趙港、顏石岩、陳德興、吳拱照、蕭來福、蘇新、莊守等人經過在台北數次會議，決定成立台共臨時領導機構，選出王萬得、趙港、吳拱照、蕭來福、蘇新等五人爲委員，領導工作並籌備召開大會。
五月，在台北觀音山召開台共第二次大會，選出新的中央委員，由王萬得、潘欽信、蘇新擔任常委構成書記局，王萬得爲書記、潘欽信爲組織部長、蘇新爲宣傳部長。
九月中旬，在黨其他幹部相繼被捕之後，於彰化和美庄被捕，台共事件告一段落。時年廿五歲。

一九三三　日本當局公布台共事件「預審終結書」。

一九三四　台共案件正式判決，蘇新被判十二年徒刑，未決拘留期間扣二百五十日，從一九三一年九月中旬被捕算起，實際刑期爲十四年多。

在獄中完成《閩南話文法》及《閩南話研究》之著述。

一九四〇　日本建國二千六百年祭大赦，蘇新被減刑二年多。

一九四三　九月廿三日，期滿出獄，坐牢長達十二年。時年三十七歲。

十月，到台灣礦泉公司當文書主任。

一九四四　四月，至吳新榮、李君晰、徐清吉等人所開設之佳里油脂公司擔任專務理事。後又兼任「北門郡養兎組合」之專務理事。

一九四五　二月，兼任北門「生鮮食料品統制組合」（合作社）專務理事。

八月，日本正式投降。

九月，與陳逸松、顏永賢、王白淵、胡錦榮、陳忻、陳逢源、王井泉等人組織「台灣政治經濟研究會」，擔任常務委員，主編《政經報》。

十二月下旬，退出《政經報》。與宋斐如、白克、馬銳籌、夏邦俊、鄭明祿等人創辦《人民導報》，宋斐如當社長，蘇新擔任總編輯。

一九四六　五、六月，台灣省記者公會成立，以《人民導報》總編輯身份當選公會理事。

在國民黨省黨部壓力之下，繼宋斐如離開社長職位之後，被迫離開總編輯職位，同時被撤銷省記者公會理事一職。

劉啓光、林查忠、丘念台、李純青、周天啓等人創辦《台灣評論》（中日文綜合月刊），李純青擔任主編，蘇新與王白淵擔任執行編輯。該刊因一篇通訊稿〈老百姓贊揚新四軍〉而被迫停刊。

夏天，與許乃昌（《民報》總編輯）、楊雲萍、王白淵、陳紹馨等人組織「文化協進會」，蘇新擔任理事會常委並兼任宣傳組主任，負責編輯「文協」機關刊物《台灣文化》。

離開《人民導報》之後，與王白淵、孫萬枝、呂赫若、吳克泰、蔣時欽、郭××、蔡子民、陳××、周慶安等人創辦《自由報》，由王添灯出資，蔡子民擔任總編輯。

《自由報》於二·二八事變前夕被迫停刊。

一九四七

二·二八事變發生，與《自由報》同仁組織「對策委員會」，協助王添灯在「二·二八處理委員會」內之演講稿及廣播稿——「三十二條處理大綱」，即該對策委員所草擬，由王添灯向「處理委員會」提出。

由王添灯向《中外日報》社長林宗賢推薦，於三月三日接掌《中外日報》臨時總編輯一職；三月六日及七日，以社論形式發表〈警告處理委員會的委員們！〉

三月八日，國民黨軍隊登陸基隆，《民報》、《人民導報》、《大明報》、《中外日報》相繼被封。三月十三日，蘇新逃離《中外日報》，躲藏二個月之後，於五月二十三日舉家逃往上海。七月八日，在台灣警備司令部通緝之下，與石霜湖醫師一起離開上海到香港，家屬托吳克泰、蔡子民二人設法帶回台灣。

與謝雪紅、楊克煌等人一起創辦「新台灣出版社」，出版《新台灣》叢刊，蘇新擔任編輯工作。

十一月十二日，與謝雪紅等人組織成立「台灣民主自治同盟」。

一九四八

五、六月間「台盟香港支部」成立；主任委員丁光輝、總務部主任楊克煌、組織部主任顏光、宣傳部主任蘇新、青年學生部主任劉雪漁。

一月初，由謝雪紅、楊克煌介紹，重新入黨。候補期六個月，於四八年七月轉正。

經由劉思慕介紹，參加喬木（喬冠華）主持的「國際問題研究會」之「日本組」，該組組員有夏衍、劉思慕、鄭森禹、孫××（華商報編輯）、蔡北華及蘇新。

一九四九

三月初，在香港出版《憤怒的台灣》（署名為莊嘉農）。

三月底，受組織上的命令與林良才、柯秀英、丁光輝四人到北京，於四月十日出席「新民主主義青年團第一屆全國代表大會」。五月六日被分配到中央統戰部第一室（研究室）資料組當組長。

七月十六日到達上海。

八月初，中共華東區台灣工作委員會成立，擔任宣教科副科長。

一九五〇

四月，華東人民廣播電台成立「台灣組」，在該組兼任審查稿件工作。

七月，華東台成立台灣室，蘇新兼任華東台台灣室主任，蔡子民為副主任。

十二月，華東台遷到南京。

一九五一　蘇新因工作關係無法遷到南京而辭去台灣室主任。

一九五三　四月，華東對台廣播工作遷回上海，蘇新再出任台灣科科長。

一九五四　六月，北上到京參與籌備中央人民廣播電台對台灣廣播部。歷任業務秘書、新聞組組長、調研組組長、節目組組長、閩南話組組長；蔡子民爲新聞組組長。

一九六六　在「文化大革命」中受迫害。

一九六九　被開除黨籍，到河南省中央廣播事業局「五七幹校」勞動。

一九七四　回北京，退休。在家編纂《閩南語之形成與演變、語音、語法》，著《從香港看台灣》。

一九七八　平反、恢復黨籍。恢復中央人民廣播電台台播部工作，在家培養閩南語播音員，完成《閩南語語法》的編纂。

一九七九　十月，擔任台灣民主自治同盟第二屆總部常務理事、研究室主任。著〈關於台灣鄉土文學〉、〈關於台灣「民主」運動〉、〈關於「台獨」問題〉等文。

一九八〇　三月，任中國人民政治協商會議第五屆委員會委員。
七月，率台盟總部代表團赴日本參加台灣省民會年會。
十二月，著〈連溫卿與台灣文化協會〉、〈台灣實行過三民主義嗎？〉（刊登於《中國建設》一九八一年九月號）等文。

一九八一　十一月十三日，因肺部氣腫等多種疾病，在北京逝世，葬於北京八寶山革命烈士公墓。

編後語

一九七六年十月，「四人幫」被粉碎；所謂「無產階級文化大革命」的十年動亂告一個段落。可蘇新身上背負的枷鎖還不能一下子解除。一直要到一九七八年六月一日，針對蘇新政歷問題的審查才有了結論，恢復了蘇新的黨籍、公職，同時決定「根據健康狀況，安排適當工作。」

蘇新考慮到電台的工作很緊張，像他那樣的年紀和身體，肯定是不能勝任的，所以想做些可以不太緊張，伸縮性較大的工作，如研究工作，或資料整理工作，尤其是寫一點有關台灣革命運動的歷史之類的東西。

一九七九年元旦，中共全國人大常務委員會發出〈告台灣同胞書〉，宣佈了「和平統一」的新的對台政策，台灣海峽出現了相對和緩的氣氛。

就在這樣的主觀願望與客觀政治氣候下，蘇新先後寫了〈關於台灣鄉土文學〉、〈關於台灣「民主」運動〉及〈關於「台獨」問題〉等有關台灣社會、歷史與政治的系列文章。

〈關於台灣鄉土文學〉，是這年的五月十九日，蘇新在中共政協全國委員會對台宣傳組，就「三十年來在台灣的中國文學」所作的介紹。在原稿上，蘇新自己作了這樣的註腳：「由於材料有限，不夠全面，分析、判斷可能有錯。」

儘管如此，蘇新的介紹對日後大陸的台灣的文學研究還是起了一定的作用。註腳另外用紅筆寫道：「從此，大陸文藝界也開始注意台灣的文學。」

「一九八〇年出版了小說選、詩選、散文選三種。」

可以這麼說，蘇新是大陸注意、研究台灣的文學運動的第一人。

同一年的稍後，蘇新又在極艱難的條件下，廣泛蒐集材料，從歷史發展的觀點，爲發展中的台灣民主運動，作了有系統的分析、介紹，並就如何對待台灣民主運動與民主人士，向中共中央作了一定的建議。

姑且不論蘇新的立場，這一篇〈關於台灣的「民主運動」〉，不論是島內、島外，都可以說是第一篇有關戰後台灣民主運動史的研究吧！

一九八〇年五月五日，蘇新又完成〈關於「台獨」問題〉一文。

就內容而言，這三篇文章可以說是《憤怒的台灣》的續篇吧！

在編輯蘇新文集《未歸的台共鬥魂》的過程中，由於「篇幅過長」的關係，〈關於台灣鄉土文學〉與〈關於台灣「民主運動」〉兩文並未收入。其實，眞正的問題並不只是這樣而已；蘇新的女兒——蘇慶黎女士考慮到，不論是「鄉土文學」或「民主運動」部份，由於蘇新鮮明的立場，對某些特定的人士都加了兩岸對峙期時的特定的語言和稱謂；這點在現在看來，似乎是多餘的，而且容易引起不必要的誤會。

因爲這樣那樣的理由，也就決定暫時存目。

由於許多讀者的反應，同時也爲了能夠全面地認識作爲「歷史人物」的蘇新的思想面貌，蘇慶黎女士同意讓蘇新的這兩篇文章公開問世，並且不作任何字句的更改。這樣，我們或許可以看到，究竟晚年的蘇新是如何看待台灣的？而這也是歷史研究的必要吧。

此外，在這本文集中，我們還根據蘇新的回憶，收錄了戰後初期在《政經報》與《台灣文化》的幾篇相關文章、報導與記事；也收錄了他在平反前後寫給另一老台共——詹以昌的五箋私信；以及他的朋友、同志們的悼念文章。

總的來說，這本文集算是前一本《蘇新自傳與文集》的補遺。遺憾的是還有幾篇蘇新提到的文章，仍然遍尋不著；此外，根據《台灣總督府警察沿革誌》所載，蘇新的佚稿至少還包括以下諸篇：

一、〈在台灣赤色工會的組織與戰術〉，一九三一年二月脫稿，原爲台共改革同盟中央通告的刊行而寫，並委託《台灣戰線社》刊行，但因該社被搜而沒有公開發表。

二、一九三一年三月左右，執筆〈目前國際的、國內的客觀情勢〉與〈台灣共產主義者的任務〉兩篇，投稿台灣大眾時報社，但不及發表。

另外，一九二九年三月，蘇新與蕭來福、莊守奉令從東京返台，參加島內的左翼戰線時，東京的《學術研究會新聞》所刊載的一則「歸國宣言」，不是蘇新就是蕭來福所寫的。因爲據老台共說，他們兩人與潘欽信，可說是老台共的「三枝鐵筆」。

當然，我們所不知道的，蘇新自己也沒提到或忘了的佚文，應該會有的！這點，還待有心人繼續尋找、挖掘並與大家分享，蘇新文集才有眞正補全的一天。

晚年的蘇新仍然念念不忘海峽對岸的故鄉。這個時候，他似乎對自己有生之年重返故鄉的可能性不抱任何希望了。在給老台共詹以昌的一封信中，他這樣勸慰同樣思鄉的老同志說：「能回去更好，不能回去，也算了。共產主義者，到處都是家。」

蘇新文集的陸續出土，也算是已故的革命家——蘇新回家的一種方式罷！

藍博洲

一九九四年八月卅一日

歷史與現場系列

①張學良與西安事變
傅虹霖著／250 元

②陳獨秀傳（上）
鄭學稼著／330 元

③陳獨秀傳（下）
鄭學稼著／270 元

④南京大屠殺
徐志耕著／220 元

⑤將軍之夜——韓國雙十二事件
鄭昇和著／180 元

⑥赫遜河畔談中國歷史
黃仁宇著／230 元

⑨卡蜜兒——羅丹的繆思與情婦
藍一瑪莉・芭黎原著・王瑞香・
鄭至慧譯／170 元

⑪上海的女兒
周采芹著／230 元

⑫沉屍・流亡・二二八
藍博洲著／250 元

⑬幌馬車之歌
藍博洲著／250 元

⑭龔選舞回憶
龔選舞著／250 元

⑮留雲借月——陳香梅回憶錄
陳香梅著／300 元

⑰地北天南敍古今
黃仁宇著／220 元

⑱我的72小時——八月政變眞相
戈巴契夫親手執筆・中國時報寰宇版
譯／120 元

⑲江青的往時・往事・往思
江青著／320 元

⑳青年馬克思
鄭學稼著／450 元

⑳葉爾辛傳奇
索羅夫約夫／克雷必柯娃合著・
張敏華等譯／300 元

㉒鄧小平帝國
阮銘著／240 元

㉓從二二八到五〇年代白色恐怖
林書揚著／250 元

㉔末日倖存者的獨白
劉曉波著／200 元

㉕玫瑰盛開
——楊祖珺十五年來時路
楊祖珺著／280 元

㉖中共「太子黨」
何頻・高新著／350 元

㉗憤怒的台灣
蘇新著／180 元

㉘悲劇性的開端
——台灣二二八事變
賴澤涵・馬若孟・魏萼著／羅珞珈
譯／320 元

㉙台灣人論
徐宗懋著／140 元

㉚未歸的台共鬥魂
——蘇新自傳與文集
蘇新著／260 元

㉛日據時期台灣學生運動
(1913～1945)
藍博洲編著／330 元

㉜血的記憶
——瑪莎・葛蘭姆自傳
瑪莎・葛蘭姆著・刁筱華譯／330 元

㉝馬克思背後的女人
弗朗索瓦絲・紀荷著・蔡燁譯／200元

㉞老大在現場
——趙慕嵩卅年採訪實錄
趙慕嵩著／300 元

㉟從追求到幻滅
——一個中國經濟學者的自傳
千家駒著／230 元

㊱中國大陸黑社會
何頻・王兆軍著／280 元

㊲歷史激流中的動盪和曲折
——楊寬自傳
楊寬著／320 元

㊳鄧小平傳（革命篇）
韓文甫著／300 元

㊴鄧小平傳（治國篇）
韓文甫著／300 元

㊵孫中山未完成的革命
張緒心・高理寧著・卜大中譯／300 元

㊶三十歲以前的毛澤東
李銳著／400 元

㊷從大歷史的角度
讀蔣介石日記
黃仁宇著／330 元

㊹財經大員的私房故事
王駿著／160 元

㊺不確定的海峽
王銘義著／250 元

㊻二二八事件研究報告
二二八事件研究小組召集人：陳重光・葉明勳總主筆：賴澤涵／300 元

㊼西藏生與死
——雪域的民族主義
董尼德著・蘇瑛憲譯／300 元

歷史與現場51 台灣民衆史⑽ 蘇新全集③

永遠的望鄉——蘇新文集補遺

著　者——蘇新
發行人——孫思照
出版者——時報文化出版企業有限公司
台北市108和平西路三段二四〇號四樓
發行專線—(〇二)三〇六六八四二
讀者服務專線—(〇二) 三〇二四〇九四
(如果您對本書品質與服務有任何不滿意的地方，請打這支電話。)
郵撥——〇一〇三八五四～〇時報出版公司
信箱——台北郵政七九～九九信箱

主編——藍博洲
責任編輯—李濰美
校對——林靈・林子明・陳沅
排版——正豐電腦排版有限公司
製版——成宏照相製版有限公司
印刷——華展彩色印刷有限公司
裝訂——台興裝訂有限公司
初版一刷—一九九四年九月二十日
定價——三〇〇元
◎行政院新聞局局版台業字第〇二一一四號

ISBN 957-13-1343-2
Printed in Taiwan

國立中央圖書館出版品預行編目資料

永遠的望鄉：蘇新文集補遺 / 蘇新著. --初版
. --臺北市：時報文化， 1994 ［民 83］
面；　　公分，--(歷史與現場；51）（臺灣民眾史； 9）(蘇新全集；3）
ISBM 957-13-1343-2 (平裝)

848.6　　　　83008508

請沿虛線摺下裝訂，謝謝！

歷史洪流的重現
時代現場的側記

歷史與現場

寄回本卡，掌握歷史與現場的最新訊息

（下列資料請以數字填在每題前之空格處）

______**您從哪裏得知本書／**

1書店 2報紙廣告 3報紙專欄 4雜誌廣告
5親友介紹 6DM廣告傳單 7其它／______

______**您希望我們爲您出版哪一類的歷史與現場作品／**

1歷史 2傳記 3回憶錄 4新聞事件 5國際大勢
6其它／______

您對本書的意見／

______**內容**／1滿意 2尚可 3應改進
______**編輯**／1滿意 2尚可 3應改進
______**封面設計**／1滿意 2尚可 3應改進
______**校對**／1滿意 2尚可 3應改進
______**定價**／1偏低 2適中 3偏高

您希望我們爲您出版哪一位作者的著作或回憶錄／

1______ 2______ 3______

您的建議／

\-

\-

\-

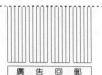

廣告回郵
北區郵政管理局登
記證北台字1500號
免貼郵票

時報出版
CHINA TIMES PUBLISHING COMPANY
尊重智慧與創意的文化事業

地址：台北市108和平西路三段240號 4 F
電話：(02)3024094‧(02)3086222轉8412～13(企劃部)
郵撥：0103854-0時報出版公司

請寄回這張服務卡(免貼郵票)，您可以——
- 隨時收到最新的出版訊息。
- 參加專為您設計的各項回饋優惠活動。

編號：BC51	書名：永遠的望鄉
姓名：	性別：①男 ②女
出生日期： 年 月 日	身分證字號：

學歷：①小學 ②國中 ③高中 ④大專 ⑤研究所(含以上)

職業：①學生 ②公務(含軍警) ③家管 ④服務 ⑤金融 ⑥製造 ⑦資訊 ⑧大眾傳播 ⑨自由業 ⑩農漁牧 ⑪退休

地址： 縣市 鄉鎮區 村 里 鄰 路(街) 段 巷 弄 號 樓

郵遞區號：